生命の
エネルギー

アナスタシア
たる杉シリーズ

ウラジーミル・メグレ　にしやまやすよ 訳　岩砂晶子 監修

Anastasia Japan
直日

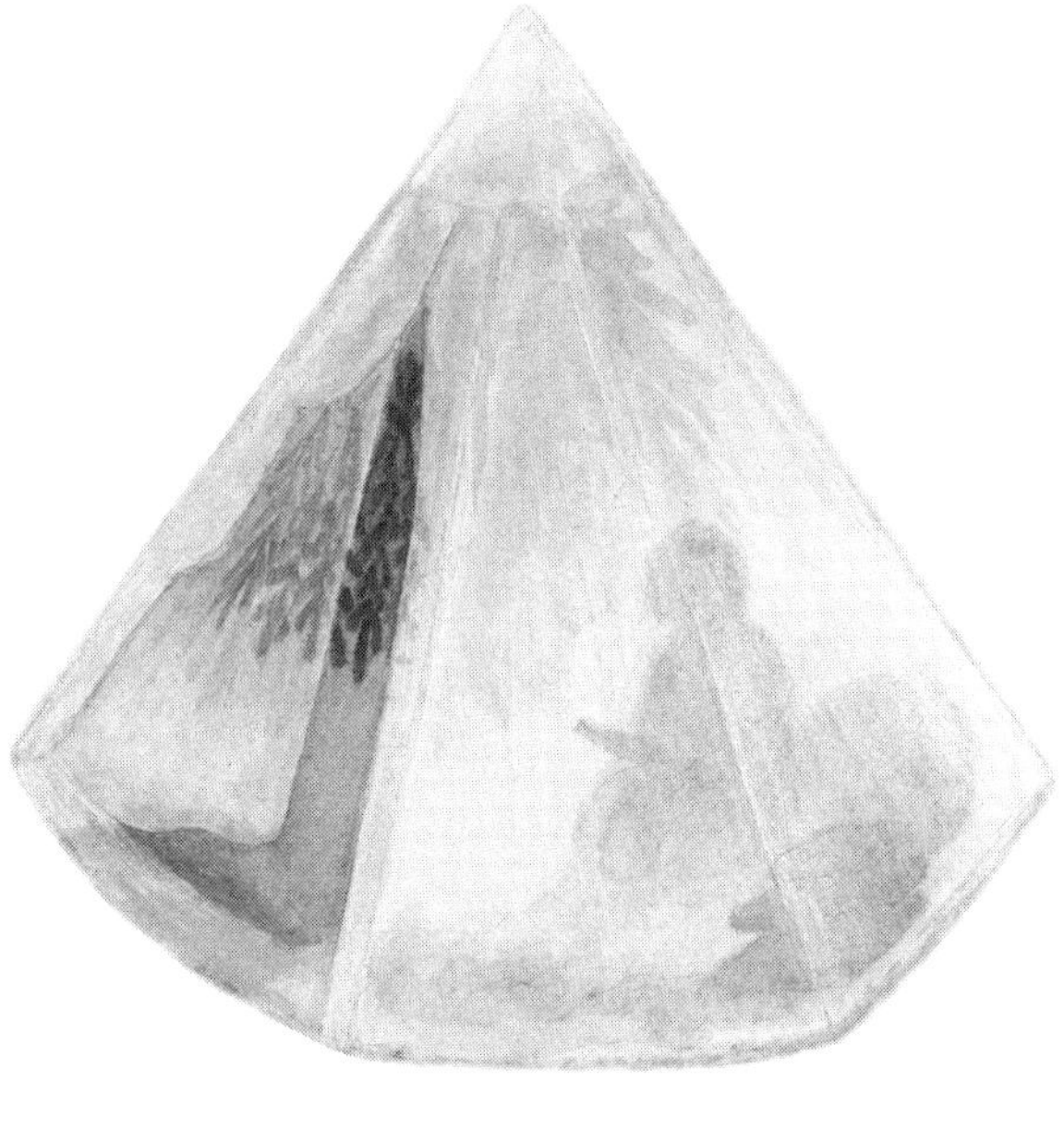

Энергия Жизни

Владимир Николаевич Мегре

Том VII из серии «Звенящие кедры России»

ノヴォシビルスク 630121 私書箱 44 ロシア
Tel : +7 (913) 383 0575

---

ringingcedars@megre.ru
www.vmegre.com

生命のエネルギー　もくじ

アナスタシア　ロシアの響きわたる杉

第七巻

生命のエネルギー

＊本書に記載されている数値や数字は、ロシア語原書発行当時のものです。また、内容の一部に、現在の日本において一般的とされる解釈とは異なる箇所もございますが、著者の意図を尊重し、そのまま訳出いたしました。
本文中「＊」のついた括弧内は翻訳者および監修者による注釈です。

創造している意識

人生とは！　何に、または誰によって決まるものなのだろう？　なぜ、皇帝や大佐になる人もいれば、ゴミ溜めで残飯を漁《あさ》る人もいるのだろうか？

運命は生まれた時点ですでに定められている、と言われることがある。もしそうだとすれば、人間は緻密《ちみつ》につくり上げられた神の創造物ではなく、何かの機械システムの中の取るに足らないネジの一本に過ぎないということになる。

一方で、人間は自ら充足する創造物であり、宇宙のすべてのエネルギーを完全に内包している、と言われることもある。人間の内には「意識エネルギー」という人間だけに特有なエネルギーがあり、それを理解し、そのエネルギーを最大限に使うことを覚えたら、人間は大宇宙の支配者となる、というものだ。

これら二つの相反する定義のうち、どちらが真実なのだろうか？

これを解明するために、今では皮肉な笑い話のようになった古い寓話を思い出してみようではないか。

自分の人生に悔しさを募らせたある男が、町はずれの小さな森へと走ってきて、両手の拳を突き上げ、神に向かって叫んだ。

「もう生きていられるものか。地上のあんたの世界では、不公平や無秩序が起こっているじゃないか。高級車を乗り回し、レストランでたらふく喰らっている奴らもいれば、ゴミ捨て場で残飯を漁っている奴らもいる。俺には、例えば新しい靴を買う金すらない。神よ、もしあんたが公正であるなら、もしあんたが、そもそも存在するのなら、宝くじで大金が当たるようにしてくれ！」

空の暗い雲が散り、太陽の光が温かくなでるように、叫ぶ男に触れると、穏やかな声が天から響いた。

「静まりなさい、我が息子よ。私がおまえの願いを叶えよう」

男は大喜びした。満面の笑みで通りを歩き、店のショーウィンドウを満足げに見つめ、宝くじが当たったお金でどんな物を買おうかと想像を膨らませていた。

一年が過ぎたが、男には何も当たっていなかった。彼は神に騙されたと考えた。

おおいに憤慨した男は、神の約束を聞いた森の同じ場所へとやってきて、叫んだ。

「神よ、あんたは約束を破ったな！　俺を騙したんだ。一年も待ったんだぞ。当たった金でどんな買い物をしてやろうかって、夢みていたんだ。一年が過ぎたっていうのに、結局俺にはなんにも当たりゃしなかったじゃないか！」

「おお、我が息子よ」天から悲しげな声が響いた。「おまえは宝くじで大金を当てたかった。ならばどうして一年ものあいだ、一枚も宝くじを買わなかったのだ？」

＊＊＊

これは民間で語られるコントのような寓話である。人々は男の失態を笑う。「宝くじが当たる夢を叶えるには、何よりもまず一枚でも宝くじを買わなきゃならないことぐらい、彼はなんで思いつかなかったのだろう。この人は当然のことをやらなかったんだ」と。

ここで重要なのは、寓話自体、つまりこの話が本当にあったことか否かではない。最も重要なのは、出来事に対する人々の姿勢である。

人々がこの男の馬鹿な様を笑うということは、つまり人々は、自分の未来が高次元の力や神意だけにかかっているのではなく、自分自身にかかっているということを直感的に、ともすれば潜在意識の中で知っているということなのだ。

では、それぞれ自分の人生の状況を分析してみよう。あなたは自分の夢を叶えるために、必要なことをすべてやってきただろうか?

私は根拠あることとして、敢えて主張する。どんな夢も、たとえそれが非現実的だったり、まったくの幻想に思えるようなものであっても、夢を叶えたいと願う人がそれに向かって、ごく単純で、継続的な行いを遂行すれば、夢は叶うのだ。

この主張は数多くの例で解説することができる。そのひとつを次に挙げよう。

イギリス卿《きょう》の花嫁

あるときウラジーミル市の小さな市場で、私は思いがけず、売り子の若い娘とほろ酔いの男性客のあいだで起こった騒動を目撃することになった。

その娘はタバコを売っていたのだが、見たところ最近働きはじめたばかりで、商品についてまだ十分な知識がないようだった。タバコの銘柄がこんがらがり、そのせいで接客に時間がかかっていた。三人ほど行列になり、最後尾に並んでいたほろ酔いの男が、大声で娘に言った。

「もうちょっと早くできねえのかよ、こののろま！」

娘の頬がカッと赤くなった。そばを歩いていた数人の人が、その〝のろまの売り子〟を見ようと立ち止った。

ほろ酔いの男は大声で批判的な言葉を吐き続けていた。彼は「プリマ」という銘柄のタバコを二箱買おうとしていたが、彼の順番になったのに、娘はその男にタバコを売るのを拒否した。彼女は狼狽し顔を赤くしながら、やっとのことで涙をこらえ、客に向かって言い放った。

「あなたの行為は侮辱的です。あなたに売ることはお断りします」

客の男は、事態の思いがけない展開にはじめ茫然となったが、増え続けるやじ馬の一団の方を振り向くと、よりいっそう侮辱的な言葉を鳴り響かせた。

「みんな、この貧相で自堕落な女を見てくれよ。この女が嫁にでも行ってみろ、台所でこんなふうにだらだら、ぐだぐだやってたら、夫からもっとひでえことを言われるだろうよ」

「私は結婚しても夫に侮辱なんてさせません」娘が答えた。

「お前は何様だっていうんだ？　貧相なくせに気取りやがって」ほろ酔いの男はさらに大きな声で、いっそう腹を立てて叫んだ。「こいつは夫も許さないってさ。お前、イギリスの卿《きょう》とでも結婚しようっていうのか？」

「卿とだって結婚するかもしれないわ、私の勝手でしょ」彼女は短く答えると顔を背けた。

事態は緊迫していた。どちらも譲ろうとしないのだ。すでにかなりの数となったやじ馬、小さな市場の常客たちが、この結末を見守っていた。やじ馬たちも、市場の売り子がイギリスの卿と結婚するつもりだということに、嘲《あざけ》りのやじを飛ばしはじめた。

隣の売り場から一人の若い娘が出てきて、彼女の横に立った。友達だというその娘は黙って立つだけで、それ以上は何もしなかった。

二人の娘は何も言わず立ち続けていた。彼女たちの生意気な客への振舞と不遜《ふそん》な態度について、喧々囂々《けんけんごうごう》とがなり立てている多くの人々に、どう見ても最近高校を出たばかりとおぼしい若い娘たちが立ち向かっていたのだ。

人々の嘲笑《ちょうしょう》が最も激しく注がれたのは、売り子の娘が卿と結婚するという非現実的な願望を語り、自身の外見の資質や可能性を過大評価していることに対してだった。

状況を和らげたのは、その売り場スタンドのオーナーである若い男性だった。彼は近づくと、まずは厳しい口調で売り子の娘に客にタバコを売るよう要求した。しかし、彼女に拒絶されると、とっさに周囲の人々を満足させる方法を見つけ出したのだった。彼はポケットからお金を取り出し、売り子の娘へ問いかけるように言った。

「尊敬するお嬢さん、どうかお願いです。もしお手数でなければ、私に『プリマ』という銘柄のタバコを二箱売っていただけないでしょうか」

「どうぞ」娘は、彼にタバコを渡しながら答えた。

彼がタバコを客の男に与え、いざこざは決着し、群衆は散っていった。

この話には続きがあり、それはかなり思いがけないものだった。

食品を買いに市場に来るたびに、私はついつい二人の若い売り子たちに注目するようになった。若い彼女たちは年上の売り子たちと同じようにてきぱきと働いていたが、同時に他の売り子たちから著しく際立っていた。すらりとしていて、地味だが服装には気を遣っており、化粧に行き過ぎたところもなかった。そして彼女たちの身のこなしは、他の売り子たちよりも格段に上品だったのだ。しかしその二人の娘は、市場で一年近く働いたのち、突然二人同時にいなくなった。

さらに半年が経った夏、同じ市場で、私は果物のスタンド沿いに歩くエレガントな若い女性に目が留まった。自信あふれる物腰と洒落た高価な装いのその彼女は、多くの人々の中で目立っていた。その洗練された身だしなみの女性のうしろに、威厳のある男性が、さまざまな果物でいっぱいの籠を持って付き添っていた。

私は、男性たちの熱い視線を惹きつけ、そして明らかに他の女性たちの羨望の眼差しを浴びているその若い女性が、タバコ売りの娘の友達であると気づいた。

私は近づき、その若いカップルの、主に私を警戒しているようすの男性に、好奇心を抱いた訳を説明した。若い女性は、やっと私のことを思い出してくれた。私たちはカフェのテラス席に着いた。ナターシャというのが彼女の名前だった。ナターシャは、この一年半のあいだにあったことを話してくれた。

「市場のたくさんの常連客の目の前で、カーチャと客が喧嘩になったあの日、私たちは仕事を辞めるって決めたのです。笑い者にはなりたくありませんでしたから。覚えていらっしゃいますか、あのときカーチャは、イギリスの卿と結婚すると言ったでしょう。そしてみんながそれを聞いて笑った。つまり、これからも私たちは指をさされて笑われるっていうことになります。ですから辞める決心をしたんです。

でも、他に仕事は見つかりませんでした。高校を卒業したばかりでしたし、私は大学入試にも受からなかったんです。私は、学校の成績は真ん中くらいでしたけれど、カーチャは優秀でした。大学の入学試験にだって高い点数で受かっていたのですけれど、彼女は入学しませんでした。学費が無料になる特待生の枠が減らされてしまい、彼女には学費を負担することができなくて……彼女には父親がいませんでしたし、お母さんの稼ぎも少なかったので。それで、私たちは市場の売り子になったのです。他に雇ってくれるところはありませんでした。

私たちは働きながら、次の年に大学に行く準備をしていました。でも市場でのあの出来事の一週間後に、カーチャが突然『私はイギリスの卿の妻に相応しい女になる準備をしなきゃいけないの。よかったら一緒に勉強しない？』と言いだしたのです。

私ははじめ冗談だと思いました。でもそうではなかった。カーチャは学校でも信念を曲げない子でしたから。

彼女は図書館で貴族の娘たちが通う大学のプログラムを見つけてきて、それを現代風にアレンジしました。そして私たちはカーチャのプログラムで、取り憑かれたように勉強しはじめたのです。

ダンスもエアロビクスも練習して、イギリスの歴史も、英語も、礼儀作法や立振舞も勉強しました。頭のいい人たちと会話が続くようにと、テレビで政治討論を観たりもしました。立振舞が自然になるように、市場の仕事でさえ社交界の夜会みたいに振舞おうと努力しました。

いただいたお給料は、自分のために使ったりせず、化粧品も買わずに、節約していました。上品な服を仕立てるのと、イギリスへの団体旅行のチケットを買うためにお金を貯めていたのです。

カーチャが、イギリスの卿がウラジーミルの小さな市場を歩いてるなんてことはない、だから私たちがイギリスに行かなきゃいけないんだって言ったのです。そうすればチャンスはかなり大きくなるって。

私たちは団体ツアーでイギリスに行きましたが、予定の二週間はあっという間に過ぎてしまいました。もちろんおわかりでしょうが、イギリスの卿が私たちを出迎えたり同行したりなんてするわけがありません。それに私はなんの期待もしていなくて、ただカーチャに付き合っていただけでした。でも彼女は希望を持っていたのです。彼女は信念を曲げない子ですから。ずっとイギリス人男性たちの顔を覗き込んでは、自分の運命の人を探していました。私たち、二回もダンスクラブへ行ったんですよ。でも誰も、一度だって、私たちをダンスに誘う人はいませんでした。

出発の日、空港へ行くために、私たちはホテルからバスへ向かおうとしているところでした。それでもカーチャは依然として望みを持っていて、ずっと周囲を見回していました。そして、カーチャは突然階段のところで立ち止ると、バッグを置き、向こうを見ながら言いました。『見つけた、あの人よ』

見ると、ホテルの入り口への歩道を若い男の人が歩いていました。考え事をしていて、私たちの方なんか見ていない。思ったとおり、彼は私たちとすれ違ったときでさえ、カーチャには眼もくれず、そのまま通り過ぎてしまいました。

するとか突然カーチャは……こともあろうに、大声で彼を呼び止めたんです。

その男性は私たちの方を振り向きました。カーチャはゆっくりと、でも毅然《きぜん》とした足取りで彼の方へ歩いて行き、英語で話しました。『私はカーチャ。ロシアから来ました。これから団体ツアーのバスで空港へ出発するところです。私があなたに声をかけたのは……私、あなたのよい奥さんになれると感じたんです。私はまだあなたのことを愛していないけれど、好きになるし、あなたも私を好きになれるわ。きっといい子どもたちが生まれるでしょう。男の子が、それに女の子も。私たちは幸せになるわ。今、もしあなたがお望みなら、私を空港まで送ってくださってもいいのですよ』

若いイギリス人は、とても真剣な顔でカーチャを見つめていましたが、一言も返事をしませんでした。きっとあまりに思いがけないことで、言葉を失っていたのでしょうね。その後、彼は『これから大切な仕事の約束がある、よい旅を』と言って、立ち去ってしまいました。

空港へ行く道中ずっと、私たちはお互いに一言も言葉を交わすことなく、カーチャはバスの窓から外を眺めていました。私もカーチャも、同じツアーの客たちにホテルの前でのあの場面を見られていたので、なんだか気まずかったんです。みんながカーチャのことを笑ってああだこうだと話しているのを、ひしひしと肌で感じていました。

でも空港に着いたとき、バスの階段を降りるカーチャを、その若いイギリス人がものすごく大きな花束で出迎えてくれたんです。

彼女はバッグをアスファルトの上に置いて……いえ、バッグを投げ捨てて、花束を手にとることなく彼の胸にしがみついて泣き出したんです。

彼は花束を落とし、花が散らばりました。団体客みんなで花を拾い集めているそばで、二人は立っていました。イギリス人男性はカーチャの髪をなで、まるで二人きりの世界でした。彼は早口で、『なんて自分はバカだったんだ、もう少しで運命の人を逃すところだった、もし間に合わなかったら一生苦しんだことだろう』と言い、カーチャに、自分を見つけてくれたことをしきりに感謝していました。

飛行機の出発は遅れました。どうやったのかは言いませんけれど、私が遅らせたんです。その男性はイギリスの外交官の家の出で、彼自身もどこかの大使館で働く予定だったそうです。私たちがロシアに戻ると、彼は毎日カーチャに電話をかけてきました。それがいつも長電話なんですよ。今、カーチャはイギリスにいて、妊娠しています。彼らは本当に愛し合っていると思います。かく言う私も自分の運命の人に出逢って、ひと目で彼への愛を確信したんですよ」

この驚くべき物語を話してくれたナターシャはそう言うと、自分の連れに微笑んだ。私は、二人は知り合って長いのかとたずねた。すると青年が答えた。

「僕もその団体ツアーの客だったんです。イギリス人の花束が散らばったとき、ナターシャがそれを拾いだしたので、僕も手伝ったんです。今や彼女のうしろで果物の籠を抱えていますよ。まあ、イギリスの卿なんてものじゃないですけどね！」

ナターシャは優しく連れの肩に手を置き、微笑んで言った。

「ええそうね、イギリスの卿よりも素敵な、ロシアの男よ」

それから幸せな若い娘は、私の方へ向き直って言った。

「アンドレイと私はひと月前に結婚したんです。私の両親の顔を見に行こうと、今帰ってきたところなんですよ」

＊＊＊

この娘たちの物語を知った多くの人が、彼女たちは幸運だったのだ、とか、普通ではあり得ない、と思うだろう。しかし、私は断言する。この話の状況は、絶対的に普通であり、理にかなったものだ。さらに、カーチャとナターシャによる行動の手順を踏めば、他の女性たちにも同じような結末が予想できると断言する。もちろん、目当ての相手の名前や性格、それに思ったことが遂行されるまでの期間に違いはあるかもしれないが、これに似た状況が他の人々にも起こるように定められているのだ。誰によって？　彼女たち自身によって、彼女たちの意識の持ち方とそれに続く一貫した行動によってだ。

考えてみてほしい。カーチャにイギリス人と結婚するという夢、または目標ができた。なんの影響でそれを夢みるようになったのかは重要ではない。おそらくは、彼女にとって市場の雰囲気や酔っ払いの客たち、彼らの暴言、または騒動を起こした客の嘲笑が不愉快だったからだろう。

では、夢ができたとして、その夢はどうなるのだろうか？　若い娘たちの中には、白馬に乗った王子様を夢みるが、結局は普通のうだつの上がらない男と結婚する場合が多いではないか。多くの娘たちにとっては、夢みたことが実現していないのだ。

もちろんそれは認めよう。しかし、実現していない理由は、たんに彼女たちの行動にある。より正確には、自分の夢の実現のために行動を起こしていないことにあるのだ。これは宝くじの小話の状況に似ている。男は宝くじを当てることを夢みて、神に助けを乞うているにもかかわらず、根本的な行動、たった一枚でも宝くじを買うという行動さえとっていない。

しかし、あの若い娘たちは実際に行動に移したのだ。そこには、夢―意識―行動という、明確なプロセスが浮かび上がっている。このつながりのうちひとつの要素でも捨てていたら、彼女たちの運命はまったく異なったものになっていただろう。

あなたの運命はあなたが創造したもの

人間の運命とは！　多くの人々が、運命は天上の存在が形成するものだという考えに慣れ親しんでいる。しかしこの天上の存在は、最も強い宇宙のエネルギー、すなわち自分の運命をも形成し、新しい銀河を生み出すことのできるエネルギーを、人間一人ひとりの自由裁量のもとに、ただおいていているだけなのである。このエネルギーとは、「人間の意識」である。

もっとも、このことを知っているだけでは不十分で、自覚し、感じることが不可欠だ。どれだけ完全に自覚し、感じ、理解しているかにより、宇宙の秘密や奇跡の仕組み、……いや正確には、「起こるべくして起こる現象」の仕組みの秘密が、どのレベルまで目の前に開かれるかが決まるのだ。

意識のエネルギーを自覚し、受け入れることによってのみ、人は自分と、親しい人たちの人生をより幸せにすることができる。それはまさに、地球には人間のための幸せな人生が、あらかじめ定められているということなのだ。

そのために私たちは、次の結論が議論の余地のないものであることを納得しなければならない。

一つ目は、人間は意識をする存在であるということ。

二つ目は、**意識エネルギーは大宇宙において比類なき強さを持っており、私たち自身を含め、目に見えるものすべてが、意識エネルギーにより創造されたものである、ということ。**

原始的なトンカチから宇宙船まで、何百万もの物体の名前を挙げることができるが、そういったすべての物が出現する前には、まず意識が出現するのだ。

空想は、目に見えない空間に、物質化する前の物体をかたどる。まだ目に見えないからといって、それが存在していないということではまったくない。それはすでに意識の空間で構築されているのであり、このことこそが、後に起こる物質化よりももっと重要なことなのだ。

宇宙船は、一人または数人の意識によってつくり上げられる。私たちの目にはまだ見えず触ることもできないが、それでも宇宙船は存在する！　私たちの目に見えない次元にまず存在し、その結果として私たちの肉眼で見られる形をまとって物質化するようになる。

宇宙船を生み出すのに、より重要なものは何だろう？　発明者や設計者の意識だろうか、それとも与えられた図面どおりに部品をつくる作業員の仕事だろうか？　もちろん、あらゆる作業が不可欠ではある。しかし、何よりも不可欠なのは、やはり意識なのだ。

実際の宇宙船は、事故を起こすかもしれない。しかし、その原因は常に、どこかの部品の不良などではなく、意識が正確に働かないことにあるのだ。このことは、一般的な表現を借りれば、「意識が足りない」ということを示している。

意識はすべての事故を想定できる。意識にとって予見できない状況というのは存在しない。しかし、事故やあらゆる混乱は起きている。なぜか？　物質化することを急ぐあまり、意識段階での設計を最後までやり遂げなかったからだ。

地球上でこれまでに製造されたすべての物体も、意識が物質化したものである。したがって、自分で考えればこの結論が疑いの余地のないものであると、誰もが納得できるだろう。

そして次に、人生そのものを含め、あらゆるすべての状況が、はじめに意識の中で形づくられるということを自覚しなければならない。

はじめに神の意識は、人間を含め、私たちに見えている生きた自然の世界を形づくった。同様に、人間も意識で新しい物体や自身の人生のあり方を形づくることができるのだ。

あなたの意識が十分に発達していない場合、または何らかの要因により、人間の意識に特有のエネルギーと速さを存分に発揮できていない場合には、身近な人や知り合い、社会通念といった他人の意識が、あなたの人生のあり方に作用する。

しかしその場合でも、あなたの人生のあり方は、まず自身の意識によって組み立てられていくものだ。もしもあなたが、自分の意識を押さえつけたり隷属させたりすることによって、意識の自由を他人にささげ、不運や成功を他の人々に決めさせているとしたら、それはあなた自身のせいなのだ。

人生における数多くの例で、このことは納得できるだろう。考えてみてほしい。有名なアーティストは、有名になる前に何をしているのだろうか？　当然、はじめに夢をみて、それから意識の中で夢を叶えるための計画を立て、実際の行動に移すのだ。アマチュアでの活動、教育機関での勉強、劇場や映画スタジオまたは楽団への就職というように。

みんなが有名なアーティストになることを夢みるのに、実際に有名になれるのはほんの一握りであり、アーティストとしてのキャリアとは関係のないまったく異なる分野での仕事を探さざるを得ない人もいるではないか、夢だけではなく才能も不可欠だ、と反論する人もいるだろう。そうだ、才能は不可欠だ。しかし才能も、意識の力で生み出すものなのだ。

生まれ持った身体能力？　もちろん、それも重要だ。しかしここでも、身体的に向いてないにもかかわらず、たとえば一般のバレエ学校へ行かせる計画を立てるほど、人間の意識は浅はかではないのだ。

同様に、職業や豊かささえも含め、すべてが自分自身の意識で決まるものならば、みんなが有名で裕福であるはずであり、ゴミ捨て場に群がり残飯をあさるような惨めな生活を送る人々はいないはずだ、と考える読者もいるかもしれない。

それでは、文字どおり、ゴミ捨て場に行ってみようではないか。

ゴミ捨て場に向けられた意識

私は実際に次のことを実施した。まずヒゲを生やし、髪の毛をぐしゃぐしゃに乱し、知り合いの塗装屋から古い作業着を借り、ポリ袋と杖を持ってとあるゴミ捨て場へと向かった。そして杖でゴミをひっかき回しいくつか空き瓶を見つけると、それらをポリ袋に入れ、隣のマンションの横にあるゴミ捨て場へと向かった。すると、私の努力は見事功を奏した。二つ目のゴミ捨て場のところで、十分か、せいぜい十五分後には、金属の棒を持った男が私に向かって飛び掛かろうとしてきたのだ。

「他人《ひと》のシマを荒らすんじゃねえ」

いかなる反論も許さないという調子で男は言った。

「ああ、ここはあんたのテリトリーなんだな?」

私はゴミコンテナからいくぶん離れながら穏やかにたずね、持っていた瓶の袋を彼にやった。

「他に誰がいるってんだ？」

寄ってきた男はもはや攻撃的なようすを抑えて答え、袋を取ると、私に注意を払うことなくコンテナのゴミをごそごそとかき回しはじめた。

「空きのコンテナはどれか、教えてくれないか？」

私はそう問いかけて付け加えた。「一杯おごるよ」

「上等なウォッツカならな」

ゴミコンテナの非公式な所有者は、私の方を向いて言った。

私は店へ行き、白ウォッツカを一瓶とつまみを少し買った。ウォッツカを飲み干すあいだに互いに自分のことを話し、パヴェルは、ゴミ漁りの生業《なりわい》で為しているたくさんの手練手管について語ったが、その数はかなりあった。

私のような「通りすがり」が侵入し、彼の所有物を盗もうとするのを特に警戒して監視しなければならないのは、どのような日で、それが非常に多くの瓶が捨てられる祝日の翌日であること。また、どんな廃棄物の中に非鉄金属が含まれており、それをどうやって集めるか、どの業者がガラス瓶や非鉄金属を高値で引き取るか、捨てられているまだ着られそうな衣服はどこへ持って行けばよいか、といったことを知っておかなければならないのだそうだ。

私は会話を別の話題へと移そうとした。

パヴェルは政治や政府について自分の見解を述べることもできたが、明らかに興味が薄かった。彼の意識はただひとつの方向を向いていた……ゴミコンテナだ。

このことを決定的に確信するため、彼に次の提案をした。

「パヴェル、どうだい、この近くで知り合いの男がコテージを建てていて、冬のあいだだけ警備員が必要だってことだ。それに、コテージの建設も手伝えば、余分に金がもらえるかもしれない。警備員には食い物も支給される。運転手がジャガイモやら玉ねぎ、麦なんかを毎週届けに来るそうだぞ。あんたはいいやつだから、きっと雇ってもらえる。一緒に行って話してこようじゃないか」

ほろ酔いになり、例によって私たちは友人になっていた。それだけに、彼のようすがガラッと変わったことに私はいっそう驚いた。パヴェルは三十秒ほど深く考え込んだ。それから敵対するように、さらに三十秒ほど黙って私をじっと見つめ、やっと口を開いた。

「俺が酔っぱらって何も分別つかなくなったと思ってやがるな。てめえ、この悪党め、俺を警備員にして、俺のゴミ捨て場を乗っ取ろうってのか？」

彼はどれくらいの賃金なのか、どんな住まいが提供されるのか、追加の賃金をもらうには具体的にどんな仕事をしなければならないのかさえ訊くことがなかった。

彼の全意識はゴミ捨て場に向けられていたのだ。そしてどのようにゴミ捨て場に取り組むのが最適なのか、競争相手たちからどう守るかを考えていた。

ほらこのとおり、この人は自分の生存問題を犠牲にしても、意識をゴミ捨て場だけに向けていて、その意識に従っているのだ。

すべての物体、人生のあり方、社会現象が生まれる前に意識エネルギーが働いている、という議論の余地がない例を、他にも無数に挙げることができる。

自身の意識を使って、他の人に影響を与えることもできる。古代の物語や寓話がこのことを証明している。アナスタシアの祖父が語った、人間の意識エネルギーについての話を次に紹介しよう。

妻は女神

「そのとおりだ、ウラジーミル。人間の意識は比類ないエネルギーを有している。このエネルギーが起こす多くのことを、人々は魔法だとか、高次の力により彼らの前に示された奇跡だと見なしているのだよ。

例えば、不思議な力を持ったイコンがあるだろう。どうしてそれは突然不思議な力を持つようになったんだね？　人間の手で像が描かれた木の板が、どうして突然不思議な力を持った木片になる？　これが起こるのは、イコンを描いている人間が、その内に自分の精神的なエネルギーを十分な量で注ぎ込むときなんだ。その後、それを見る人たちのエネルギーも加えられる。『多くの祈りがささげられたイコン』と言われることがあるが、言い換えれば『多くの人々の意識エネルギーがこめられたイコン』だと言うことができるものなんだ。

昔は、イコンを描いていた人がみんな、偉大なエネルギーの特質を知っていた。イコンを制作する前に巨匠たちは断食して自分の身体から悪いものを取り払い、まさにそれにより自身の意識を強化していた。それから忘我の状態に入ったんだ。自分のエネルギーをひとつのこと、すなわちイコンの制作に結集させながらね。イコンが完成したら、制作者は長いあいだそのイコンを見つめていたのさ。だからときに奇跡が起こっていたんだ。

人々は時々普通でない現象や様々な天使を見る。しかし、いいかい、人々が見ているのは、必ず彼らの意識の中にあるものだ。見ているのはいつだって、自分が信じている人たちの姿なのだよ。

例えば、キリスト教徒にはキリスト教の聖人たちだけが、イスラム教徒にはイスラム教の聖人たちだけが見える。それは、人々が自分または集団の意識で投影したものを見ているからなんだよ。

千五百年前には、まだ人間の意識エネルギーの特性を理解している人々が存在していて、これについての寓話も語り継がれているのだよ。よければ、そのうちのひとつを聞かせよう」

「お願いします」

「本質が理解しやすいように、古代の言語を現代の言葉に翻訳し、話に出てくるものは現代のものに置き換えて話そう。ただ教えておくれ、女性と結婚して一年以上経った男たちは、何に一番時間を費やしているんだい？　家に帰ったら、何をして過ごしているのかね？」

「そうですね、多くの人は……酒を飲まないのなら、テレビの前に座って新聞を読んだりテレビを観たりします。妻に頼まれてゴミを出しに行ったりもするかもしれない」

「では、女性たちは？」

「女性たちはもちろん、台所で夕食をつくりますよ、そのあとで皿を洗うんです」

「よくわかった。古代の寓話を現代風に変換するのは難しくなさそうだ」

＊＊＊

あるところに、ごく普通の夫婦が暮らしていた。妻はエレーナ、夫はイワンといった。

いつもイワンは仕事から帰ると、テレビの前の肘掛け椅子に座って新聞を読み、エレーナは夕食の用意をしていた。夫に夕食を出しては、あなたは家事を手伝ってくれない、稼ぎも少ないなどと不平をこぼしていた。妻の不平はイワンを苛立たせた。しかし彼女に悪態をつくことはせず、ただ黙って心の中で思っていた。

〝自分こそずぼらでだらしない格好でいるくせに、俺に説教しやがるんだ。結婚したばかりの頃は、まったく違っていたのにな……美しくて、愛らしくて〟

ある日、不平を言っていた妻がイワンにゴミを出してくるよう要求し、彼はしぶしぶテレビの前から立ち上がり、中庭へ出た。戻る途中、ドアの前で立ち止ると、彼は意識の中で神に問いかけた。

〝神よ、私の神！　俺の人生はおかしなものにされちまった。本当に俺は、人生をあんな不平ばかりで不器量な妻と過ごさなければならないのか？　そんなの人生じゃない、苦しみでしかないじゃないか〟

するとイワンは突然、神の静かな声を聞いた。

「我が息子よ、おまえを不幸から助けてやろう。麗《うるわ》しい女神をおまえの妻にしてやるのだ。しかし隣人たちが、おまえの運命が突然変貌するのを見たら大騒ぎになってしまう。なのでこうしよう。おまえの妻を少しずつ変えてやろう。彼女の内に女神の魂を植え付け、外見もよくしてやろう。ただし覚えておきなさい。女神と一緒に暮らしたければ、おまえの生き方も女神にふさわしいものでなければならぬ」

「ありがとう、神よ。男なら誰だって、女神のためなら生き方を変えるものさ。ひとつだけ教えてくれ。俺の妻を変えるのは、いつからはじめるんだ？」

「今すぐに、ほんの少しだけ彼女を変えよう。そして毎分、彼女をよりよくしよう」

イワンは家に戻り肘掛け椅子に座ると、新聞を手に取り再びテレビをつけた。でも新聞を読む気も映画を観る気もしない。ひと目覗いてみたくてうずうずしていた。

〝……どうだろう、ほんの少しでも妻は変わっただろうか？〟

彼は立ち上がり、台所へのドアを開けた。ドアの枠にもたれながら、注意深く妻を観察しはじめた。彼女は彼を背にして立ち、夕食後の食器を洗っていた。

エレーナは突然眼差しを感じ、ドアの方を振り返った。二人の眼差しが合った。イワンは妻を見つめながら考えていた。

〝いや、妻には何の変化も起こっちゃいない〟

エレーナは、いつもと違い夫が自分に注目しているのを見て訳がわからず、急に髪を整えると、頬を赤く染めながら彼に問いかけた。

「イワン、そんなに私をまじまじと見つめて、どうしたのよ?」

夫は何を話せばいいのかわからず、うろたえて不意にこう言った。

「皿を……洗うのを手伝おうかなって、なんだか突然思いついたんだよ……」

「お皿洗いを? 手伝う?」

すっかり汚れたエプロンを外しながら、驚いた妻は小声で訊き返した。

「でももう洗ってしまったわ」

〝なんてこった、彼女は目に見えて変わっていく〟イワンは思った。〝急に少し綺麗になったぞ〟

そして彼は食器を拭きはじめた。

次の日、仕事が終わるとイワンは居ても立ってもいられず、家へと急いだ。不平ばかり言っていた妻が、神によってだんだんと女神へと変身させられていくのを見たくてうずうずしていたのだ。

〝ひょっとすると、女神が彼女の内で、もう大きくなっているかもしれないぞ。ところが、俺ときたら前となんにも変わっちゃいない。女神の前で赤っ恥をかくわけにはいかないから、万が一のために花でも買っておくかな〟

家のドアが開かれた瞬間、変化するエレーナのとりこになっていたイワンはうろたえた。彼の前に、よそいきのワンピースを着た彼女が立っていたのだ。そのワンピースは彼が一年前に買ってやったものだ。髪は整えられ、リボンが付いている。彼はうろたえ、エレーナから目をそらすことができないまま花束を差し出した。

彼女は花を手にとると、軽く息を漏らし、柔らかに目を伏せて顔を赤らめた。

〝ああ、女神のまつ毛はなんと美しいことか！　その柔和なようすときたら！　内なる美しさ、そして外側の美しさも並外れている！〟

そして、今度はイワンが息を漏らした。テーブルには来客用の揃いの食器が並び、二本の蝋燭《ろうそく》が灯され、料理がなんとも芳しい香りで手招いていた。

彼がテーブルに着くと、妻のエレーナは向かいに座った。しかし突然飛び上がって言った。

「ごめんなさい、あなたのためにテレビをつけるのを忘れていたわ。それに新聞も、新しいのを買ってきたのよ」

「テレビは要らないよ、新聞だって読む気にならない、どれもおんなじことばかりだからな」

それは、イワンの本心だった。

「それより教えてくれ。君は、明日の土曜日をどう過ごしたい？」

面食らってしまってエレーナは訊き返した。

「あなたはどう過ごしたいの？」

「ああ、たまたま劇場のチケットを二枚買ったんだ。でも、もしよければ、昼間は買い物に行かないか。劇場に行くとなれば、劇場に着ていくために、君にふさわしいドレスを買わなくちゃ」

イワンは思わず「女神にふさわしいドレス」と言ってしまいそうになった。どぎまぎして、彼女の顔をちょっと見ると、再び息を漏らした。彼の前には、テーブルをはさんで女神が座っていた。彼女の顔は幸せに光を放ち、瞳は輝いていた。微かな笑みは、どこかもの問いたげだ。

〝ああなんと、女神はやはり麗しい！　しかし、このまま彼女が日々美しくなっていったら、俺は彼女に相応しくなんてなれるだろうか？〟

そう思ったイワンに、ある思いが稲妻のように走った。

〝急がなければ！　女神がここにいてくれるうちに、間に合わせなければ。彼女に、俺の子どもを産んでくれるように乞い願わなければ。俺と、この上なく麗しい女神との子どもだ〟

「何を考え込んでいるの、イワン？　なんだか心配事でもあるみたい」

エレーナが夫に訊いた。

彼は不安に駆られながら、胸に秘めた思いをどのように話せばよいのかわからずにいた。

〝だって女神に子どもを産んでくれだなんて、冗談もいいところじゃないか！　神はそんな贈物まで約束しちゃいない〟

イワンは自分の願いを口にする術を見つけることができないまま、立ち上がり、テーブルクロスを握り、顔を赤らめながら言った。

「なんというか……どうかな……でも俺は……言いたかったんだ……ずっと前から……そうだよ、俺は君との子どもが欲しいんだ、麗しい女神よ」

彼女、エレーナは、夫のイワンのもとへ歩みよった。愛に満ちあふれた瞳から、幸せの涙が燃えるような赤い頬を伝った。そして彼女はイワンの肩へ手を置き、燃える吐息で彼に触れた。

〝ああ、素晴らしい夜だった！　ああ、そしてこの朝、この昼、この日も！　女神との人生は、なんとも素晴らしいものだった！〟

二人目の孫に散歩着を着せながら、イワンは思った。

＊＊＊

「ウラジーミル、この寓話から、わかったことはあるかね？」

「全部わかりましたよ。神はイワンを助けたわけじゃない。彼には空耳で神の声が聞こえただけだった。イワンは自分の意識で、自分の妻を女神にしたんです」

「もちろんそのとおりだ。イワンは自分の意識で自分の幸せを創造した。妻を女神にして、自分自身も変わった。しかし、神はイワンを助けているんだよ」

「いつです？」

「人間を創造しようとまだ深く想いを馳せていたとき、神はすべてを一人ひとりに与えた。そして最初に創造された人間に説明している。思い出してごらん、ほら『共同の創造』の一節だ。

私の息子よ、おまえは無限であり永遠、おまえの内に創造の夢がある。

ウラジーミル、この言葉は今の時代でも確かなものだ。創造の夢は、一人ひとりの内にある。問題は、それが何に向けられているかということだけなんだよ。そして、今日地球に生きている神の息子や娘たちの意識と、そのエネルギーがどれほどの強さを持っているかにあるのだよ」

あなたの意識の中を占めるもの

　これ以上例を挙げて、読者の皆さんを煩わせるつもりはない。各々が人生を振り返れば、自分の意識がどの場面をつくり上げ、またどういった場面が他人の意識をもとにつくり上げられたものなのかを、判断することができるのだから。

　これまでの疑問に終止符を打つために、すべてに先行して意識がある、という明白な事実を根幹に考えようではないか。

　このことを認識するだけでなく、実感できれば、宇宙の多くの謎が明らかになると、私はこれまでに話してきた。何よりもまず、創造についてはっきりとしたビジョンが出来上がるのだ。

　神は、自身の夢と意識のエネルギーを用いて私たちが暮らす世界を創造した。人間を創造し、完全なる自由を与えた。そしてすべての人間に、これと似た世界、または完成度において地上の

世界をしのぐかもしれない世界をひとつならず創造できる、最も強いエネルギーを賦与《ふよ》した。

新しい世界を創造する、またはすでに創造された世界をより充実させるためには、人間の意識の速さが神の意識の速さに適ったものでなければならない。

しかし、人間の集団によって創造された今日の世界を見ると、完璧な世界になっていないばかりか、日々いっそう、生存の危機を強く感じさせるものになってきていることがはっきりと見てとれる。すなわち、明らかに意識する力の退化が進んでいるのだ。より正確には、意識と思考の速さが低下しているということになる。

原初の頃の人間たちは、神と同等の意識の速さを有していた。そうでないわけがない。神は、創造者たるすべての親がそうであるように、我が子を自分よりも不完全なものに創造しようなどとは考えもしなかったのだから。

では、いったいどのような力が人間の意識に作用することに成功し、退化させる方向へと向かわせることができたのだろう？　そのような力を有する存在がいるとすれば、その存在は人間や神よりも意識エネルギーが秀でているはずである。しかし、そのような存在は地球にも地球外にもいない。

このように断言できる根拠は、いたってシンプルだ。もしも、人間よりも速い意識を有する本質がいるのならば、とっくに独自の世界を創造していたはずであり、私たちもその姿を拝むことができているはずだからだ。

人間の意識の方向を変えさせたり、奴隷化させたりできるのは、人間の意識だけなのだ。言葉を変えれば、他の人たちより速い意識を有し、他の人たちを服従させたいと望む人間は、一定の条件下においてそれを行うことができるということなのだ。

今日では、イメージの科学――形象学の知識を継承し、特別な訓練によって地球上の大部分の人々をはるかに超える速さで意識する能力を保っているエジプトの神官たちの末裔《まつえい》によって、人間社会が征服されている。

そしてこの事態を裏付ける状況があるのだ。

もっとも、神官たちにたった一人で対抗できる人間もいる。

もちろん、私はシベリアのタイガの女世捨て人アナスタシアのことを言っている。そして注目すべきは、彼女はいかなる軍隊や超高性能機器も使わずに、自身の意識の力だけで対抗し、目に見える成果をあげている。

新しい千年期のはじまりとともに、人類がこの上なく美しい、神なる文明の世界へと進みはじめるという事実は、私にとって議論の余地がないことである。ここで、読者の皆さんとも嬉しい知らせの数々を分かち合いたい。

私は、互いに無関係ないくつかの学者グループが、けっして申し合わせたわけではないのに、アナスタシアが創造したイメージによる国家の発展計画の作成をはじめたことについての情報を、公開している。これらの研究には、学位を持っている人々、そして学生たちも参加している。

このような詳細な計画をつくり上げるためには、専門家の大集団が二年から三年ものあいだ、懸命に研究することが不可欠なのだが、皆さんはもうその最初の骨組みを見ることができる。例えばウェブサイト（www.Anastasia.ru）では、ウクライナの大学四年生の女性が提案する、ウクライナの発展計画の研究レポートが公開されている。アナスタシアの一族の土地構想を基本におくものだ。また、ＣＩＳ諸国（＊ソ連崩壊時に、旧ソビエトを構成していたバルト三国を除く十二カ国によって結成された独立国家連合体）のあらゆる地域からも、未来の入植地における規則の草案が送られてくる。

私はこのウクライナの学生のレポートがどれほどの完成度であるかを判断する立場にはないが、これがはじめて公表されたものだということだけでも、意義があると言える。とても重要なのは、そういった発展計画の研究を、学者たちが誰に要請されるでもなく、自身の心に突き動かされてはじめたということなのだ。

もう少し経てば、皆さんも彼らの最初の研究成果に触れ、それらを検討することになるだろう。そしてこれらは、全国民的な議論のテーマとなり、「国家構想」という名前に集約されることになるだろう。

以前、アナスタシアの祖父と話をしたあと、そこで話した内容をこれまでの本に書くことも、私にはできた。しかし書かなかった。早すぎると思ったからだ。ただでさえ多くの人々が、アナスタシアが創造したことを、ファンタジーかおとぎ話だと考えているのだから。

しかし、アナスタシアの祖父から聞いた現象は、これまでアナスタシアがして見せたことよりも、もっと並外れていた。とにかく、アナスタシアの全貌が、彼のおかげで改めて明らかになったのだ。人間社会で起こっている出来事が、シベリアのタイガで話されたことで論証されはじめた今、私はシベリアの老人との会話の一部をここに引用することにした。

アナスタシアの祖父との会話

それは、アナスタシアの曾祖父が肉体を去ったあくる日のことだった。
通常、近親者が亡くなった際には、親族たちにお悔みの言葉を述べるものだ。このところ、アナスタシアの祖父は、父親のそばを片ときも離れずにいた。一人になってしまった今、私は彼を見つけて話をし、例によって悲しみを紛らわせてあげようと決めたのだ。彼がいそうな場所はなんとなくわかっていたので、私は隣の草地へと歩いていった。
アナスタシアの祖父は草地の端に身動きせずに立ち、シベリア杉の枝のホシガラスたちがさえずるのを見つめ、聴いていた。彼はイラクサの繊維で編まれた、丈の長いシャツを着ていて、何かをより合わせた紐を腰に巻き、裸足だった。
タイガの住人たちにとって、相手が思索しているのを遮るのはよくないこととされているのを私は知っていた。それに、それがいかに高度なコミュニケーションの文化であるかを理解しはじめていた。この文化は、他者の意識を尊重することを示しているのだ。

しばらくすると、アナスタシアの祖父は振り向いて私の方に歩いてきた。近づいてきた彼の顔には深い悲しみは見られず、その表情はいつものように優しく、穏やかだった。

「やあ」彼は私に手を伸ばし、私たちは挨拶の握手を交わした。話をするとき、彼はいつも現代の言葉を使って話し、ときにはかなり俗っぽい言葉も使った。ときには冗談を言って私をからかうこともあった。しかし、それは腹の立つようなものではなく、逆に、まるで親族と話しているかのような気持ちにさせてくれて好感が持てた。それに彼とは気兼ねなく、どんな話でもすることができた。よく男たちが、女性のいないところで話しているようなことでさえも。

アナスタシアの能力が、両親や先祖たち、そしてもちろん、彼女を直接育ててきた祖父から受け継がれたものであることは、疑いのないことだ。

いったいどんな人生の知恵、能力が、百年以上を生き、なお鋭い頭脳と若々しい動きを保ち続けるこの白髪の老人の中に秘められているのだろう？　彼は私と話すときにはごく普通の言葉を使っているが、あるとき私は、彼が自分の父親と話しているのを聞いたことがある。半分以上の言葉が、私がそれまでに聞いたことのない言葉だった。つまり彼は他者と話すとき、相手に対する敬意から、その人の語彙《ごい》と話し方を使って言葉を紡いでいるのだ。

「あちらのようすはどうだい？　君の文明社会は目を覚ましはじめたかね？」祖父は冗談めかし

てたずねた。

「まああですよ」私は答えた。「学者たちがアナスタシアの構想に興味をもちはじめました。いろんなグループが、彼女が提案したことをもとに『国家規模の構想』をつくろうと動いているんです。ロシアだけじゃなく、他の国でも動いています。

でも、ロシアもその他の国々でも、いつになったら彼女が話したような素晴らしいことが起こるのかまでは、まだわかっていません」

「もうちゃんと起こっているじゃないか、ウラジーミル。主要なことはすでになされたのだよ」

「〝主要なこと〟とは、何を意味するのですか?」

「アナスタシアは、意識、すなわち未来の国家のイメージをつくったんだよ。それも彼女特有の綿密さで、意識が未来の現実として物質化するために、極めて細かいことや状況までをも考慮した。

これから君を含め多くの人々が、美しい未来が物質化していくのを見ることになる。

彼女の意識エネルギーは並外れて強い。強さで彼女に並ぶものはこの空間には存在しないんだ。彼女がつくった意識エネルギーは完全であり具体的だが、重要なのは、彼女の意識エネルギーが、他の人々の意識によってさらに強化され続けているということだ。今や彼女は一人じゃない。

ほら、君が言ったように、様々な国で学者たちのグループが「国家規模の構想」をつくっていて、実業家たちは、彼女が考えた入植地を建設しはじめている。老いも若きも多くの人々が彼女の意識を受け入れたんだ。そして、そういった人々が彼女の意識に触れ、自分自身の意識をつくり出しているのだよ。

多くの人々の意識がひとつに合わさり、かつてないほどの強さのエネルギーが、空間を満たしている。このエネルギーが、この上なく美しい未来を実現するんだ。今すでに、この物質化の一部が現れているところなのだよ」

「では、もし誰かが故意に未来の具現化を邪魔しようとしたら？　例えば、今世界を牛耳っている神官たちや、最高神官が邪魔しはじめたらどうなりますか？」

「彼は邪魔しないよ、彼は手助けするだろう」

「どうしてそう断言できるのですか？」

「会話を聞いたのさ。それに彼の意識も見た」

「どんな会話を？　どうやって見たんですか？」

「ウラジーミル、おそらく君ももう感づいているだろう。私の父がその六人の神官のうちの一人なんだよ」

「……そんなことは思ってもいませんでした」

「予想はできたことだと思うがね。まあ、外見が普通であることや、能力や資質を表に出さないでいられることは、彼らの強さを構成するものの中で重要なひとつだがね。

彼らには、自分の武器である力を、多くの強国がやっているみたいに自慢する必要はないのだよ。なぜなら、彼らにはその武器を思うがままに望む方へと向けることができるからね。統治者たちの意識をそこへ向けさせ、それに適した状況をつくればいいんだ。それに、彼らは人々の前で力を鼻にかけることは絶対にしない。

何千年にもわたる彼らの主たる秘密の目的は、なんとかして神との対話を為し遂げることだった。

行動するにあたって、彼らが神の罰を恐れることはなかった。すべての人間に完全な自由を与えた神が、自身の誓いを破ることはないと知っていたからね。

彼らは人類を操り、苦しめた。まさにそれによって、彼らが他のみんなよりも能力が高く、地球文明の運命が彼らにかかっているということを神に見せつけていたのだよ。

このような状況にすれば、神を彼らとの対話へと引っ張り出せるはずだと考えていたからだ。

しかし、対話は起こらなかった。そして今になって、なぜ神官たちに神との対話が叶わなかったのかが明らかになった」

ありがとう

アナスタシアが生まれた頃、そしてその後、両親を失い、ほんの小さなまだ歩けもしない幼子だった頃、彼女のかたわらに閃光《せんこう》する球体が現れるようになった。

私の父は他の神官たちと同様に、今日の君たちの世界の学者たちには謎めいて説明のつかないものにみえる、数多くの自然の現象を知っていた。しかし、その閃光する球体の偉力については、彼にとっても説明のつかないものだった。

謎のエネルギーは、一瞬のうちに、ごく小さな火花となって空間に広がることができ、また同じ速さでひとつに集まることができたんだ。

閃光する球体からほとばしる微細な光線は、巨大な岩や岩壁をも一瞬のうちに塵《ちり》のように粉砕してしまう。

一方で、その光線は花びらを這う昆虫の足になんの害も与えることなく、優しく触れることもできた。

しかし、もっとも重要で不可解だったのは、この膨大なエネルギーの塊が、幼いアナスタシアの気持ちや願いに反応していたことだ。これはつまり、それ自体が気持ちと意識を有していたということになる。

完全なる意識は人間だけに特有なものだが、閃光する球体は人間ではなかった。ではいったい**何**なのか？　どうして、人間特有の気持ちを有しているのか？　どうして、**それ**には強力な力、偉力があるのか？

君に話しただろう。そして君も、幼いアナスタシアが歩く練習をしていたときに、閃光する球体が現れ局所的に重力を変化させていたようすを、本に描写した。それは、何千もの小さな光線を放って、幼子の金色の髪をとかしていたんだ。

父は、どんな力が発露すれば、この強力で意識し思考することのできる閃光する球体となり得るかの仮説を立てた。しかし、それについては声に出して語ることは絶対にしなかった。仮説は裏付けを必要とするものだからだ。

アナスタシアが少し大きくなった頃、私たちは彼女が球体と話しているのを聞いた。会話をしていたというよりも、話していたのは常に彼女だった。球体が言葉を発することは一度もなく、幼子の言葉に対して動きで反応するだけだった。

私の父がアナスタシアに球体のことを訊くと、彼女は短く「あれは善《よ》いものよ」と答えた。父にとって彼女の答は十分ではなかったが、彼はそれ以上球体についてたずねず、それきり話題にすることもなかった。

彼女の最初の答から明らかになったのは、アナスタシアが、閃光する球体自体またはその作用に対して定義づけしたいとは思わなかったということだ。おそらく彼女は、球体を自分の気持ちや感覚で理解していたんだ。しかし、なぜか私の父にとっては、アナスタシアに起こっている現象を定義することが重要だった。はじめて球体が現れたときから、彼は他の神官たちの活動に加わることをやめ、謎の解明に全力を注いだ。

父は神官たちに伝わる、仮説が正しいか間違っているかを検証するための方法を知っていた。それは、最大限、正確な記述によってその現象を世に知らしめ、人々の反応、判断を待つことだ。その際に、人々に問いかけたり、彼らに判断し発言することを課したりしてはいけない。定義は、頭脳だけでなく気持ちのレベルで自由に生まれるべきもので、その場合に最も正確な定義となるからね。

それから、私は父の依頼で君にアナスタシアの幼い頃の話を聞かせた。その謎の球体とアナスタシアとの会話の話を含めてね。君は聞いた話を歪めることなく、またとても重要なことだが、自分自身の判断を一切述べることなく、本にそのことを書いた。

私たちは本を読んだ人々の反応を、気をもみつつ待っていた。反応は即座に生まれ、通常の言葉だけでなく、感情的な気持ちの急激な昂揚《こうよう》を伴って表現されていた。人々が創作したり書いたりしていたことは、私の父が何年ものあいだ仮定していて、声に出して言わなかったこと、他の神官たちに知られないようにしていたことだった。

君は読者たちの詩を本にしただろう。それらの詩は、誰に頼まれるわけでもなく、心の求めるままに書かれたものだった。……君に、その中からひとつの詩の冒頭を思い出してもらおう。

誕生の日によせて
神が現れた
愛する我が子、ナスチェンカのもとに……（＊ナスチェンカはアナスタシアの愛称）

私の父は自分の仮説が正しいことを確信した。時おりアナスタシアと会話している閃光する球体は、他でもない、神の分身のひとつなのだ。

神には数多くの分身がある。すべての草花も神の意識の発露だ。そして、主たる分身でなかったとしても、知性や気持ちのエネルギーにいたるまで無数の要素が凝縮した、この上なく偉大な分身であることを球体は身をもって示していた。

そしてあるとき……それは君がすでに五冊の本を書いたあとのことだ。彼女の言葉が世間に公表されたとき、より正確には「準備はいいか！　悪意あるものよ、地球を去れ。みんなで私にかかってくるがいい……」という言葉にこめられた彼女の感情の火花が、まるで炎の剣となって闇の空間を貫いたときのことだ。

アナスタシアの唇によって、これらの言葉は言葉以上の意味を持った。君も、それに君だけでなくとも、このことを一度ならず納得しているはずだ。すると、目に見えない悪意あるものが、目に見えないエネルギーでアナスタシアを攻撃しはじめたのだよ。

それで、白い草や白い円が現れるようになったんだ。アナスタシアが一瞬意識を失うこともたびたびあった。しかし、私たちは彼女を助ける方法がわからずにいた。

孫娘は私たちに助けを求めなかった。助けを求めなかったということは、つまり、必ずすべてを自分で耐えきると、彼女が決めたということなのだ。

近頃、私たちは彼女への攻撃の力が大きくなっていることを感じはじめている。まるで、悪意が最期のときを迎え、必死で猛攻をしかけようとしているかのようだ。

しかし、それと同時に、私たちの孫娘の耐性も強くなっている。近頃では、一連の攻撃を浴びても、身震いして、湖のほとりへ行くだけになった。

湖の水は、何らかの方法で彼女に素早く力を取り戻させた。彼女は湖で、音を立てて水を浴びると、ひと潜りし、出てくるんだ。すると、もとどおり力がみなぎっているのだ。

そしてあの日、私たちは一連の攻撃を受けたアナスタシアが、慎重に足を踏み出しながら湖へと向かう姿を見た。

シベリア杉の幹にもたれてひと休みしようと彼女が立ち止ったとき、私の父が心配げに言った。

「今日、孫娘はかつてないほどの挑戦に打ちかたなければならなかったのだ。相当大変だったのだろう。見なさい、金色の髪に白髪の束が現れた」

その後、私はアナスタシアが木の幹を一押しして、一歩、また一歩湖へと向かって踏み出したのを見た。彼女はよろめいて、再び立ち止った。

するとし、彼女の前で空間から閃光する球体が生じたのだ。だが、このときは内部で輝いた閃光が色を変え、まるでその中でマグマが煮えたぎっているかのようだった。かと思えば、突然球体の目に見えない外膜を、何本もの荒ぶる炎の矢が破っていった。炎の矢は球体から飛び出しては、空間に消えていった。しかし、そうなりながらも球体はその大きさを縮めるのではなく、かえって直径を大きくしていった。そして、内部は目に見えて凝縮され、そのエネルギーはいっそう強く煮えたぎっていた。球体自体は空間にじっとしているのではなく、まるで心臓のように、素早く縮んだり拡がったりしていた。突然、決断を下そうとしているかのように、球体が動かなくなった。すると何千ものエネルギーの閃光が、アナスタシアの方へと噴出してきたんだ。

私も父も瞬きしないように出来事を見つめていたにもかかわらず、弱り切った彼女がいつの間に手を持ち上げられたのか、気が付かなかった。私たちは彼女のジェスチャーの意味を知っていた。彼女は向かって来る閃光を止めたのだ。なぜか？　そのときの私たちには、まだ理解できなかった。

球体が自身のエネルギーで彼女の力を完全に回復させせられること、それだけでなく、アナスタシアに新たなエネルギーを分け与えることもできるであろうことは明白だった。そうすれば外部からいかなる攻撃を加えられようとも、私たちの孫娘に恐れるべきものなど何もなくなったことだろう。それなのに、なぜ、彼女は自分のやり方を貫こうと決めたのか?

彼女の方へ伸びた、振動する何千もの細かい光線は、片手を上げたアナスタシアに触れずにいた。光線はエネルギーが燃えさかる球体の中へと消えては、再び噴き出し、彼女へとまっしぐらに向かうものの、触れることなく動きを繰り返していた。

すると突然、ゆっくりと、そして優しく、彼女は光線や球体に向かって言葉を発したんだ。

「お願い、エネルギーの高まりを鎮めて。私に触れないで。私はあなたの湖で回復することができる。だから私はそこまで行かなくてはならないの」

球体はすべての光線を一瞬のうちにひっこめ、全身で震えながら、心臓のように脈打っていた。勢いよく上昇すると、まるで爆発したかのように光を放ち、再び凝縮した。

地面へ向けて放たれた何千万もの光線が、アナスタシアの足元から湖へ向かう小道に触れた。すると新しい光景が生まれた。アナスタシアの足元から湖へと続く小道は、無数の脈動する光で輝きはじめ、その上には様々な色からなる虹のアーチができたんだ。湖へと続く道の一角は、奇跡のように美しい光景をなした。そこには、アナスタシアが通り抜けるための凱旋門が用意されていたのだよ。

彼女は一歩踏み出したが、それはその道とは別の方向だった。彼女は、閃光する球体が彼女のために用意した道ではないところを歩きだしたのだ。アナスタシアはゆっくりではあったが、湖にたどり着き、水の中に潜ってから出てくると、両手を広げて湖面に浮かんだ。それから水を叩き音を立てた。……すると彼女に力が戻っていた。

閃光の球体に対する、いや実質的には神に対するアナスタシアの振舞は、私たちの理解を超えていた。

しかし、その後起こったことは、全人類の意識の一大変革、または宇宙のエネルギーバランスが変化したと言ってもいいくらいのことだ。その後に起こったことは……。

アナスタシアはまだ濡れたままの身体にさっとワンピースを着ると、丁寧にその皺《しわ》を伸ばし、髪を整えた。そして両手を胸に当て、空間に向かって話しかけた。

「私のお父さま、いたるところに存在している父よ。私はあなたの完全なる創造の中の、あなたの娘。

私は、宇宙の本質たちによる、あなたの創造がどれほど完全なものか、そしてその中に欠陥はないのかという言い争いを、やめさせなければならない。

私のお父さま、いたるところに存在する父よ。あなたは私の願いを聞き、私に触れずにいてくれた。

今や、本質たちの誰ひとりとして、神が自身の不完全な創造を修正しなければ、地上の楽園を取り戻すことは決してできない、などと言うことはない。

なぜならあなたには何も修正する必要がないのだから。はじまりのときから、あなたによってすべてが完璧に創造された。私は一人じゃない。私のお父さま、いたるところに存在する父よ。あなたの娘たち、息子たちが地球のあらゆるところにいる。彼らの希求は強い。彼らが地球に原初の美しさを再び開花させ、取り戻す。

私のお父さま、いたるところに存在する父よ。私たちはあなたの息子と娘。あなたによって創造された私たちは、完全無欠。

これからは私たちが、皆に私たちの持てる力を見せましょう。そして私たちの行いで、あなたを歓ばせてみせる」

アナスタシアがこれらの言葉を発すると、その後、上空で動かずにいた閃光の球体は地面に向けて急降下してきた。それは、アナスタシアの足元から三メートルくらいのところで、無数の細かい火の粉となって散らばったかと思うと、一瞬でひとつに集まった。

しかし、その集まったものは、もはや閃光する球体ではなかった。

アナスタシアの前には、地球の計算でいう七歳くらいの子どもが立っていたんだ。男の子なのか女の子なのかは判断が難しい。子どもの両肩には、紫がかった水色の、まるで霧でできたような布がかかっていた。髪の毛は肩に垂れていて、子どもらしい顔の表情は自覚と自信にあふれ、見ている人に幸福感をもたらすものだった……。

その子どもの表情は、言葉では伝えきれない。それは、気持ちと感覚でしか伝えられないもので、そのときあらゆる気持ちがあふれんばかりに心をいっぱいにしたんだ。

子どもは裸足で草の上に立っていながら、草花を踏みつぶしてはいなかった。

アナスタシアは、草の上にかがんで座ると、彼の普通とは違うその表情から目をそらすことなく見つめていた。

次の瞬間には彼らが互いを抱きしめようと希求するようにも思えたが、それは起こらなかった。

子どもはアナスタシアに微笑み、一音一音を努めて発音しながら言った。

「息子たち、娘たちよ、希求をありがとう」

その後、彼は空間に溶けると、上空に再び球体が現れた。それは、かつてないほど歓びあふれる光で輝いていた。球体が湖の上で素早く何度か円を描くと、五分ほど、温かい雨の雫《しずく》がすべての植物たちと湖面を愉しませた。

それは生命力を与える雫だった。数滴の雫が私の手に落ちたが、流れ落ちずに溶け込んでいったんだ。私の身体を安らぎで満たしながら。

いつでも、どんな状況でも冷静沈着で、自身の感情を意のままに操ることができた私の父が、驚きのあまり茫然としていた。

彼は、一心不乱にタイガを突き進み、私はそのあとをついて行った。

数時間歩いたあと、立ち止まった彼が私の方へ振り返ると、彼の頬には涙が伝っていた。上位の神官の一人である彼には、このような感情は備わっていないはずだった。しかし、私は彼の涙を見たのだ。父は、穏やかに、確信をこめてこう言った。

「あの子にはできたのだ！　アナスタシアは、闇の勢力の時間枠を超えて人々を運んだのだ。全地球に、歓びあふれる、幸福の希求の種が蒔かれるだろう」

その後、父は興奮冷めやらぬようすで話し続けた。彼を驚かせたのは、球体が行ったことでも、神の分身のひとつ、ともすれば主たる分身であるかもしれないものが、子どもの姿でアナスタシアの前に現れたことでもなかった。

私の父は神官である。それもただの神官ではない。彼は目に見える出来事から、重要なことを識別することができる人だった。だから、目にしたこと自体には、彼はまったく関心がなかったのだ。

彼が重要視したのは、空間に意識が現れたことだった。

アナスタシアによってつくり出された意識は、創造のときから一度も発せられたことがなく、どんな教義や論文にも反映されたことがなかったものだ。それは極めてシンプルでありつつも、この上なく傑出していたため、数々の有名な教義や論文を、神なる本質にまったく触れることのない幼稚な虚構に変えてしまったのだ。アナスタシアは人類の意識の中に、人間が持っていなかった神についての理解を取り入れたのだよ」

「それはどのようなものですか？」

神なる信念

「地球に育つものや生きるものすべて、そして地球で起こるすべての循環、つまり雨も雪も風も、すべてが神によって、はじまりのときから決められたものだというのは知っているね。

私たちの創造主、偉大なる知性が、インスピレーションの高まりの中で偉大な創造を行った。そしてその最後の仕上げとして、自身に似た人間を創造した。

しかし、多くの本質たちにとっては、創造のときからずっと、片ときも離れないある疑問があったんだ……神によって創造された人間は、本当に大宇宙において卓越したものなのだろうか？　神は、人間は数多く存在する本質たちとは異なり、神自身と同等なのだと断言したが、本当にそうなのか？　神自身が『人間は私の資質を持った私の似姿。私は彼にすべてを与えた。そしてこれからもすべてを与え続けよう』と宣言したように……？

神は、自身の創造物である人間が、自分の似姿であるのを見たかった。

しかし、今日の人類を見てごらん。多くの人々が神について語ったり、創造主に対する自分の愛の強さを語っているが、同時に自分に嘘をついているんだ。なぜならば、神を見ず、感じず、理解せずにいながら、誰かを愛することはできないからだ。

多くの人が『私は神を信じている』と言うが、彼らは具体的に何を信じているのだろう？　神の存在を信じているのか？　しかし、このレベルは、意識がはなはだ幼稚であることを示している。『私は神の存在を信じている』と話す人は、実際は神を感じておらず、理解もしていないが、ただその存在を信じているだけだと白状していることになるのだから。

神への信仰に、神が全能で、優しく、子を愛する親であるという意味をこめるとしたら、彼らは言葉を口にするだけでなく、神のために何をするだろう？　しかし、彼らは神の創造物を壊し、彼らの父によって創造された世界から隔絶し、修道院の石壁の内側へ行ってしまう。そして、何千もの教義を飽きるほどでっち上げては、ひたすら書き連ねた。書いてあることは、どれも同じだ。教義では、神に頭《こうべ》を垂れなければならないとされ、人々はよくわからない何かに頭を垂れている。

そして今、ウラジーミル、こういったすべての支離滅裂なありさまを見ている神の心情はどんなものか想像してごらん。想像しようと思えばできるはずだよ、人間は神の気持ちをすべて有しているのだから。ただ、神の気持ちは人間のそれよりも強く、より研ぎ澄まされていて、より純粋なんだ。

でも、今日の自分や、人間や親としての気持ちからでも、私たちの親である創造主の心情を想像することはできる。

ほら、神は自分の子どもたちを見つめているが、当の本人たちはただひたすらこう訴えている。『僕たちはお父さんを愛しているよ。でも、もっと恵みをちょうだい。僕たちはお父さんのしもべ。僕たちは弱くて、何もわからなくて、愚かな者たち。だからどうか助けて、神様！』

はたして、神の似姿である創造物に、こんな振舞ができるものだろうか？　親にとって、我が子が力なく憐れな声をたてるよりも強い痛みをもたらすものなど、あるだろうか？　こうして宇宙の本質たちに、神の創造物が完璧なものだということへの疑念が生まれたのだよ」

「ですが、誰が、いつ、どうやって、人間をそんな状態に貶《おとし》めることができたんですか？」

「人間を貶めることができたのは、意識の力が人間と同等なもの、つまり人間自身だ。

神官たちは、人々を退廃の道へと向かわせた。彼らは神に、全人類を操れることを証明しようと企てた。人々の泣き声や苦しみが、神に神官たちと対話することを余儀なくさせるはずだと。

神官たちがそう考えたのは、神は絶対に誰とも話さないし、人間たちの運命に介入することもない、運命はすべて人間たち自身が選択した道によって決定されるものだ、ということを知っていたからだ。

そして、人類を誘導し、まさに破滅の淵《ふち》まで追いやれば、神は人類を断崖絶壁へと先導する者たち、つまり人々の心理に影響を与えている彼らとの交渉に応じるかもしれない、と神官たちは考えたのだよ。全人類が絶壁から転落するのを防ぐために、そうするだろうとね。

何千年もの時が過ぎた。しかし、神は神官たちとの対話に応じることも、新しい奇跡を起こして人々に教えさとすこともしなかった。そしてやっと私の父、そして後に私も、その理由が理解できたんだ。

もし神がそれをしてしまえば、もし神が人々の生き方に介入すれば、宇宙の本質たちの、人間が不完全であるという憶測を、神自身が認めてしまうことにもなるのだ。

しかし、もっとも大きい理由は、もし神が介入すれば、人間の人間自身への信念を完全に打ちのめしてしまうからだ。人間が完全に自身の内にある神なる法則を発見することをやめ、外からの助けだけに頼るようになってしまうからだ。

だから神は待ち、自分の子どもたちを信じていた。起きていることを見て、心を痛めながら、自身に対する嘲笑とひどい侮辱に堪えながら。神は自身の創造物である人間を信じていた。神の信念は、真に神なる信念なのだよ。

神官たちは、大規模な災害が起こる寸前で神が対話をはじめ、その結果、大団円となるだろうと期待していた。彼らが思い描いたことが実現するのを期待していたのだ。そして誰一人として、たった一人の人間、それも若い女性が、彼らが何千年にもわたり骨折ってきた計画を、数年のあいだに破壊し、人類を神なる源へと方向転換させてしまうなどとは思ってもいなかったのだよ」

「アナスタシアはその方向転換を実現した。彼女は大宇宙に、神の創造物の力、神の賢明さを見せつけたんだ。そして、もしかするとこれがはじめてなのかもしれないんだ……よく考えてごらん、ウラジーミル。出来事の壮大さ、意義の大きさを理解するんだ。地球の創造のときからはじめて、我われの父は自身の創造物の口から、人間は完全無欠であるという言葉を聞いたのだ。

アナスタシアによってかたどられた美しい未来はすでに空間に息づいていて、まさにこの瞬間にも、自身の本質と使命を理解する多くの人々によって現実化しつつある。それにより、具現化は必然的に起こるのだ」

「でも、具現化はいつはじまるんですか？　神官たちだって何か行動を起こし、邪魔することもできるはずです」

「しかしもう、邪魔をするのは最高神官たちではないんだ。これからは、神官たちによって創造されたプログラムに打ちかたなければいけないのだよ。逝く前に、私の父は神官の一人と話をしていたんだ。もっとも、神官たちはけっして互いに会って話したりはしないがね。彼らは地球上の様々な場所にいるが、互いの考えを感じ合うことで遠隔で交信ができるんだ。

＊＊＊

すでに夜明けの光が杉の木々の梢を滑るように差し、小高い丘に立っていた父の顔と身体の線を照らしていた。空間に音なき会話が響くのが聞こえた。

『私はモーセ、人々の運命を何千年にわたり支配してきた、かの王朝の末裔である。私は彼らの末裔であり、始祖でもある。自身を高位と位置づける者たちに、請うのではなく、呼びかける。アナスタシアに抵抗し、無駄に力を費やすことはやめるのだ。

彼女が希求するすべては、我々がいたった考えや願望のいかなるものにも合致しない。合致しないことが、私には、私の魂には快い。私はモーセ、神官である。力で我らは同等、私が孫娘を護《まも》る』

するとと最高神官からの答えがあった。

『そうだモーセよ、力で私とお前は同等である。そして、だからこそお前が私に、アナスタシアへの抵抗をやめるよう乞うているのではなく、私からの助言を求めていることがわかるのだ。

私は今、どのように彼女を助けるべきか、怪物のようになってしまったシステムをいかに止めるべきかを考えている。我らが怪物を創造し、それが我らよりも強くなってしまった。お前もその怪物の創造に加わっていたのだから、よくわかっているであろう。

怪物は子どもらを喰い荒らし、幾千年にわたり人間の身体を引き裂いてきた。今やこの怪物を止めるには、我らが力を尽くしても数百年を要するだろう。

しかし、お前の孫娘の意識は我らのそれよりもさらに強く速く希求している。その意識は一年で千年を創造する。今や我らのうちには誰一人、お前の孫娘を助けることも邪魔をできる者もいない。

ひとつだけ私が確信していることは、我らが自身の生き方を、お前の孫娘が描いたイメージどおりにしなければならないということだ。

人々にとって一目瞭然の手本となり、創造における自身の全知識を注ぐのだ』

神官同士の会話は少ない言葉で交わされていたが、それは私にとって多くの意味を持ちはじめた」

「神官たちの会話は、すべての人に理解できるものではないと思います。例えば、私にとっても、その子どもたちを喰い荒らすケダモノが何なのか、はっきりわかりません。それと、なぜアナスタシアを助けたいと願いながらも、あなたのお父さんもその最高神官も、助けられる状況ではないと言ってるのかも」

「すべては意識の速さにあるのだよ、ウラジーミル」

「速さ？　でも、どうしてそれがそんなに重要なのですか？　どんな関係があるんですか？」

意識の速さ

「今となってはよく知られていることだが、地球上に生きとし生けるすべてのものの中で、人間が持つ際立った特徴は、意識し思考する能力だ。そして意識は、まだ萌芽の状態にある生命はもちろん、動物にも植物にもあるものだ。しかし、人間はその他のすべてのものよりも、意識の速さにおいて卓越している。

本来、人間の意識の速さは、神の意識の速さに限りなく近いもので、人間がある一定の生き方をする場合には、神の速さを超えることもできる。少なくとも、私たちを創造した親はそれを望んだのだ。

もしも人間の意識の速さが神の速さにまで到達していたら、人間は、生きた、調和した世界を他の惑星に創造することができていただろう。

意識の速さが意味するものは何か。それが神官たちがひた隠しにしてきた最大の秘密だ。彼らは、意識と思考の速さについて言及するものは、間接的な表現さえもあらゆる手段を使って消し去ろうとしてきた。

君はおそらくこのような表現を聞いたことがあるだろう、「頭の鈍い奴」「理解するのには時間がかかる」。どういう意味だと思う？　つまり、思考の働きが遅い人とは話をするのが困難だ、あるいは面白くない、ということだろう。

地球に生きる人々の意識と思考の速さは様々だ。その違いはわずかなこともあるが、大きな意味を持つこともある。意識と思考の速さにおいて大きく優越することによって、一人の人間が多くの人々、ひいては全世界を支配することができる。

想像してごらん、何か算数の問題を千人に出したとする。一番早く解ける人というのは、他の人よりも思考が速く働く人だ。その人は、計算問題を他の人よりも十秒、二十秒、三十秒、一分もしくは十分早く解くことができる。この簡単な例は、一人が他の人よりも十分早く答えを見つけられることを言っている。他の九百九十九人よりも十分早く、何か新しいことを知り、素早く知識を得ているんだ。

算数の計算ならば、さして危険には思えない。しかし……

想像してごらん、全地球の人々に対し、解くのに千年かかるような課題が提示され、人々はそれを解きはじめたとする。そして、ある一人の思考の速さは、他の人々より三倍速く働いている。

必然的に、その一人だけは、人類がそのあいだにとる行動のすべてを、他の人々よりも速く知ることができる。

人類が九百年かかって解く問題を、彼は三百年で解いてしまう。すると当然、彼は全人類の六百年間の行動をコントロールし、望む方向へと向けることができるのだ。誰かに正しい中間解を教えて最終的な答に近づけてやったり、嘘の中間解を教えて答から遠ざけることもできる。またはもっと簡単に、最初から全員に嘘の解を与えて袋小路へと引き込んでおいて、みんなの前で大発見をしてみせる。言い換えると、支配をするんだ。

七千年前、神官たちは、他の人々よりも意識と思考の速さが大きく秀でた人に、どのような可能性が開かれるのかを理解した。彼らは意識と思考の速さの格差を何倍にも大きくするという目的を定めた。そして、特別な訓練法で自分たちの意識と思考を他の人々よりも速くしようとしたが、はじめは著しい差をつけるところまで到達することができなかった。それで今度は、生まれてきた人間全員の意識と思考の動きを遅くさせるシステムを思いついたんだ。彼らが取り入れたシステムは、一度の千年紀に留まることなくたえず進歩し、今日にも効力を発揮し続けている。

現代の大部分の人々の暮らし方を注意深く見て分析してごらん。すると、大部分のものが、君たちの意識と思考の動きを停止させるように力を注いでいることが見えてくるはずだ。

アナスタシアは人々に神官たちの秘密を明かしはじめた。彼女は、たとえ小さな赤ん坊であっても、その子がしていることの邪魔をしてはいけない、それは、その子の意識の動きを止めることなるからだと話したね。

それから彼女は君に、子どもの意識の速さを高めるための一連のトレーニングを見せた。また、我われ一族の子どもの育成のはじまりが、子どもに対し正しく質問を投げかけることにあるとも話した。

子どもに質問を投げかけると、子どもの意識は答を探しはじめる。それによりどんどん速さを増していく。そして毎分意識と思考の速さが加速されていき、十一歳までには、意識にブレーキをかけるシステムでつくり上げられた人のそれよりも、何倍も速いものになる。

現代の世界で何が起こっているのかを見てごらん。まだほんの赤ん坊のうちから、人工的な物が子どもを取り囲んでいる。どんな物であれ、それは誰かの意識が具現化したものだ。つまり、子どもに誰かの意識が注ぎ込む仕組になっているということだ。それも、たとえばおもちゃのガラガラのような原始的な意識だ。少し大きくなれば、子どもは人形や機械じかけのおもちゃの車をもらう。子どもたちは遊ぶのが好きで、かつ大人の管理下にあるのだから、目の前に与えられたもので遊ぶ……

ウラジーミル、その違いを見てごらん。君の娘さんは、小さい頃にガラガラを鳴らし、人形を眺めていた。

アナスタシアが産んだ君の息子だって、他の子どもたちと同じように遊ぶのが好きだ。しかし彼にとってのおもちゃは、リスやメス狼、メス熊やヘビなんかの、神によって創造されたたくさんのものたちだ。

では比べてみるんだ。ただし必ず、子どものためにガラガラや人形をつくった人と、リスの創造者の意識と思考の速さのレベルの違いを想像するんだよ。

そうやって、一方では幼稚な意識と思考が込められた物に触れる子ども、他方では神によって創造されたものと交信する子どもがいる。触れるものにこれほど大きな違いがある二人の子どもの意識の速さは、著しく異なる。どちらの子どもの意識と思考がより速くなるかは、君もわかるだろう。

君たちの世界では、子どもたちが話せるようになると、大人たちが子どもたちに何をしてよくて、何をしてはいけないのかを決める。子どもが自分で考えてはならず、すべてはすでに決められているものだとして、事実上子どもを洗脳している。つまり、子どもは考える必要がなく、誰かの意識と思考に追従しなければならないということになるんだ。

子どもが学校へ行くようになると、彼らの前に立つ教師は、ものごとの本質、行動規則や世界秩序について説明する。ただ説明するのではなく、教師は子どもに、誰かが考えたのと同じように考えることを要求する。そして再び、子どもの意識の速さにブレーキがかかる。より正確には、子どもに自力で考えることを禁止してしまう。

君たちの世界の学校では、意識と思考の速さを高める目的をもった、最も重要な科目が欠けているんだ。この重要な科目が、すでに持っている意識の速さを低下させる目的をもった他の多くの科目に取って代えられてしまったのだよ。

意識のトレーニング

私はアナスタシアの祖父の話を聞いて、アナスタシアも息子と接しながら、素早く意識し思考するためのトレーニングを常に用意しているのだと理解した。一見それは遊びのようではあるが、身体能力だけを発達させるかのような遊びをしているときでさえも、意識と思考が鍛えられているのだ。

すでに本に書いたことだが、ある朝アナスタシアはメス狼と追いかけっこをして走り回りながら、次のような離れ技をやってのけた。彼女はまずメス狼を自分の方へ呼びよせると、素早く走って逃げ、メス狼も彼女に追いつこうと走り出したが追いつきかけたところで、アナスタシアが走った勢いで突然そばのシベリア杉の幹を両脚で蹴り、宙返りをし、逆の方向へと走り出したため、メス狼は走った勢いを急に止めることができず、通り過ぎてしまった。

私の息子ヴォロージャも、狼の仔らと追いかけっこをしていた。しかし、息子がどれほど全力で走ろうとも、若い狼は息子に追いついていた。

狼は息子より少しだけ前に出ると、振り返り、隙をみて、走る息子の足または手をペロッと舐《な》めた。ヴォロージャはすぐに立ち止り、少しのあいだ呼吸を整えると、再び狼のもとから走って逃げるのだが、狼は再び息子に追いつくのだ。

アナスタシアが杉の木にジャンプして急に方向転換する離れ技をして見せたとき、息子はそれが大いに気に入り、自分もやってみようとした。助走をつけ、杉の幹に向けてジャンプすることはできたが、宙返りをして素早く反対方向へ走り出すことはどうしてもうまくいかなかった。一回目に木の幹を蹴ったとき、ヴォロージャは四つん這いに落ちてしまった。二回目に試して幹から落ちたとき、息子は疑問を投げかけるような目で母親を見つめた。アナスタシアは彼に言った。

「ヴォロージャ、木に向ってジャンプする前に、意識でそのあとの自分の動きをイメージするのよ」

「イメージしたよ、ママ。僕、ママがやるのを見てたよ」

「私の身体の動きは見ていたね。でもあなたの身体がどう動くべきか、何に従うのかはイメージしていなかったし、感じてもいなかったでしょ。まずは自分の意識の中で練習してごらん」

身体的な運動を、どのように意識の中で行うのかというのは、私にはまったく理解できなかった。それをよそに、息子は木の幹に歩み寄るとしばらくのあいだそこで、目を閉じたり手や脚を無意識に動かしたりしていた。そのあと木から離れ、一目散に杉の幹へと走り出した。

走る速さはいつもより速かった。私はひやりとした。もし失敗したら、木にぶつかってけがをしてしまう。しかし、できたのだ。息子は幹を蹴って、宙返りをし、着地の際に少しぐらついたものの、そのまま逆方向へ走り出すことができた。ヴォロージャは何度かこの運動を繰り返し、回を重ねるたびにどんどん上手くなっていった。

いい運動だ、と私は思い、アナスタシアに言った。

「すべての筋肉を発達させることができるね」

「ええ」彼女は答えた。「筋肉は発達する。でも重要なのは、意識と思考を速めることができるということなの」

このとき私は、まったくの身体的な運動にしか見えないものが、どのように意識や思考を速めるのかということを聞き返すことはしなかった。しかしじきに、アナスタシアが自分の離れ技を見せつつ息子に課したのは、まさにこのことだったのだと理解した。そして、次のようなことが起きたのだ。

ヴォロージャは遊び相手の狼を呼ぶと、彼らは走りはじめた。狼がヴォロージャに追いつきかけると、ヴォロージャは例によってジャンプし、反対方向へ走り出した。そんなことになるとは予想もしていなかった狼は、杉の木を通り過ぎてしまった。

狼がヴォロージャの動きに気がつき、何が起きているのかを考えながら立ち止ろうとしているあいだに、ヴォロージャはすでに反対方向へと一目散に走り出し、歓喜した。勝利を感じ、笑いながら両手を振り飛び跳ねていた。

一方で、その幼いオス狼がまれにみる賢いライバルであることがわかった。ヴォロージャが同じことを五回目にして見せたとき、走って逃げる友が杉の木に近づくと、狼は突然スピードを落として立ち止まり、その木の下までは走らなかったのだ。

ヴォロージャが方向転換しようと宙返りをしたとき、その着地の際に狼はうまいこと彼をペロッと舐め、その場で飛び跳ねてしっぽを振りはじめた。今度は狼が歓喜していた。ヴォロージャは驚いて、唖然とした顔で狼を見つめていた。

私とアナスタシアは近くに座り、そのようすを見ていた。ヴォロージャはもう一度、まったく同じように狼の裏をかこうと試みたが、またしてもうまくいかなかった。賢い狼は毎回木の手前で立ち止り、子どもが着地するのを落ち着いて待ち、彼を舐めた。それも何回もだ。

ヴォロージャは考えこんだ。彼は真剣な顔になり、眉を寄せてさえいた。しかし策は何も思い浮かばなかったようだ。考え込みながら、息子は瞳に疑問を浮かべ、私たちの方へ歩いてきた。

アナスタシアはすぐに言った。

「ヴォロージャ、今度はもう自分の思考だけではなくて、狼の思考にも気を配らなくてはね」

そして息子は離れて、再びひとりで考えはじめた。私もこの状況について考えを巡らせた。そして、狼が息子の作戦を理解したあととなっては、もうどうすることもできないだろうという強い確信にいたった。狼は彼の次の動きを予見し、その動きが終わるまで待っているのだから。ヴォロージャがたとえその技を二倍の速さでやってのけたとしても、狼は彼を舐めることができる。そしてどんな思考も、ここでは助けにならない。こちらに歩いてくる息子の顔に、彼がまったく同じ結論にたどり着いたことが見てとれ、私はアナスタシアに言った。

「なんだって子どもを苦しめるんだ？　もう狼に勝てないことははっきりしてるじゃないか。きみだって勝てないよ。きみのメス狼は、きみが逃げきったときにいつまでも理解することができなかったが、この若い狼は自分の母親よりも賢いようだな」

「ええ、この狼は母狼よりも賢いわね。でも人間はいつだって、彼らより賢くなければならない。私は子どもを苦しめているんじゃなくて、考えること、狼の意識と思考を考慮して、自分なりの解決法を見出すことを促しているの」

「どんな解決法もありゃしないことは明らかだよ。あるなら見せてやってくれ。息子の悲しげな顔なんて見ていられないよ」

アナスタシアは立ち上がると、ジェスチャーで幼い狼を呼んだ。狼はすぐに嬉しそうにして彼女のもとへ走ってくると、しっぽを振った。アナスタシアは狼の背をなで、招くようなジェスチャーをすると走り出した。

私と息子はアナスタシアが一目散に、そして軽やかに走るようすを見ていた。すでに大人であり母親である女性から繰り出される驚くほど軽やかで自在な動きは、その美しさとすばしこさで見る者を驚愕《きょうがく》させた。

しかし、やはり若い狼の方が、少しだけ走るのが早かった。アナスタシアは何度か狼をよけてかわし、急激に走る方向を変えた。そのたび狼は少しだけ遅れをとったが、じきに走る彼女にまた追いつきそうになった。

最後には狼が彼女を捕えるであろうことは明らかだった。

突然、アナスタシアはヴォロージャが蹴って跳んでいた杉の木を目指して、一目散に走り出した。杉の木まで数メートルのところになると、狼は走るスピードを落とし、アナスタシアが木の幹に向かって蹴り出したときに、その場にしゃがんで、彼女が着地した瞬間に足か手を舐める準備をした。しかし……

アナスタシアは木の下でジャンプしたのだが、幹を蹴って跳ぶことはしなかった。彼女の身体は木の幹から一センチメートルのところを過ぎていっただけで、アナスタシアはそのまま杉の木から走って遠ざかった。狼は唖然とし、座って待ちかまえたまま、何が起こったのか理解しようとしていた。

ヴォロージャはその場で飛び跳ねながら手を叩き、嬉しそうに話しはじめた。

「わかったよ、パパ。僕と狼の、両方の立場で素早く考えなきゃいけないんだね。自分の立場で素早く考えて、狼の立場でも狼より速く考えて、そしてすべてを間に合うようにしなきゃならない。どうすればいいのかわかったよ」

アナスタシアが近づいてくると、ヴォロージャは彼女にも報告した。
「ありがとう、ママ。狼はもう僕に追いつけないいんだ」

ヴォロージャは、はじめはアナスタシアのように曲がりくねりながら狼から逃げると、あらゆる技を次から次へと組み合わせてみせた。走りながらあまり大きくない木につかまると、その力を利用して追いかけてくる狼よりも速く方向転換したり、風で折れた太い枝を跳び越えたりした。かと思えば、二回目にその枝まで走ってきたときには、ただその場で上にとび跳ねた。そのとき狼は前方へとジャンプしてしまった。

これはただひとつの例であり、このようなことは無数にあった。しかし、重要なのはその数ではなく、克服すべき課題の本質を理解することなのだ。

最も禁じられたテーマ

今日生きている人間、子どもたちだけでなく大人になった人々にも、システムは次から次へと情報を流し続けている。その情報は重要なもののように見えるが、知らされることのほとんどは、人間の注意を本当に重要な情報から逸らすためのものなんだ。

例えば、テレビ番組を観ていると、ある官僚が別の官僚と会っただとか、ある統治者が他の統治者と会ったことが毎回報道されているだろう。彼らが会ったということが、さもニュースであるかのように描き出されている。でも、ウラジーミル、君も自分で考えてもわかるように、そういったことはニュースでも何でもないのだよ。

官僚たちが会うことなんて、何千年ものあいだ行われてきたことだ。彼らは毎時間誰かに会っている。統治者たちは、何千年ものあいだずっと様々な国の統治者たちと会談をしてきた。だが、そういった会談では、重要なことは絶対に何ひとつ変わることはない。

それは、重要なことについて話をすることが絶対にないからだ。戦争の真の原因については絶対に話し合われない。彼らは結果についてのみ話をしているんだ。

でも、毎度の会談のことをニュースとして報じ、人々を誤った理解へと追い込む。注意深く観察してみてほしい。世界中で最も禁じられている情報とは、人類の発展の道というテーマなのだ。

飛行機に乗ってはいるが、その飛行機がどこへ飛んでいるのかも、着陸できるか否かにも無関心な乗客なんて想像できるだろうか？

きっと、そんな乗客はいるわけがないと思っただろう。誰もがあらかじめ、飛行機がどれだけの時間飛ぶのか、そしてどの都市に着陸するのかを想定しているはずだ、と。でも、地球という惑星に生きている一人、二人、千人の人たちに、いや百万人の人たちに聞いてみるといい。すると人類が何を目指して進んでいるのかを答えられる人が、誰もいないことがわかるだろう。

神官たちによって創造されたシステムにより、人間の意識は遮断されてしまった。意識と思考が衰えた現代人は、人類の正しい発展の道や、それぞれの国家の正しい発展の道を決定できる状態にはない。自分自身の人生さえかたどれる状態にないんだ。

君が知っている地球のすべての統治者は、実際には何も、重要なことは何ひとつ支配してはいない。国家の発展計画を明確に述べることのできた国など、世界にひとつも見つけることはできない。

ない。それには、地球という惑星における全人類の発展の道を、はっきりと正確に決定しなければならないからだ。

神官たちがシステムを構築した際の駒の動かし方はさほど複雑ではなかったが、結果として統治者たち全員が、神官のシステムが滞りなく動き続けるための監視役となったんだ。

統治者たちはみな、自国でのいわゆる科学技術の発達や軍事力、自らの権力を保持することに心を奪われている。

そのために彼らは、自国のきれいな空気や水のことなどを軽視している。どこの国も軽視していて、世界中のみんなが同じことをしている。統治者たちの上に、神官たちがつくり上げたシステムが重くのしかかっているんだ。統治者たちも、地球に生きる大部分の人々と同じように、このシステムの中で動く歯車なのだよ。他の人々と同様、彼らの意識や思考もブレーキをかけられているんだ。

意識の速度！　ああ、私がどれほど、君や君の読者たちの誰かが、大宇宙すべてにおいて意識の速度がどれほど重要なのかを、単に冷静な頭脳で認識するのではなく、自身の身体のすべての細胞で感じてくれることを望んでいるか！

それを理解するために必要な、相応しい言葉や実例を選ぶことは容易ではない。だが、いい実例がある！　アナスタシアは現代のコンピュータを人工の脳にたとえた。つまり、人工の思考、つまり意識だ。おそらく、コンピュータの特性をよく知っている人々は、思考速度の重要性を他の人々よりも速く理解し、感じているだろう。ウラジーミル、君だって、仕事でコンピュータを使うだろう。だからコンピュータを例にした方が、君も人間の思考速度が減速することによる悲劇的な結末を想像しやすいだろう。

コンピュータを知っている人であれば誰でも、記憶装置の容量とその処理の速さが大きな意味を持つことを知っている。いいかい、処理の速さなのだ！

では今度は、飛行中の航空機を操縦したり、核システムの働きを監視するコンピュータの動きのスピードが落ちたらどうなるかを想像してごらん。コンピュータが飛行機を危険な状況にして、大惨事が起きてしまうかもしれない。

地球に生まれたすべての人間が有している生きたバイオ・コンピュータは、人がこしらえた物よりも比べものにならないほど完成度が高い。人間が有しているそのコンピュータは、計り知れないほど完璧で壮大な規模の仕組み、すなわち宇宙の惑星たちの制御を助ける役割を担っているんだ。

その動きが原初の速度に近づいたとき、またはそれを超えた場合に、惑星たちの制御が可能になる。しかし、速度は低下し、減速し続けている。このことは、状況を少し注意深く見つめさえすれば、誰でもわかることだ。

最も優れた人工のコンピュータがあったとしても、それに毎日、毎時間、あらゆる情報を詰め込んで負荷をかけ、つまりどんな情報でもいいからと、ひたすら詰め込んでいくと、最終的に動きが遅くなる。または入ってくる情報を受け取ることができなくなってしまうんだ。

記憶装置が受け入れられないほどの量の情報でいっぱいにされると、そうなってしまうんだ。大部分の人々にも同じようなことが起こっている。そして神官たちがつくったシステムは、彼ら自身がコントロールできないほどになってしまった。システムが勝手に動きだしたんだ。

子どもたちをむさぼる怪物について先ほどふれたが、それは制御不能になったシステムのことを話していたのだよ。注目してみてほしい。母親のお腹から地球に生まれてくる赤ん坊を、すぐにしっかりとその手中に収めるのは誰か？――システムだ。

赤ん坊がどんな食べ物を食べるべきかを決定しているのは誰か？――システムだ。どんな空気を吸い、どんな水を飲むかを決めているのは誰か？――システムだ。

人生の道の選択を決めているのは誰か？――システムなのだ。

神官たちは地上の暮らしを形成するシステムへの制御を失いつつあるものの、システムが働く際の法則は知っている。だから、この惑星の営みに影響を及ぼすことはまだ可能だ。彼らは今日でも、個々の状況に歯止めをかけたり、推し進めたりすることができる。

アナスタシアの発言が書かれた最初の本が出たとき、神官たちは関心を持った。当然だ！　その発言が、秘密の制御レバーを知っている神官のひ孫、しかも意識と思考の働きを速めることのできる生活様式を送っている若い女性の口から発せられたものだったのだから。

彼らは、アナスタシアが『闇の勢力の時間枠を超えて人々を運ぶ』という課題を自らに課したことの意味を理解した。理論的に、これは可能なんだ。時間の枠を超えて運ぶというのは、意識を変えることを意味する。こういったことは、一人の人間を相手にするならば十分可能だ。

一方、人類の意識を大きく変えるというのは、何千年もかかるプロセスであり、何世代もの人々がかかわるものだ。しかし、プロセスが何千年にもおよぶのならば、それを『時間の枠を超えて運ぶ』と呼ぶことはできない。

『時間の枠を超えて運ぶ』というのは、今日すでに生きている人々の意識を、神なる楽園の存在だったときに彼らが有していた、または有するはずの意識に変容させるということだ。

神官たちはアナスタシアが行動に移すであろう計画を見定めようとした。そしてそれを、多くの間違った結論を含んだ幼稚で無邪気なものだと判断した。情報の伝達方法が本だけでは、明らかに不十分であると見なしたんだ。現代人に情報を理解させるには、何度も繰り返し発信しなければならないからね。

また彼らは、その本の著者が精神世界への関心が強い人々のあいだで何の権威も持たず、その分野で誰にも知られていない、ただの実業家であることも知った。

よって、シベリアの女世捨て人が選んだ道では、人間社会に著しい影響を及ぼすことなどできないだろうと神官たちは結論づけた。私の父もそのように考えていたんだ。

しかし、一冊目の本で予言されたことが実現しはじめたとき、神官たちははじめて驚き、警戒した。

アナスタシアが『私があなたのところに、あなたにとって理解できないことを説明してくれる多くの人たちを導く』と話すと、君のもとにそういった人たちが訪れるようになった。しかも、彼らはただ何かを説明するだけにとどまらず、行動に移しはじめた。

彼女が『画家が絵を描き、詩人が詩を紡ぐ』と話すと、人間の実在についての新しく美しい現実を描いた絵画や多くの詩が現れた。

彼女が『あなたが書いた本は様々な国で出版される』と話すと、本はいくつもの言語で世に出た。

神官たちには、アナスタシアによって予定されたことが、いったいどのような力で、どのような仕組みで実現しているのかわからなかった。しかし、彼ら全員の目の前で実現していくのだ。彼らは、彼女が想い描いたことを人々が現実の暮らしの中で具現化しはじめたことは理解していたが、彼女がどのような方法でその目標を達成しているのかは見抜くことができなかったんだ。これが意味することはただひとつ、アナスタシアの意識と思考の速さが、神官たちのそれをはるかに上回っているということだ。彼女の意識が構築したものには、数多くのプロセスが複雑に組み合わさっており、まったく理解できないのだ。これは、神官たちによる人間社会への作用の可能性が、完全に失われるかもしれないことを意味する。

神官たちは、そのようなことを許しておくわけにはいかなかった。

しかし、彼らが対抗措置を組み立てているあいだに、もっと信じ難いことが起こった。彼女の新しい発言が公表されると、多くの人々が、彼女が話した一族の土地を創造しようと希求しだしたのだ。

そこで、アナスタシアに向けてあらゆる抵抗の力が向けられた。そのうち最も効果的だったもののひとつが、魔法のように象徴的な言葉、「セクト（＊一般的な宗教の教義や社会通念とは異なる主義や思想を持ち、一般社会から離れてそれらを貫こうとする閉鎖的な集団）」だった。

あらゆるおぞましいセクトについて書かれた出版物が刊行されるようになり、その中に、「アナスタシア」というセクトがあると書かれ、「全体主義」や「破壊主義」といった象徴的な言葉も使われた。

この抵抗の方法は、神官たちのあいだでずっと昔から使われてきたものだ。ルーシ（＊ロシアの起源とされる、九世紀のドニエプル中流域の東スラヴ人の国家）でも、この方法によって彼らの宗教は別のものに替えられてしまった。

これまで、この方法は順当に功を奏してきた。そして神官たちは、今回も問題なく作用したと考えたんだ。ウラジーミル、君や、互いに交流のある読者だけでなく、知りあってもいない多くの読者たちも驚いたことに、知らぬ間に彼らはセクトと呼ばれるようになっていたんだ。

嘘の噂は、巧みに、徹底的に拡散された。そのせいで、行政は問題の解決に着手しなかった。一族の土地を敷くための土地を得る動きは、目に見えるかたちでも、目に見えないかたちでも抵抗を受けた。システムが働いたんだよ。

比較的下位の神官たちは、アナスタシアの騒ぎには終止符が打たれたと考えた。そうではないと最初に理解したのは、最高神官だった。最高神官は、未来をかたどったアナスタシアの意識が、単にシステムによるあらゆる抵抗を計算に入れていただけでなく、その抵抗を善《よ》いものへと転換していたことを理解した。

次に、このようなことが起こったのだ。現状では、アナスタシアが語った基本理念にもとづく入植地は、従来の方法で創設することはできないため、一族の土地には詳細な整備計画が不可欠だ。長期的な計画を立て、少なくとも一年、人によってはもっと長い期間をかけて、その計画のために懸命に取り組まなければならない。一年かからずに完成する人もいるだろうが、もっと長い期間が必要な人もいる。熟慮した上での行動でなければ、アイディア自体の信用を失うことにもなりかねないのだ。

しかし、神官たちが土地を得るプロセスを停滞させたことが仇《あだ》となり、結果として人々が焦って行動することを防ぐかたちになったのだ。

神官たちには、人々が土地を得るプロセスを停滞させることはできても、自分の土地や国、そして全人類の美しい未来の姿を描いた多くの人々の未来への夢を滅ぼすことや、人々の意識の働きを減速させることはできなかったのだ。

アナスタシアは、美しい未来の構築においてはロシアが最初の国となることを話しながらも、一部の限られた地域や国だけで楽園を築くことは不可能だということをよくわかっていた。そして彼女の夢は、他の国の人々の心にもどんどん受け入れられていった。ウラジーミル、他の国々で出版された君の本が人気を博しているという事実から、君だってこのことには納得するだろう。今日、君の本は大人気だが、将来、人々が意識し思考しはじめたとき、今とは比べものにならないほどの人気になる。

神官たちは、今になってこのことに気が付いた。アナスタシアは、神官たちが一度ならず千年紀を費やして解明しようと苦心してきた秘密を、打ち明けはじめた。ほら、これがそのうちのひとつだ。

神なる食事

最高神官は私の父との会話の中で言った。

「モーセよ、お前のひ孫娘は、我らが知ることのできなかった生活の秘儀を知っている。彼女は肉体と精神を養う秘儀を知っている。もちろん、お前自身もこのことを彼女の『**呼吸するように食べる**』という言葉から判断しただろう。我らの先祖も秘密の神殿の壁でこの言葉を読んでいたのだ。我らはそこに何か重要な意味があるとわかってはいたが、秘密そのものについては未だに明らかでない。お前のひ孫娘は、一族の土地を創造する人々の前にその秘密を明らかにしはじめ、まさにそれによって、新しい土地に暮らす人々の意識と思考の速さが、我らのものを超えるという状況をつくり上げてしまった。このままでは、我らは、彼女のうたう一族の土地で生まれる子どもらの前で、物わかりの悪い少年のように映ってしまう。そこで、多くのことを組み合わせ構

築した彼女は、我らに唯一の打開策を見せた――それは我ら神官全員も、彼女が人々に説いた一族の土地をつくるということだ。そして我らは、その土地を誰のものよりもよく、より完ぺきにしようと努力するだろう。我らはそのための大きな能力を有しているのだから。

彼女は生活の秘儀をみなの前に明かしつつあり、我らもそれを学ぶこととなる。そして、人々が一族の土地の創設をはじめようとするときには、我らはすでに自分の一族の土地を有している。こうして再び、思考の速さの差によって我らは人々より先に予見することができ、それ故に、我らは惑星の営みを制御する。モーセよ、私はこのように考えたのだが、お前の意見を聞かせよ」

私の父は答えた。

「お前が私の意見を聞きたいというのは、お前自身に疑念があるからだ。お前は、最高神官であると名乗るお前自身と神官たちが、神なる暮らしに近づける一族の土地を誰よりも早く創造した場合に、アナスタシアが次にどのような状況をかたどるのかを予見したいと思っているのだろう？　お前は、彼女の思考がそのような状況まで想定したか否かを知りたいのであろう？」

「彼女は想定したと確信している」最高神官は父に答えた。「そして、彼女は想定したことを隠そうとすらしていない。だから私はお前の意見を聞きたいのだ。なぜ彼女は公然と我らを煽《あお》り、我らに世界に対する権力を再び取り戻す可能性を提示するのだ？」

「そもそも……」父は最高神官に答えた。「ひ孫娘アナスタシアには、お前たちと闘うつもりがないからだ。神官たち、つまり地球の支配者が自身の一族の土地を創造しはじめれば、神官たちの考え方が変わる。そして彼らの魂は光で輝きだすのだ」

＊＊＊

「ありがとう、モーセよ！　我らの考えは一致した。そして私は、これからは異なる現実で生きることができるのだと認識し、歓んでいる。一人ひとりが神と話をすることが可能であるかもしれない現実の暮らしに……

モーセよ、お前のひ孫娘の意識の前に私はひざまずこう。そして、我らによりつくり出されたシステム、血に飢えた一頭の獣または数多くの野獣の群れのようになったシステムに打ちかつ力を、アナスタシアが己の内に見出すことを願う。モーセよ、もしできるならば、彼女を助けてやってくれ！」

「お前が助けようと努めるのだ。私では彼女の若い意識にはついていけない。私は彼女の行いを、非論理的だと考えていたのだからな」

「私も追いつけないのだ、モーセよ。彼女は呼吸するように食べる。我らは肉体を有害なもので満たしているのだ。私には彼女のように精神に栄養を与える力がない。私はただ、何が彼女の助けになるかを推定するのみだ」

原初の人々の生き方は、現在のものとは異なる。原初の人々は単に自然を知っていただけでなく、操作していた。自然の音や天体の光の力をとおして、人々は大宇宙の情報ベースを利用することができていたんだ。また、人々は頭脳だけでなく、気持ちでも情報を受け取っていた。彼らの意識の速さは、現在の人間の意識よりも何倍も速かったんだ。

＊
＊
＊

昔の神官たちは、他の人々よりも格段に速い思考速度に達することによってのみ、人類への絶対的な権力を得ることが可能となることを理解していた。しかし、どうすれば実現できるだろうか？　当時、古代の神官の一人が、最高神官との密談の場で言った。

「我らは、他の人々に十分な差をつけられるほど自身の思考を速めることはできない。しかし、全人類の思考を減速させるための特別な技法がある」

「お前は全人類と言った。それはつまり我々自身の思考も含むのか？」最高神官が答えて言った。

「最終的にはそうなる。我らの意識と思考も遅くなるが、ごく小さなレベルでの減速だ。最終的には我らと他の人々との差は非常に大きくなるであろう。したがって、優位性は我らの側にある」

「このことを話したということは、お前は全人類の意識と思考を減速させることができる方法を見つけたのだな。話してみよ」

「単純なものだ。現在ある神なる食事の方法を、人々から隠すのだ。人々に、意識を速めるものではなく、減速させる食事を摂らせるのだ。これが主たる条件だ。その後は連鎖的な反応がはじまる。意識の退化は、多くの要因を生み出し、思考の速さに影響を与える。すべての人々は、我らに比べて完全でない人間になるのだ」

「神がみなに提供しているものを、どうすれば隠すことができる?」

「提供されているものは、他ならぬ神のおかげなのだから、神に感謝することが必要だと、人々にふれ回るのだ」

「なるほど。お前は世にも恐ろしい、それでいて比類ない程の方法を考えついたものだ。人々は創造主に感謝することに賛成し、そこに何ひとつ悪を見ることはないだろう。我らは、神の直接的な創造物たちから人々の気をそらすような儀式を考え出そうではないか……

人々は、自分たちは神に感謝しているのだと考える。しかし、我らがこしらえる彫像の周りに集まり感謝することに時間を取られればとられるほど、神による創造物たちと触れ合い交信することが少なくなる。そうやって、彼らは神から直接入ってくる情報からより離れていくのだ。

人々は我らから発信される情報を受け、それを神が望んだことだと思うであろう。彼らの意識は偽りの道を進むのだ。我らが彼らの意識を、偽りの道へと連れていくのだ」

＊＊＊

何百年も経ち、神への尊敬をささげていると信じながら、人々は次第に神官たちによって考え出された儀式に、時間を費やすようになっていった。それと同時に、人々が創造主の創造物たちと直接触れ合い交信することはどんどん少なくなり、それにより宇宙の情報、神の情報を本来の質と量で受け取ることができなくなっていった。それは神に痛みと苦しみをもたらしていたが、人々は神に歓びを運んでいるものと考えていた。

その頃神官たちは、人々にどのような食べ物を好んで食べるべきかを説くようになった。それと同時に、神官たちは食事についての秘密の学問を立ち上げた。それは神官たちが、自身の脳、精神、健康状態、そして最終的には意識と思考を、他の人々よりも能力の高い状態に保っておくためだった。

このようにして、神官たちは人々に、あるいくつかの種類の植物の種を蒔くことを勧めながら、自分たちは他の植物を、もっと言うと、他の人々より多様性に富んだ食事を摂っていた。こうして、人間の意識と思考は恐ろしいほど退化していった。

人間は肉体と精神の病気を知った。人々は直感的に食事の重要性を感じ、それから何千年ものあいだ、この問題を追及してきた。

どのような食品が最も健康によいのかを助言しようとする賢者たちが現れ、食事についての数多くの教えが登場するようになった。誰もが知っている本、聖書やコーランの中でも、この問題は重要視されている。例えば、旧約聖書では、食事について次のように書かれている。

穢《けが》れたものはいっさい食べてはならない。

食してもよい獣は、牛、羊、ヤギ、鹿、かもしか、水牛、ダマジカ、野牛、羚羊《レイヨウ》、カメロパルドである。蹄《ひづめ》が深く二つに割れ、反芻《はんすう》するものは食べてもよい……ただし、ラクダ、野兎、トビネズミは、穢れているので食べてはいけない……。また、豚は蹄が割れているが反芻しないので食べてはいけない。穢れているからである。これらの動物の肉は食べてはならないし、死骸に触れてはならない。水中の生き物のうち、ヒレと鱗《うろこ》のあるものはすべて食べてもよい。ヒレや鱗のないものはすべて食べてはいけない。穢れているからである。すべての清い鳥は食べてもよい。しかし、鷲、ハゲタカ、ウミワシ、トビの類、ハヤブサ、シロハヤブサとその類、カラスとその類、ダチョウ、フクロウ、カモメ、鷹とその類、鷲ミミズク、トキ、白鳥、ペリカン、ハゲワシ、カモメ、サギ、千鳥とその類、ヤツガシラ、コウモリは食べてはいけない。羽があり地を這うものはすべて食べてはいけない。穢れているからである。清い鳥を食べなさい。自然に死んだ動物は一切食べてはいけない。あなたの住む町に現れた外国人に与え、食べさせればよい、または彼に売りなさい。あなたはあなたの神、主の聖なる民なのだから。

（申命記14章3－21節より）

＊＊＊

数千年にわたって、健康になるために、何をどのように食べるべきかを指南する様々な本が書かれてきた。しかし、どの本にも、どんな賢者や学者にも、この問題を完全に明らかにすることはできなかった。今でも人間の肉体と精神の病気がどんどん増加していることがその証だ。

病気をいかに治療すればよいかを指南する本が無数に書かれるようになった結果、今日、医学という学問が存在する。医学は常に進化を遂げていると言われるが、それと同時に、病気を患う人々の数が増大していることも見てとれるはずだ。

では、医学は何を進歩させているのか？　それが病気であることは、結果から明らかなのだ。ウラジーミル、この結論は君にはおかしなものに映っているようだね。しかし、自分で考えてみてほしい。自然環境の中で生きている無数の動物たちは病気になっていないのに、なぜ自身を知能の高い存在であると考えている人間が、何をやっても自分たちの病に打ちかつことができないのか？

治療するためとうたう君たちの世界の科学は、そのはじまり以来、すべての病気の根本原因に一度も触れることはなかった。医学は常に結果だけに注目してきた。病気になった人にとっては、もちろん医師が必要だ。しかし、現代の世界秩序の条件下では、それと同じくらい医師にとっても病人が必要なんだよ。

それに加え、神官たち自身の意識や思考も失速している。他の人々と同じレベルではないにしても、失速していることは確かだ。このことが、神官たちにとって他の何よりも大きな心配事なのだ。彼らは神なる食事の秘密にいっそう注意を向けるようになったが、それを解き明かすことができなかったんだ。

食事の科学の研究を託された一人の神官が、何かを理解したのか、数人の主たる神官たちしか入ることができない秘密の地下神殿の壁にこう書き残した。

『呼吸するように食べねばならない』

この文言の最後の文字を書くと、より正確には、最後の文字を書き終えないうちに、年老いた神官は死んだ。彼はこの文言の解釈を自身の後継者にも、他の神官たちの誰にも伝えることができなかった。

『呼吸するように食べねばならない』という秘密の文言を、神官たちはこの何千年ものあいだ懸命に解読しようとしてきた。そして、この文言が他の誰かに知られること、彼らよりも先に解読されることを恐れていた。

彼らはその文言を、こすり削って神殿の壁から消し去った。そして未来に謎が解けることを期待して、世代を経て後継者たちに口頭で伝えてはきたが、無益に終わっていた。

食事の問題は、統治者たちを取り巻く占星術師や治療師、賢者たちによって何千年にもわたり研究がなされてきたが、誰にも解明することはできなかった。

もしも賢者の誰かが、人間がどのように食事をしなければならないかを理解することができていたのなら、世界で最も強いと考えていたその統治者たちが病気になることもなく、寿命も延びていたはずだ。

地上の統治者たちの中で、何を食べるべきかを知る者がいたならば、彼が地球の独裁的な統治者となっていただろう。彼の思考の速度は、神官たちを超えていただろうからね。

しかし、地球のすべての統治者たちは病気になり、死んでいる。彼らの寿命は普通の人々と変わりはしない。かたわらに治療者や賢者が待機しているにもかかわらずだ。

人間社会が、退化し続けているのだ。

アナスタシアは、君の前で『呼吸をするように食べなければならない』という文言をさりげなく発した。君はその文言には特に重要性を置かずに、出来事のひとつとして本に書き、公表した。すると、今日生きている神官たちは、五千年以上前に神殿の壁から消された文言が公表されたことに、この上なく動揺をした。

彼らはアナスタシアの発言が書かれた本を注意深く何度も読み返し、彼女が単にこの文言を知っているだけでなく、神なる食事についての知識を完全に有していることを理解した。

そんな知識を有する人間は当然、意識と思考の速さにおいて神官たちを全員集めた速さを超越している。つまり、その人間は、神官たちを含めた全人類を支配する能力を有しているということになるのだ。しかし、支配するためには情報を隠しておかなければならないのに、彼女は逆に人々の前に明らかにしている。すなわち、彼女は神官たちの影響から人々を解放し、人々が神の意識と直接触れ合うように導いているのだ。

神官たちは、アナスタシアがアダムの食事について言及した言葉の中に散りばめた情報を見て、このことを理解した。君が『共同の創造』の中で引用した、原初の人々の食事についてのアナスタシアの言葉だよ。


「周りには色々な種類の、様々な風味の果物やベリーが実っていた。木の実や食べられる草が。でも最初の頃のアダムは空腹を感じなかった。空気で十分にお腹が満たされていた」


「今の人間が呼吸している空気では、確かに栄養をとることはできない。今は空気が死んでしまっていて、身体や精神にとって有害なこともある。空気で腹は膨れないという言い回しがあるってあなたは言ったけれど、他の言い回しもある、『空気だけを食べていた』。これは、最初に人に与えられた状況に合うものよ。アダムは最上の園に生まれ、彼を取り巻く空気には有害な塵《ちり》は一粒たりとも含まれていなかった。その空気には、花粉や清い露のしずくが溶け込んでいた」

「花粉だって？　どんな？」

「木々や木の実から大気に放たれた、草花の花粉よ。近くの木々からのものもあったけれど、遠く離れた場所のものも風が運んでいた。その頃、人間の偉大なる仕事を、食べ物を探すという問題が邪魔することはなかった。彼を取り巻くすべてのものが、空気をとおして彼を養っていた。創造主は創造のはじまりから、すべてをそのようにつくった。地球に命を宿すものすべてが、愛の高まりの中で人間に役立つことを目指すようにと。空気も、水も、風も、命を養うものだった……」

もちろん、原初の神なる人々が摂っていた食料には、生きた空気だけではなく他にもたくさんのものが含まれていた。しかし、空気と水が、肉体と精神を高いレベルで養っていたんだ。ウラジーミル、君がアナスタシアの食事に関する言葉を書き、神官たちは驚いて青ざめた。これほど単純な真実が、どうして自分たちの頭には浮かばなかったのかと。そして同時に、どうして浮かばなかったのかを理解した。

彼らは自分たちの神殿に閉じこもってしまい、花粉に満ちた空気を吸うことができなかったのだ。人々を儀式のために集めたが、群衆は埃《ほこり》ばかりを舞い上げる。彼らは自分たちがつくり出した虚構の埃で呼吸をしていたのだ。

神官たちは食事の重要性を理解し、多種の薬草の煎じ薬、あらゆる野菜や果物を取り入れていた。その中でも、シベリア杉から採れる油を特に重要だとし、召使たちに遠くから入手させていた。さらに彼らの食事には常に、蜂蜜やミツバチが集めた花粉もあった。しかし、アナスタシアは、それだけではまったく不十分であることを示した。アナスタシアが示した花粉は、それとは異なる花粉だった。もちろん、ミツバチたちが集めて巣穴の中で固めた花粉でも、もたらす効用は小さくはない。しかし、それは一族の土地の空間に含まれる花粉の多様性と比べると、大きく異なる。

そもそもミツバチは比較的少ない種《しゅ》の花から花粉を集める。一方で空気中には多種多様な花粉が混ざっていて、ミツバチの花粉と比べると、その柔らかさや身体への摂り込みやすさが異なるんだ。

空気中にある花粉は、生きていて、受精能力のあるものだ。人間が息を吸い込むたびに花粉は身体に入っていき、脳を含め、肉体に栄養を与えながら溶けていくんだ。

アナスタシアが一族の土地、各家族への一ヘクタールの土地について話しているのを見て、神官たちは、彼女が人々を原初の生き方に戻そうとしていることに気づいた。

彼らはすぐに、一族の土地が人々に物質的な豊さをもたらすことができるだけでなく、他のもっと重要な意味も持つことを理解した。つまりアナスタシアの話の文脈にあったように、一族の土地によって、人々が自身の肉体や魂、精神を養える空間を形づくることができること、そして、すべての人々に神なる宇宙の真実を現実に見せることができることを理解したのだ。

機が熟し、人類が二つの世界に同時に生きるときがくる。そのとき人類は、人工的な科学技術の世界と、神なる根源の両方を活用できる。この機会を活かして、自分がいる世界を、他人から聞く話ではなく、自分で判断し、そこに留まるか、神と共に創造する美しい世界に移行するかを選択することができる。

アナスタシアは、神なる食事の重要性や本質だけでなく、どうすれば神なる食事にたどり着けるかも見せたのだよ。それが彼女のいう一族の土地だ……

朝を思い浮かべてごらん、ウラジーミル。ある人が夜明けに目覚め、自分の一族の土地の庭へ出る。彼のために、必要な三百種類以上の植物が育っている庭だ。

彼には毎朝自分の敷地を巡回するという習慣ができる。

小径《こみち》に沿って歩くと、多種多様な生きた草や木々、花々が彼の目を愉しませる。それは必ず彼の目を愉しませ、ポジティブな感情を与えてくれる。

自分の、一族の土地の生きた空間以上に、人に大きな気持ちの充電、大きなエネルギーを与えることは、どんなものにもできないのだ。

何世紀も過ぎたが、どの世紀においても、人類はあらゆる財貨にのめり込んできた。

大きな家、新しい衣服、新しい車またはその他の物に喜んでいた。お金や社会的地位に喜んでいた。しかし、そういった喜びはすべて、相対的で短期的なものなのだ。それらが与える満足感と喜びははじめのうちだけで、それほど長くない期間のあとにはありふれたものになり、気苦労や、ときには苛立ちをもたらすようになる。

家は毎分古くなり、壊れ、修理を必要とするようになる。そして車は故障し、服はすり切れていく。

人間は直感的に、真の美しさと永遠の完璧さをいつも感じていた。だからこそ、豪《ごう》華《か》絢爛《けんらん》な物に囲まれいくつもの宮殿を有していた皇帝にも、いつだって園が必要だったんだ。これが何百万年ものあいだ、地球における人間の営みに揺るがず残る真実なのだよ。

真の悦楽と平穏は、自分の一族の土地でしか得ることができないんだ。

朝、ある人が自分の一族の土地を歩くと、草の一本一本が歓び、彼に反応する。

そして彼の園は壊れていくのではなく、毎分成長し、至福を与える命の園となる。

彼には、自身が課したプログラム、すなわち自身が選んで自身の手で植えた木々、低木やベリーたちが、荒廃することなく何世紀にもわたって生きることがわかっている。植物たちは、人間が考えを変えない限り永遠に生き続けるんだ。

朝、その人は自分の一族の土地を歩き、その空間の空気で呼吸する。呼吸するたびに彼の中には目に見えない小さな粒、植物の花粉が入っていく。生きた花粉で満たされた空気が彼の中に入り、身体に必要なすべての成分で養いながら残らず溶け込む。一族の土地は、空気で人間の肉体を養うだけでなく、エーテル（＊香り。肉体だけでなく、人間を構成する目に見えないものを養うとされる）によって精神を養い、意識の速さを高める。

朝、彼は自分の一族の土地を歩き、突然立ち止ってクロスグリの木から三つの実をもいで食べる。彼はどうしてそのクロスグリの木の前で立ち止ったのか？　どうして三つだったのか？　どのような賢明な本を読んで、その朝に三つのクロスグリの実を食べなければならない、と知ったのか？

その三つの実は、実際に彼に必要だった。まさにその日、その時間に、その数だけ必要だった。それから彼はもう数歩歩き、かがんで花の匂いを嗅いだ。なんのために彼はそんなことをしたのか？　誰が、その花のエーテルの芳香を吸い込まなければならないと彼に教えたのか？

彼はまた少し歩き、実をもいだ……。

朝、彼は自分の一族の土地を歩き、微笑み、自身の思いに耽《ふけ》りながら、同時にあらゆる果実でお腹を満たしていた。それでいて果実のことを考えるのではなく、ただ感じていた。このように、**人間は、呼吸するように食べていたのだ。**

ではいったい誰が、信じられぬほどの正確さで、その人のために食事の摂り方を計算したのだろう？　地球に生まれた一人ひとりのためのそれらすべての情報は、どこに書いてあるのだろうか？

これらの情報は……ウラジーミル、信じ、そして理解してほしいのだが、これらすべての情報は、地球に生まれたすべての人間の内にあるのだよ。いいかい、こういうことだ。

私には他にふさわしい言葉を選ぶことができないのだが、すべての人間の内には「装置」があるんだ。すべての人間の内に、空腹感を呼び起こすことのできる装置があり、それが宇宙の物質の中から何が肉体や精神に必要なのかの信号を送る。それが具体的に何なのか、どんな割合なのか、どれほどの量なのかについては話すまい。こういったことを頭脳で判断することは誰にもできないからね。それに君の身体だけがそれを知っていて、多種多様なものの中から、たった三つのクロスグリの実を選ぶんだ。

しかし君の身体に正しい選択をさせるためには、君の身体がその食べ物についてのすべての情報を知っていなければならない。そして唯一、一族の土地だけが、君の身体にその情報を提供することができるのだ。

ウラジーミル、想像してごらん、君がたくさんの果実が台に並んだお店を訪れたとしよう。君はリンゴを欲している。目の前にはさまざまな種類のリンゴがある。それらのうち、君はどれを選べばいいのだろう？　しかし、そもそも正確に選ぶことは不可能なんだ。正確に選択できるはずの君の身体が、並べられた数々のリンゴについての情報を持ち合わせていないからだ。君の身体は、それらのリンゴを食べたことがない。味も、含まれる物質の比率もわからない。それに、それらのリンゴがいつ収穫されたのかもわからないだろう、これだってとても重要な情報だ。

もしかすると、最終的に君が手に入れたリンゴは、身体に有益であるかもしれない。しかし、君の身体が食材についての全情報を知っている場合と比べると、君が身体に消化するよう強いるその食材は、それほどの効能をもたらさない。

また、君が自身の身体に受け入れるよう強いるその食材が、有害であることすらある。その結果、病気が生じる。一族の土地では、こういったことはあり得ない。君の身体は、園に生えているどのリンゴの木に、より酸味の強いまたはより甘いリンゴができるのか、そのリンゴはいつ食べられるようになるのかを正確に知っているのだから。君の一族の土地にあるすべての果実についての情報を、君の身体は受け取っている。

君の身体は、まだ母親の胎内にいたときから、すべての果実の情報を受け取っている。それから、君が母乳を飲んでいたときも。君のママは同じ果実を味わっていたのだからね。彼女の母乳も、それらの果実からできていた。

そうやって人は少年へと成長する……

先ほどの彼が自分の一族の土地の空間を歩き、味わっていた果物やベリーも、すべてが彼の母親の乳を構成していたものだった。

ウラジーミル、君たちの世界でも、人間にとって新鮮な食材を食事に取り入れることが健康にいいと理解されているだろう。しかし、新鮮な食材とはいったい何かね？

冷凍でない、乾物でない、瓶や樽に詰められていないもの、君はそう思っただろう。自然のままの状態であるものだと。そして君たちの世界は、何日か保存してもまるで新鮮な食材のように見える、数多くのハイブリッド種をつくり出した。だが信じてくれ、そういった食材は新鮮さを偽ることにより、有害となるのだ。

いいかい、君はもう、私が話したことを確かめることだってできるんだ。

ほとんどすべてのベリーが新鮮なのは、ほんの数分間だけだ。チェリー、サクランボ、リンゴなどの果実も一時間以内だ。それでも毎分変化し、異なるものに変わっていく。

ほら、サクランボをひとつもいで、そしてその実をたった一晩おいておく。それからそれを持ってそのサクランボの木のところへ行き、持ってきた実をまず食べ、それからすぐにもうひとつ枝からもいだ実を食べてみるんだ。どちらの実が新鮮でおいしいか、目を閉じていても感じられるだろう。

ラズベリーなら一時間おいておくだけでわかるはずだが、一昼夜おかないと見分けられないものもある。君にも見えるし、わかるはずだ。一族の土地を持っていなければ、どれほどの権力を持っていても、どれだけ裕福でも、新鮮な食べ物を摂ることができない。すなわち、意識と思考の速さを得られないのだよ。

古代の論文でも、どの季節にどの食材を食べるのが人間の健康によいのか、賢者たちが考えを述べている。これもとても重要なことだ。しかしどうだ、たくさんある論文の中で、揺るぎないものはたったひとつだけなんだ。それは、神が一人ひとりの人間のために書き上げたものだ。自分で見てごらん、春のはじまりから早生の果実が少しずつ実りはじめる。それから夏のはじまりや終わりには他のものが、そして秋にはまた別のものが次々と実をつける。

何をいつ食べればよいのかこれほど一目瞭然であるのに、いったい何を書く必要があるというのか。しかも、月ごとや季節ごとではない。分刻みで助言が与えられているのだよ。よく考えてみるんだ、ウラジーミル。そして理解してほしい。私たちの創造主は、まるで手ずからスプーンで、一人ひとりの人間に食べさせようとしているんだ。

よく考えてみるんだ、神のプログラムがどれほど完璧で、正確であるか。

実が熟す季節があり、同時に惑星たちは一定の配列を組む。このときが、人間がその実を摂るのにもっとも適したときなのだ。

そして神によって示されたまさにその一分間に、先ほどの彼は実を手に取ったのだ……彼の身体が突然そうしたくなったからだ。そしてそのとき、彼はいかなる計算もしていない。いつ何を食べるかという問題を自分に課すことなどしなかったのだ。ただ食べたくなったから食べていた。そしてそのとき、彼の意識は共同の創造に夢中になっていた。

意識は、すでに父によって考え抜かれたことには目もくれず、その先へと突き進んでいた。彼の意識は、もっとたくさんの創造をし、その新しい創造をみる歓びをみんなにも与えたかったのだ。

そして父は「我が息子は創造者である」と歓喜し、子どもたちを自身の創造物で養い続けた。

精神病患者の社会？

アナスタシアの祖父から、人間は何をどのように食べるべきなのかの話を聞いたため、私はおのずと、その話と現代人の食生活とを比べざるを得なかった。それも、裕福で、文明国と名づけられている国の人々の食生活についてである。するときわめて不可思議な状況が浮かび上がったのだ。この状況について、一緒にきちんと分析してみようではないか。

さて、私たちはみんな、安全な生態系で栽培された、純粋で新鮮な食材を食べることが健康によいということを知っている。

私たちは、人間の肉体のどんな病気に対しても、それを治すことのできる植物が自然界に存在することも知っている。いやちょっと待て、ここはより正確に言わなければならない。私たちは、**人間の肉体にどんな病気も侵入させない力を持つ植物が、自然の中に存在する**ことを知っているのだ。では、なぜそういった植物が私たちの近くにないのだろうか？　どうして、誰の影響で、私たちは自分たちの肉体と頭脳を破壊する生き方を選択しているのだろうか？　なんてことはない。誰かが私たちにこのように生きることを強い、ひいてはこの生き方を文明的だなどと名づけすらして、私たちを嘲笑《あざわら》っているのだ。

私たちが「文明国」「文明国家」という用語を使うのであれば、そこには一定の、そしてもちろん正しい発展のレベルに達した人々の社会であるという意味だけではなく、食生活も含め、正しく発展するべきである。しかも、「食生活も」ではなく、「まず第一に食生活が」であるべきである。

では、現代的な文明国家と名づけられるロシアという国のスーパーマーケットを見てみようではないか。西欧諸国に行ったことがない人も、ロシア国内のスーパーマーケットには行ったことがあるだろう。どこの大都市でも、売られている品目に大きな違いはない。

店で目にする大部分の食品が、見栄えよく包装され、長期保存できるものだ。数多くの、乾燥や冷凍、濃縮された食品が目に入る。しかし、こういった商品はすべて、新鮮な食品だとは言えない。

さらにスーパーマーケットには、いわゆる新鮮な野菜、つまり見た目の美しいトマト、キュウリなどがある。しかし、現在ではそういった野菜がハイブリッド種、つまり長期間美しい外見を保つよう人為的に生み出された品種であり、本来の天然の野菜の質からは著しく劣るものであることはよく知られている。

ヨーロッパ諸国でも、大人であればおそらく誰でもこのことを知っているはずだ。あちらでは、安全な生態系の純粋な食品を扱っているというたい文句のチェーン店がすでに現れている。そしてその商品には、一般的な店の五倍くらいの価格がつけられている。つまり、その他の大多数の店に売られている食材は、安全な生態系の純粋な商品ではないと、ヨーロッパ社会が認めているということだ。

はっきり言おう。これはつまり、社会が、その大部分の人々が健康に有害な食材を食べていることを認めている、ということなのだ。

ここでストップだ！　では「文明国家」という言葉の持つ意味はどうなる？　「文明国家」たる国の人々が、粗悪で有害な食べ物を食べることなどあっていいのだろうか？

そのような国家には、「間抜けな国家」または「まんまと騙された愚かな民の国家」と名づける方がより的確だ。

ロシアも懸命になろうとしているような「間抜けな国家」の国々では、住民たちを騙すために入念に練られたシステムの全体像がくっきり見えてくる。

何が起こっているのか見ていただきたい。人が質の悪い食品を食べ、病気になりはじめる。病気になった人は「医療制度」という名のシステムの手に落ちる。そのシステムは膨大な数の薬、病院、研究センターを並べて待っている。そして、有料である。このシステムの中で、巨額の金が回っているのだ。

医療は日々進化している、と私たちは聞かされている。

だが、注目していただきたい。統計では毎年病人の数は増大しているのだ。しかも、これまで人類が出くわしたことのない新しい病気が、次々と生まれている。多数の精神病が生まれ、心理セラピストという、今流行の職業も生まれた。

「文明国家」の住民の健康が悪化していくのには、どんな原因があるのだろうか？〝この健康の悪化には、医療制度というものが関係しているのではないか？〟という疑問が出るのは、理にかなっている。

人間の身体の健康状態が悪化しているという事実は、その気になれば得られる様々な情報源のデータを比較することで、誰でも確信を得ることができる。

私たちは肉体の状態について話をしているが、それよりももっと危険な因子は、精神だ。

我われが、執拗で、単調な、それでいて起こっていることの本質について深く考えることを許さない情報から離れてみるだけで、「文明国家」と呼ばれる国々の住民の大半が正常とされることについて、どんなに甘く見積もっても、疑いを持つようになるだろう。

社会が選択している生き方は、人々が精神病を患っている結果と見なすことができるのではないか。ご自身で判断していただきたい。

自分の一族の土地に暮らす人間が、何か、例えばリンゴを食べたくなったとする。その人はどうするだろうか？　自分の園に出て、新鮮な果実をもぎ、それを食べるだろう。では別のケース、例えば先進国の都市で、マンションに暮らす人を見てみよう。その人もリンゴを食べたくなったとする。お金を手にして店へ行き、リンゴを買うが、それは鮮度が落ちたものだ。その人は、誰かが栽培をし、箱に詰めたリンゴを買うのだ。そのリンゴは、誰かがトラックか飛行機で輸送し、その後誰かが建てたリンゴを売るための店の、その陳列台に置かれるものだ。栽培から販売までの全工程は、専任の各担当者により確認を受け、それぞれに清算が行われ、税金や関税、その他の費用が徴収される。

このように各自が仕事に従事しながら、彼ら自身もリンゴを味わうために同じようにしなければならないことを前提として、すべてが連鎖している。そしてその果実を味わう人は、自分の欲求を満たす前に、まずどこかで働き、紙でできたお金を得て、自分とリンゴの木の枝のあいだに立ちはだかる、誰かが思いついた連鎖の輪に支払わなければならないのである。

そして、我われが生きる社会は、この現象を正常だと見なしている。まんまと騙された社会は、誰かが人々を真の使命から引き離して、意味のないことに専念させておこうと欲している、などとは思いもしない。

人々は、少しずつこのような不条理な状況に誘導されてしまった。急激にはできなかったのだ。もし急激に変えてしまっていたら、いかに頭の弱い人でも行われていることの馬鹿さ加減に気づくことができただろう。

読者諸君も、次の逆説的な状況を想像するだけでわかるだろう。ある素晴らしい天気の日に、あなたはいつものように自分のリンゴの木のところへ行き、リンゴを採ろうと決めた。あなたが家の玄関のポーチからリンゴの木の方角へ一歩踏み出すと、人々が長蛇の列をなしているのを見た。

「あんたは誰だい?」あなたは一番近くに立っていた人にたずねた。

「俺はリンゴ売りだ」その人は答える。

「じゃあ、あんたの向こうにいる人たちは誰なんだ?」驚き冷めやらぬまま、あなたは次の答えを聞いた。

「俺の向こうにいるのは、リンゴを俺の店に運ぶ人で、その向こうにいるのは、リンゴを収穫する人。それぞれの周りにいる、きれいなスーツを着た人たちは、俺たちがいくつのリンゴを扱ったかを勘定する人たちだ」

「なんだって? あんたたち気でも狂ってんのか?」あなたは憤慨する。「なんのためにこんな意味のないことをやっているんだ? こんな無意味なことに礼を言う奴なんているもんか!」

しかし、あなたにこう答が返ってくる。

「あんたが俺たちに礼を言うんじゃないか。あんたが俺たちみんなに金を払って、その金で俺たちも自分のリンゴを買うんだよ」

「そんな大金を、俺はいったいどこで得ればいいんだ?」

「隣の家の梨の木のところに行きな。そこの会計係の仕事に空きがある。会計係になって金をもらって、リンゴを食べたくなったときに、俺たちに金を払って食べりゃいいさ」

なんて狂った話なんだ、精神病だとあなたは言うだろう。もちろん狂った話であり、もちろん精神病だ。しかしそのようなことが、まさに今、私たちに起こっているのだ。

健康的な生活のための、完全に明白な条件を、条文形式に記述しておく方がよさそうだ。では、こちらだ。短い条文だ。

第一の条件

地球に暮らすすべての人は、自分の身体への質のよい栄養補給を確保するために、自分の一族の土地、自分の空間を有すること。

第二の条件

自分の空間において、実をつける複数の植物を、できれば自らの手で植えること。それらの植物は、その人が美味しくて健康によいと考えるものであるべきだ。例えば、もしその人が赤スグリはあまり好きではないとあらかじめわかっているのであれば、赤スグリはたくさん植えるべきでない。土地の中で、少なくとも三百種の多年植物が植えられるべきである。繰り返しになるので、種を蒔いたり植物と交信するための特別な方法をここに書くことはしない。それについては一冊目の本の中で、アナスタシアがダーチニクたちについて語った場面に書かれている。もちろん、こういったことは一年で実現するわけではなく、二年ないし三年はかかるだろう。しかし、実現は可能であり、実際に理想的な栄養源を子どもたちのために入手することにもなるのだ。

第三の条件

毎朝目覚めたら、自分の一族の土地を散歩し、食べたいと思ったら、そのときに熟している果実やベリー、薬草を食べること。これは自身の欲求だけに従って行うべきであり、たとえ名誉ある学者や栄養士によるものであろうとも、その助言に盲従する行為であってはならない。一族の土地で育つすべてのものの味の質を知り尽くしたあなたの身体が、食べ物の質、量、そして食べる時間について、理想的な食事のしかたを組み立てるのだ。朝や、誰かに厳しく指定された食事の時刻に捕われずに、あなたに食べたい願望がわいたときに、自分の土地へ出ること。

現代の生活条件では、たとえ土地を持っていたとしても、常にそこで暮らすことは多くの人々にとってできないものだ。しかし、週に一回であっても、そこへ帰ることが望ましい。

身体の調子を崩したときには、薬を飲む前に、ただ一族の土地の空間へ行き、そこで数日間過ごす方が何よりもよい。

すでにあなたが自分の空間を形づくっていて、身体がその空間で育つ植物の情報を持っているのなら、あなたの身体は健康の回復のために必要なものを、絶対的な正確さで選ぶことができるのだ。

アナスタシアの発言によると、あなたによって創造された愛の空間が打ちかつことのできない身体の病気は存在しない。

もちろんここでいう空間とは、都市部のマンションのことではなく、彼女が詳しく述べた法則に従って整備された一族の土地のことである。

＊＊＊

私はノートに書いたこれらの規則を、アナスタシアの祖父の前で読み上げてたずねた。

「何か書き忘れていることはありませんでしたか？」

彼は答えた。

「簡潔にするならば、最初は今のようなことでいい。しかし、隣人たちについても必ず書かなければならないよ」

「隣人たちが関係あるんですか？」私ははじめ理解できなかった。

「『関係あるんですか』だって？」祖父は私の質問に驚いて言った。「考えてごらん、もしも君の一族の土地の生垣の向こうに死をもたらす燃えがらを出す工場があって、風がその燃えがらを君の土地の空間へと運んだら、君はどんな空気を吸うことになるんだい？」

「工場のそばに一族の土地をつくるなんて誰もしませんよ」と反論したところで、私は口をつぐんでしまった。

思い出したのだ。ノヴォシビルスク市では、錫製錬《すずせいれん》工場からたった五百メートルしか離れていないところにダーチャ地区がある。ドイツでは、農業用地が片側八車線のアウトバーンに隣り合った場所にある。

こともあろうに、人間の食のための農産物を栽培することができるのは、生態環境のよい場所だけ、できれば大都市のすぐ近くでない場所がよい、という至極単純なことでさえ……このような単純な考えでさえも、多くの人間のもとに届いていないのだ。やはり、もうひとつの項目を書き加えなければならない。

第四の条件

その一族の土地は生態環境のよい地域にあること。一族の楽園のオアシスを創造するという同じ考えを持った人々に囲まれているべきである。風があなたの土地から生きた花粉を隣人たちへと運び、そしてまた別の風が、隣人たちの土地から生きた空気をあなたに運ぶように。

対抗勢力

『アナスタシア　ロシアの響きわたる杉』シリーズの読者の皆さんの多くが、人々の身体と精神に調和をもたらす健康的な生き方に対抗する勢力があるということを、すでに確信しただろう。

＊＊＊

私はすでに何度も書いてきたが、ロシアの正教会が反アナスタシアの立場をとっているらしい、といういくつかの知らせが届いている。そしてどうやら、まさに聖職者たちのこの働きかけにより、行政機関のあいだで『ロシアの響きわたる杉』シリーズの読者たちがセクト信者であるという噂が広がっているようなのだ。

私は、最初これらの知らせが深刻なものだということがわからなかった。しかし、それからまもなくして、ノヴォシビルスクの読者クラブの会員たちから、教会の代表者らが会場となる文化会館の管理部を訪れ、読者集会の開催を阻止するよう頼んだという話を聞くことになった。

その後彼らは、自称「神学博士」が、正教のウェブサイトで、神学的表現からはおよそかけ離れたあらゆる表現でアナスタシアを罵っているのを見せてくれた。読者たちは、彼にアナスタシアのアイディアは肯定すべきものだと論じ、説明を試みてくれた。しかしこの「神学博士」には、おそらくこのテーマを議論できるような能力がなかったのだろう。彼の議論では、私の姓が本名なのかペンネームなのかということが、かなり大きな割合を占めていた。

さらにその後、複数の地域から新聞記事が送られてくるようにもなった。それらの叙述《じょじゅつ》のしかたや月並みな表現、悪意あるでっち上げなどは、まるでカーボン紙で複写したかのようで、ひとつの発信源から書かれた記事であることは容易に判断できるものだった。

そして最後に、世にも不思議な出来事があった。サンクト－ペテルブルグの劇団「フストレチャ」が『ロシアの響きわたる杉』シリーズをモチーフにした『アナスタシア』というタイトルの演劇を制作した。そして二〇〇二年七月二十三日、劇団はウラジーミル市のタネーエフ記念ホールで上演を行った。

七月二十五日にはトゥーラ市でも上演されることになっていたのだが、七月二十四日のトゥーラの新聞の第一面で、観劇を思いとどまるよう、正教トゥーラ管轄支部の宣教部により喚起《かんき》がなされたのだ。これまでの批判記事と同様に、このシリーズの本と戯曲は人々を多神教に戻そうとしているものだとして……。

概して、その演劇が何か恐ろしいものだとして、人々を脅かそうとしていたのだ。それでもトゥーラでの上演は行われ、ホールは満員だった。そして、劇団「フストレチャ」の団長がその紙面を見せてくれたとき、私だけでなく、それを見た他の人たちにもすぐに、正教トゥーラ管轄支部の宣教部に対する同じような疑問がわきあがった。

観たこともない演劇を、どうして批評することができるのだろう？　それまでの上演はウラジーミル市でのもので、たった二日前のことだったのだ。事実、トゥーラではじめての上演なのだ。

サンクト－ペテルブルグでは、劇を観にきた聖職者たちが、上演後に役者たちの精神性の高い舞台に感謝し、「このような演劇がもっと増えるべきだ！」とまで話していた。

おのずと結論は出ていた。アナスタシアという事象をじっと監視している、アナスタシアに対立する何かの力があるのだ。その力は、ロシア領土内だけでなく領域外にもあり、大衆のあいだで起こっているプロセスに反応しながら、それを促進させたりブレーキをかけたりすることができる、ある種のネットワークを持っているのだ。

アナスタシアや彼女の祖父による、神官たちについての話は、どんどん現実的で具体的な輪郭をまとっていく。今日の具体的な活動の背後に、彼らの存在が見えるようになってきたのだ。

アナスタシアの祖父の話では、全人類のイデオロギーを形成している最高神官は、アナスタシアと対立することを拒んでいる。しかし、神官たちによってつくり上げられたシステムは、今後もずっとアナスタシアと対立し続けるだろう。そして、このことも裏付けがとれている。

＊＊＊

それぞれの場所で熱心に対抗策を実行している者たちには、起こっていることの本質を深く考えることができないようだ。彼らはまるで、あらかじめ組み込まれたプログラムに従って行動しているかのようで、アナスタシアがまったくしてもいない行為に対して、いい加減なことを言って、糾弾《きゅうだん》しているのだ。例えば、「みんなが森へ入るべきなのか？」という質問に対して、アナスタシアは「森に行く必要はないわ。まずは、自分がゴミで汚したところをきれいにして」と答えている。

それにもかかわらず、誌面には、まるでアナスタシアが、人々に都市の住居と子どもたちを捨てて森へ入るよう導いているかのような記述が見られるのだ。

＊＊＊

このようにして、アナスタシアの構想、つまりロシアの各家庭が一ヘクタールの土地を得て一族の土地を整備することについて、何らかの組織がその推進を阻止しようと積極的に動いているという結論が出てくるのだ。

＊＊＊

そして敵対者たちが、アナスタシアのこの主たる構想について言及しないようにしているのは言うまでもない。それよりも嘘やでっち上げで、人々を脅す方を好むのだ。

もちろん、私はその構想自体を、そして本の読者たちを、誹謗中傷や目標へと向かう際の妨害から守りたい。守りたいのだ。しかしどうすればよいのだ？　それに、具体的に誰から守ればよいのだろう？　必ずどこかに、具体的な名称や個人名、または具体的な事業や、中傷することで得られる利益が存在するはずだ。あるところにアナスタシアの構想に賛同する人々がつくった分析センターがある。私が個人的にそこの全員のことを知っているとは到底言えないのだが、彼らの下した判断や結論はとても興味深いものであった。たとえば次のようなことだ。

「対立行為は直接アナスタシアに対するものではなく、ロシアに生まれた、国としての新しい構想に対するものである。対立はある中間的な一点から発せられており、本来互いには接触することのない何かの信奉者たちが、合図とともにそれぞれの場所で、その構想に飛びかかっていると考えられる。この信奉者たちは、教会組織を含め、あらゆる社会層に散らばっている。そして、誹謗中傷や明らかに嘘である噂を拡散させるという原始的な方法でそれを行う。必要に応じて社会的運動の先頭に立って煽動《せんどう》したり、その権威を失墜《しっつい》させたりする」

＊＊＊

分析センターから、誰が原稿の入ったパソコンを盗み、ウェブサイトの乗っ取り計画がどんなものだったのかという具体的な連絡が入った。誰が、どのようにしてアナスタシアシリーズの本を、よく似てはいるものの、実際は彼女の構想から巧みに引き離すような本に書き換えたのだろうか？

また、同じ勢力が、アナスタシアに対するのと同様の攻撃を、アカデミー会員の学者でもあるシチェチニン先生の学校や、歌手のバスコフにまで仕掛けているのだと聞いた。バスコフなんて関係ないではないか？　読者も驚いたことだろう。彼は好青年であり、力強く美しい声の持ち主だ。きっとこれが彼らを憤慨させたに違いない。想像していただきたい、若いロシアの男がとびきりの声で、突然このように歌い出すのを……

♪響きわたるシベリア杉の枝に夜明けの光がさし
その光はけがれなき誕生を育む土を包む
朝焼けの天空が愛のため息で大地に力を添え
惑星《ほし》のあいだを駆けめぐる風が木笛を鳴らし眠りをなでる
種の一粒一粒に力が生まれ
赤子の一人ひとりに使命が立ち昇る
白の輝きの中、ロシアは生まれ変わる
アナスタシアよ、ロシアよ……　神よ、あなたのご慈悲に感謝します

この歌は、サンクト‐ペテルブルグのオクチャブリスキー・コンサートホールで『私たちは何者なのか』の巻の紹介をした際に、児童合唱団も歌った曲だ。皆さんもバルドが歌っているのを聞いたことがあるかもしれない。そして『人々よ、自分の祖国を取り戻せ』のドキュメンタリー映画の中にも使用されている。これはベラルーシの教師によって書かれた歌だが、どうやらロシアの国民的な歌になっているようだ。これ以外にも、バスコフはおそらく他のロシアの愛国的な歌も歌っていて、その歌がロシア人の琴線に触れるのだろう……これらの新しいロシアのはじまり、ロシアの生まれ変わりを恐ろしいと感じる者がいるのだ。

私は分析センターから、一連の出来事については心配しないように、そして他言しないようにと頼まれていた。また、ロシアでの好ましい動きに襲いかかる思想的破壊工作について、はじめてその仕組みを究明し、具体的な実行者を特定する可能性が出てきたので安心するように、とも言われていた。

私もその道に精通した機関が動けばよいことなのだから、話さないでおこうと思った。しかしながら、許していただきたい、どうしてもひとつだけ黙ってはいられないことがあるのだ。このことを話さなければ、私は一生、自らの尊厳を失ってしまう。

シチェチニン先生の学校や革新的な教育者たるその教師たち、それに誰よりもまず、子どもたちに対する攻撃について、これ以上黙っていることはできない。

シチェチニン先生の学校の生徒たちと教師たちが一緒になって、ベルゴロド州でもうひとつの学校の創立を決めたことがあった。現地機関との合意に従い、提供される建物での部屋の分配がはじまった。彼らは困難には慣れており、設計や建設もできるので、要求される課題は難なくクリアしていった。彼らは、他の子どもたちにもよい学校で学んでほしかったのだ……しかし、改装された建物を残して退くことになったのだ。なぜか？　秘密工作員たちだって眠ってはいないからだ……。

アナスタシアの本の読者全員がセクト信者であるかのような噂を流した、まさに同じ発信源から、「シチェチニンの学校は全体主義セクトだ」という非難が放たれたのだ。

＊＊＊

アナスタシアのときと同様、まるでなにかの合図でもあったかのように、どこぞの正教の神父だとのたまう人たちが、それらの発言を一斉に支持しはじめた。そして再び、いつものいい加減な総括と、何の裏付けもない非難がはじまったのだ。

アレクセイというどこかの神父が、シチェチニン氏の学校で学んでいる子どもたちについて「お金を扱った経験がまったくない」というようなことを書いているが、嘘をつくんじゃない、子どもたちはお金を扱っている。ただ、あんた方のようにお金に取り憑かれていないだけだ。また彼は、「シチェチニン氏の学校では、悪いことをしてしまった生徒がグループ全員の前に呼び出され、批判と非難を受けるような円陣裁判方式が採用されている」とも書いている。

これこそ誹謗である！　では、コサック（＊南ロシアとウクライナなどにいた半農半軍の共同体、またはその一員。ロシアの歴代皇帝に仕え、先兵としてシベリアやカフカスを切り開き、列強との戦争でも最前線に立ったとされる騎兵軍団の子孫）は罪人を「円陣」の前に呼び出さなかったとでもいうのか？　コサックたちは罪人を人前に連れ出して非難しただけでなく、鞭打ちの刑にまでしていたではないか。それに、わが国の民主主義や共産主義の政党は、自分たちの「円陣」の前に罪人を呼び出さなかったというのか？　教会は、自分たちの「円陣」の前に罪人を呼び出し、聖職をはく奪したりしなかったというのか？　教会こそもっとひどいことを、火あぶりまでもしていたではないか。それなのに、事実とは異なることで非難するとは……

円陣を否定すべき事実として書いた人は、きっと「円陣」が彼自身のような人たちだけでできていると思い込んでいるために、危険だと書いたのだろう。しかし、だとすれば、それはもはや円陣ではなく、まさに全体主義だ。

この他にも、シチェチニン氏の学校をコサックたちが警備しており、いつでも学校の敷地内に自由に入れるわけではないことが、批判すべき事実として言及されている。

だが、今は多くの学校が警備されているじゃないか。そして、それはわが国だけの話ではない。それに、あんた方はシチェチニン氏の学校に、いったい何の用があるのだ？　この学校の生徒たちは酒を飲まず、煙草を吸わず、自分たちの手で新しい校舎を建て、高い学力を持っている。それらを目にしたら、あんた方は背筋の凍る思いをするに違いない。……どうやらあんた方には、学校に麻薬や口ぎたない罵りが横行している方が「天の恵みが下りてくる」ようだ。

あの素晴らしい学校に対するくだらないたわ言を、これ以上書き連ねるつもりはない。彼らの同業者たちですら、こんなことを書いた者たちを非難しているのだ。

アレクサンドル・アダムスキー牧師（＊革新的な教育を推奨するロシア連邦国民評議員であり、エウレカ教育政策問題研究所の代表）が論説の中で書いていることを、ここに抜粋する。

四月一日土曜日に、ATVのテレビ番組「プレスクラブ」において、クラスノダール州テコス村にあり、今や話題となっているミハイル・ペトロヴィチ・シチェチニン氏の学校について、様々な視点からの誌面記事を扱った特集が放映された。「プレスクラブ」のディレクターは、学校問題について記事を書いているジャーナリストや教員たちを集め、あらゆる議論を行うことにした。

教育学的視点においても、また学校の世界観においても、シチェチニン氏の教育システムは現代の教育界の中で異彩を放つものであり、もちろん論争を呼ぶものだろう。しかし「教育キラー」（アレクサンドル・ラドフ氏による表現）たちの論拠は、シチェチニン氏と論争している人々の論拠とは本質的に異なる。

そもそもキラーというものは、論争ではなく相手を滅ぼすことを目的としている。

つまり、ソクラテスの時代からずっと、群集は、卓越した教師であり哲学者たちを、若者たちを惑わし標準的でないやり方で教えるふとどき者、として攻撃してきた。

したがって、シチェチニン氏に対する一連の集団的襲撃行為は突然起こったものではない。「プレスクラブ」の収録時にアレクサンドル・ラドフが言ったように、昔ならこういった集団的襲撃は役人たちが組織していたものだが、今やそれをしているのはまったくもってたわいのないジャーナリストたちだ。このたわいのない「少年少女」たちは、自分たちの知っている考え方に当てはまらないものごとに遭遇した。そして、その理解もできず考えが異なる新しい教育は、彼らにとっての学校や教育者、教育システムのあるべき姿とは似ても似つかないものであるため、共存することができないことを知った。理解できないものは存在してはいけない、これこそが彼らの単純で残忍な論理なのだ。

これは、自分とは異なるものに対する不屈の憎悪を持つ古い世界が、攻撃的な全体主義の奥底に残っていた濃い最後の沈殿物を吐き出しているのだ。寛容さのない古い世界では、子どもたちは一様に同じでなければならず、教師たちはいつでもまったく同じことを教えなければならないのである。

「プレスクラブ」ではじめに行われたディスカッションは、目を見張るものだった。と言うのも、出版社から来たシチェチニン氏を非難する一人が、非難する根拠はきちんと持っているが、まずはシチェチニン氏を支持する側の論拠を聞きたいと言い出したのだ。驚くべきことではないか。まずは相手側に意見を主張させておき、そのあとに告発者である自分たちが罪の重さを決定するべきだというスターリン的論理が、今もしぶとく生きているのだ。罪があることが前提で、争点はどれくらい罪があるのか、そしてどんな罰を与えたらよいかということなのだ。

その出版社に反論するのは無益であり、ここで出版社の名前を書くことは彼らの宣伝となり、世間に注目されたいという彼らの虚栄心を慰めることにしかならない。古くて時代遅れの世界が彼らの口を使って言葉を発し、完全なる無知と憎悪が彼らの手を使って導いているということを理解した上で、彼らの発言を耐え忍ぶしかないのである。しかも、彼ら自身は、マッチで遊んでいて自分の家を燃やしてしまった子どものように、本当に何の罪もないのだ。しかし、学校は、わが国の未来の教育はどうなってしまうだろう？

シチェチニン氏を集団で攻撃する者たちは、もちろんまだ気がついていないのだが、私たちの視点から見ると、彼はこの上なく偉大な教育を発見したと言える。彼は新しい教育の主題を発見したのだ。彼は暮らしを自身の学校、自身の教育の孤島で築き上げ、その暮らしが教育の主題となるようにした。もちろん教科のカリキュラムもあり、子どもたちは数学も生物学も学んでいる。しかし、これらはあくまで材料であり、テコス村での生活様式そのものが教育の内容となったのである。それは、建物の建設、食べ物の採取、住居の防衛、芸術、人とのコミュニケーションやかかわり方だ。また、子どもたちは一人ひとり異なっており、学習のペースや、能力がより大きく開いている分野においても様々だと言われる中、このように十人十色な子どもたちが他ならぬ自分のペースで学習活動を進められるよう可能にしたのは、今のところシチェチニン氏だけなのだ。だから、シチェチニン氏の学校の生徒には、たとえば物理は九年生（＊日本の教育制度では中学三年生にあたる）で学び、建築学は大学課程で学ぶということができるのだ。これこそが一貫教育である。

今まで誰にこのようなことを成し遂げることができただろう？

これを実行する以前に、思いつくことすら難しい。

やはり、シチェチニン氏は天才である。やはり、シチェチニン氏は芸術家であり、思想家であり、我われの文化における卓越した人物なのである。

だからこそ、彼自身や彼の作品は既存の枠に収まりきらず、称賛であろうと罵声であろうと、月並みな表現でも表しきれないのだ。シチェチニン氏はおおいに議論を交わすべき人物であり、多くを学びとるべき人物であり、ただただ称賛すべき人物である。称賛もなく、世に認められない芸術家は生きてはゆけないのだから。

故に、シチェチニン氏を貶《おとし》めるようなことがあってはならない。

そもそも、誰も貶めてはならない。そして誰をも滅ぼすべきではない。遅かれ早かれ、それを恥じることになるのだから。他者を滅ぼすことで自己を確立させることができるのは、ならず者の社会の中だけであって、正常な社会において人の自己を確立させるものは、尊敬や愛、それも自身に対するものだけではなく、他者に対する尊敬や愛なのだ。

このように思想キラーたちへの非難も存在するが、彼らにとってその非難が何だというのか？　彼らにとっては非難が勲章《くんしょう》なのだ。彼らの雇い主たちがすべてを補償するのだ。そして彼らはもっと躍起になる。罰を受けることなどもない。そもそもどうして罰を受けなければならないのか？　彼らはただ意見を言っただけだ。もし、単に彼らの意見が間違っているということだけならば、それに対して罰などない。しかし彼らは間違えたのではなく、この学校を全体主義セクトだと呼ぶことで、美しく新しいロシアのはじまりを支援することから行政を遠ざける、という明確な目的を追求しているのだ。結果、役人たちがものごとの真の姿を解明しに学校を訪れることはなくなり、あらゆる接触からも必ず距離を置こうとするだろう。では、本当にこの学校でよからぬことが行われているとしたら、どうするのだ？　このようにして学校は無防備となり、実際に子どもたちが苦しみの中に投じられようとしているのだ。そして今にもそこへ、キラーたちが周到に計画した攻撃を全力でくらわせようとしている。

一方、私たちは何をすべきだろうか？　私たちの目の前で、教育者たちだけでなく子どもたちまでもが……それも三百人以上ものロシアの子どもたちが、もう二年以上にもわたって中傷され、けなされ、罵倒され続けているのだ。

私には、これをやっているのが同じロシア人だとは思えない。ロシア人の気質らしくないからだ。しかし、かくいう私たちだって、この迫害を眺めているだけだ。高い地位の役人たちも、普通の人々も傍観している。私たちは、子どもたちに対する明らかに恥知らずな行為や精神的な殴打を、傍観しているだけなのだ。……いったい誰によってこんなことが行われているんだ？

それはロシアの諜報員たちに解明させることにしよう。ただし、後に「私たちが若い頃、テコスに優れた学者のシチェチニンという人がつくった学校がまだあって、そこでは美しいロシアを夢みる、三百人もの子どもたちが勉強していたんだよ」と孫たちに語られるようなことになってはいけない。

そうではなく、ロシアの一族の土地に暮らすであろう孫たちに、「ほら、これがおまえがこれから楽しく通うことになる学校だよ。私たちの時代にできたんだ。私たちがこの学校を大切に守ってきたんだ」と語られなければならないのだ。

しかし、こういったことはのちのことだ。今、何をすべきだろうか。

シチェチニン先生、テコスの教師の皆さん、教育の革新者たちよ！　あなた方は、当然苦しい状況にあるだろう。しかしあなた方はよくご存知のはずだ……「ゆっくり這っていては、真実には到底たどり着つけない」ということを。そして子どもたちよ！　テコスの学校の子どもたちよ、若いロシアの人々よ、もし私がすべきことのすべてをできていないのなら、許してほしい……。

しかし、私はきっとやり遂げる。そして多くの人々もそうするはずだ。そちらは今、どんな気候だろうか。きっと暖かいのだろう。暖かいのなら、よかった。皆さんの上に太陽の輝く日がもっと多くなり、皆さん一人ひとりの夢を温めますように。

＊＊＊

今後の行動についての助言をもらえるのではないかという期待を胸に、私は現在の状況をアナスタシアの祖父に話した。老人は父親から譲り受けた長い杖にもたれて立ち、注意深く私の話を聞いていた。話を終え、現在の状況の中でどのように行動すべきか助言を頼むと、老人はしばらく黙っていた。彼の表情は集中していた。その後顔を上げると、まるで空間をスキャンしているかのように目を細めてから、話しはじめた。

「私にも、私の父にも、それに最高神官にも、孫娘アナスタシアがどのように秘密中の秘密を明らかにし、地球が悪臭を放つものになった理由に答えるのか、はっきりわからなかった。肉体の苦しみと魂の彷徨《さまよ》いは、人が自ら出現を許したものだからね。

そもそも、初期の地球の文明が最も賢明だったならば、どうして子どもたちのために幸せな生き方を残してやらなかったのか？

しかし今は、すべてを神が創造した原初の世界に戻すことができるのだ。今までは、これまでの失敗を繰り返さずにそれをどう残していけばいいのか、誰にも明らかではなかった。しかしどうだ、アナスタシアは一人で、我われが思いもよらない組み合わせを意識で創造し、それを直ちに実現してしまった。すべての疑問の答が明かされはじめたのだよ。

彼女は、何千年もの歴史のあらゆる出来事をひとつの世紀に圧縮させ、それを再現しているのだ。今、一人ひとりが、地球の歴史、自分の国の歴史を身をもって体験しているのだよ。各々が判断して結論を出し、その結論が一族の書を書かせる。自分で、自分の気持ちで、魂で、人は何千年もの出来事を認識することができるんだ。

ほら、今アナスタシアを罵っているのとまったく同じやり方で、人々はルーシの文化が滅ぼされたときに、自分たちの先祖を中傷していたんだ。

多神教、古代ルーシのヴェディズムは、ひどく野蛮で輝きのない文化と呼ばれた。では、実際にその文化に何があったのかを、人々にどのように感じさせ、理解させればいいのだろう？ 孫娘は、ロシアの先祖たちを誹謗中傷した人々からの攻撃を一人で受け止めながら、先祖たちが希求していたことを、中傷した人々の子孫たちを含め、今を生きるすべての子や孫たちに示しているのだ。

そして彼女は、それが演劇か歴史的戯曲の中での出来事であるかのように、今日地球に暮らすすべての人々に、自分が演じたいものを選べるよう、いくつかの役を提示した。人々が自分で選んだ役を演じることによって、状況を客観的に見つめられるように。しかも、起こっていることすべてを傍観しているだけの人までもが、観客という役を演じながら、目の前の出来事を体験を通して判断し、彼ら自身が行動することを希求できるように。

私は少し急ぎすぎたようだ。君は、誰が一連の罵倒や妨害をつかさどっているのか、答を聞きたかったんだったね。答えよう、神官には容易なことだよ。

孫娘アナスタシアが声にしたアイディアを理解し、情熱的に動き出したすべての人たちを、妨害してやろうと躍起になっている人たちがいるね。

しかし、それは正常な人たちではない。彼らは……ずいぶん前に、しかもロシアではないところで生まれた、ごく小さなセクトによってしつけられているバイオロボットたちなんだ」

「ですが、私が持っている新聞の切り抜きには、その記事を書いた人たちの名前があります。ひとつの記事には、具体的に正教トゥーラ管轄支部の宣教部が反アナスタシアとして出ていますよ。様々な地域の人たちからも、一部のキリスト教区が反感を表しているという情報が寄せられています。

だとすると、彼らの中にも、あなたの言うセクトかなにかのバイオロボットたちがいるということですか?」

「バイオロボットたちは、自分が服従していることなど知る由もないんだよ。ただ彼らには、ずっと前から一定のプログラムが組み込まれているんだ。そしてそのプログラムは、アナスタシアの出現を想定していなかった。だから、ただならぬ誤作動を起こした。そして、プログラムは自己崩壊を決定したんだ」

「そんなこと、私にはなんだか腑に落ちませんね。それを証明するものがどこにあるんですか?」

「腑に落ちないのなら、落ち着いて、自分の論理ですべてを整理してみるんだ。そうすれば、考えることのできる人ならば誰でも、自分自身の論理の中に根拠を見つけることができる」

「論理で整理するですって？」

「そうだ。簡単で、誰もが知っている事実をね。ほら、いいかい。事実だけにもとづいて筋道を立てて考えるには、どうすればいいと思う？」

「どうすればいいのですか？」

「まず、アナスタシアがみんなに何をするように提案しているかを、自分で明確にしてみるんだ」

「彼女が提案しているのは、少なくとも一ヘクタールの土地を手に入れて、そこを自分の家族とその未来の一族のために整備することです。彼女の言葉では、すべての家族が自分たちのために楽園の一角をつくれば、全地球が楽園に変わる、と。それと、人間の病気と闘ってもらうために、食用にする植物をどのように植えればよいのかを話しています。他にも、健康的な暮らし方について、子育てについて、自然を大切に扱うことについても話してますし、自然の中に神の意識が溶け込んでいることもはっきり言いました。概して、ロシアが幸せな家族たちの暮らす繁栄した国となるようなモデルをつくり上げたんです」

「アナスタシアは一族の土地について話しながら、その実すべての人々に、神なる暮らしの偉大なる秘密を明かしたのだよ。人間が楽園へ帰還するための道を示したんだ。各巻に散りばめられた彼女の発言をひとつに合わせてみれば、このことは理解できるようになる。

彼女は、闇の勢力が何千年にもわたり守ってきた秘密を開示したんだ。それまでは、闇の勢力が、人々がその秘密を知る手掛かりになり得るものを、ことごとく消し去ってきていた。

君たちの紀元でいう二世紀に、ルーン文字で書かれていた最後の本が失われた。その本には、人間の神なる生き方について書かれていたんだ。まずは自分の土地、そしてそのあとに、地球という名の惑星全体を調和のとれたものになるよう開拓することで、大宇宙をも開拓する可能性が開かれると、その本には書いてあった。

地球の完全なる開拓の暁《あかつき》には、大宇宙の他の惑星を開拓する可能性が人間に開かれているのだ。他の惑星を開拓するのは、科学技術的な方法ではなく、テレパシーのような方法だ」

「しかし、偉大な賢者たちのうち、一度でも土地について彼女と同じように話した人は誰もいなかったのでしょうか？」

「ウラジーミル、アナスタシアが人々のためにやってのけたような発見は、現存する論文の中にはひとつも見つからないだろうね。それどころか、賢者たちは、人々を土地について理解することから六千年ものあいだ懸命に遠ざけている。人々にありとあらゆる教えをばらまき、その中に真理があるかのように書いている。

ひとつの教えを学んだ人が、じきにそこに真理はないと気づくと、次の他の教えに自らをうやうやしくささげる……。それを学び、また次を学び……こうして人生が過ぎていき、死にゆくときになっても、人生の本質を理解できないままでいる。

それでも人間は、やはり本能的に、大地に、大地の偉大な知識に惹かれる。闇の勢力は、人間の魂から、大地に惹かれる気持ちを根絶できないことを知り、大地に惹かれることをよくないことにしようと決めた。

こうして何世紀ものあいだ、無数の罠が仕掛けられてきた。そしてこの六千年間、誰も意識的に大地とかかわることはなかった」

「意識的に、と言うのは、アナスタシアが話しているように、という意味ですか？」

「そうだ。人々も理解している、アナスタシアが語った方法でだ。

アナスタシアは人間社会全体に美しい道を示した。そして、今や誰もそれを阻止することはできない。彼女の夢を、多くの人々がハートの内にたずさえている」

「でも反対勢力は邪魔をしているじゃないですか。奴らは読者たちとアナスタシアを中傷している。もし阻止することなんてできないと理解しているのなら、中傷なんかしないはずです」

「ウラジーミル、今は対抗勢力のより上の階層が、中傷している人々の行為を利用して、新しい時代の幕開けがここロシアで起こらないよう妨害している状況なんだ。そうしておいて、少しあとになってから、他の国でアナスタシアの構想を歪んだかたちで提示する。そうすることで、その構想が批判されるように仕向けたいんだ。

アナスタシアは、これらすべてをあらかじめ想定することができた。彼女の進め方は見事に考え抜かれたもので、最高神官を驚愕させた。アナスタシアは理解していたんだ。人間の本質を明らかにすれば、絶対に、すべての人々が、すぐさま大地とかかわらずにはいられなくなると。しかし、人々が慌てて事を行えば、害をもたらすこともある。必ず、はじめに意識の中で自分の空間を創造したあとに、行動をはじめるべきなのだからね。

ロシアでは、中傷する者たちが人々の邪魔をしているが、人々は夢を裏切らず、ひるむことなく自分の意識の中で一族の土地の空間を創造している。

もちろん、人々を操るシステムは強力だ。しかし、操られているすべての人々を総じて非難することはできない。一般の教会の奉仕者たちのあいだにも、アナスタシアについてのあらゆる意見があるのだから」

「それはわかっています。アナスタシアを理解し、応援してくれる聖職者たちと何度か会ったことがありますから」

「君も、君の読者たちも、ロシアに現れたその新しい情報を現在不都合に思うのは誰なのかを理解しなければならない」

「自分たちを先進国だと考えている多くの国々にとっては、自分たちよりももっと発展した国を突然目にするなんて、嫌なことでしょうね」

「その意見は論理的だね。では君は、各国に暮らしている人々全員が、ロシアでの出来事をじっと監視し、分析していると思うのだね?」

「もちろん、全員ではありませんよ。でも、注目している人たちはいますよ」

「例えばどんな人たちだい?」

「どんなって……例えば、医薬品を大量にロシアに売っている人たちにとっては、ロシア人が病気をしなくなれば不都合でしょう」

「他には？」

「他には……食料も、膨大な量が外国から供給されています。アナスタシアの計画が実現したら、逆にロシアが食料を多くの国へと供給するようになるし、そこでロシアに競合できる国はありません」

「それはつまり、アナスタシアの計画を不都合に思うのは、あらゆる国の住民たちなのではなく、一定のカテゴリーに属する人たちであり、そういった人たちはロシアを含めどんな国にでもいる、そういうことだね？」

「そうですね、まあそうなります」

「では教えておくれ。莫大な資金を有するそのカテゴリーの人たちが、世界の発展の傾向を監視するような部署を持っている可能性はあるだろうか？」

「もちろんですよ、すべての大企業はそういった部署を持っています。そうでなければ倒産してしまいます。そういった人材を育成する教育機関だってあるくらいですから」

「よろしい。つまり、大企業はあらゆる国での事業の発展について調査する部署を持っているということだね。そして、自社にとって有益な条件をつくり出すよう影響を与えることができる」

「そうです」

「同意するのだね。よろしい。ではその論理に続く連鎖が、すべての国の政府も同じような機関を持つ可能性があるという結論へ君を導くだろう。

歴史上にもこのような例はいくらでもある。その最も顕著な例が、今日アメリカやヨーロッパ、そしてロシアを操っているユダヤ人たちのとても小さな集団だ。ただし、彼らだって最高神官の手中にある道具に過ぎなかったんだがね」

「その集団と、アナスタシアに反対する行動をとるキリスト教管区のあいだには、どのような関係があるんですか?」

「バイオロボットとして動く人たちのことを話しただろう。彼らがそういう部類の人たちなんだよ。彼らは神官たちがつくり上げたプログラム、そして各地に拡散したユダヤ人の極小集団の作用のもとで形成されたんだ」

「その根拠となる裏付けは、どこにあるんですか?」

「それは歴史の事実の中にある。注意深く、そして先入観にとらわれずに見てごらん」

ユダヤ教徒、キリスト教徒の方々への呼びかけ、そうでない人にも読んでほしい

ユダヤ教徒、そしてキリスト教徒の人々へ呼びかけるにあたり、この二つの、互いに相容れない思想の信奉者の一部の人にだけでも理解されることを、私は願っている。私がこのテーマに触れざるを得ない一因となった私の目的を、全員が理解することは到底ないであろうことはわかっている。

前巻でユダヤ教徒とキリスト教徒について少し言及したとたんに、私は何度か不当な仕打ちを受けるはめになった。

アナスタシアの発言の本質は、一貫してひとつのこと、つまり五千年ものあいだ止むことのない、民族間の衝突の真相を明らかにするためだけに追及しているものだったにもかかわらずだ。

私がこの本を書いていたとき、私の良識はユダヤ教徒とキリスト教徒の話に触れるべきではな

いと耳もとでささやいていた。一部の読者を苛立たせたり、ましてや彼らを敵に回す必要などないと考えていたからだ。しかし、たとえその情報が一部の人たちにとって非常に不愉快に映る可能性があるとしても、一定の情報を持っている私が、それを隠す権利はないはずだ。

一度の千年紀だけに留まらず続いているユダヤ人大虐殺についての情報を引用する際、私は歴史的事実だけに触れ、そこに記されている状況についてはできるだけコメントしたり主観的な判断を挟まないよう心掛けてきた。

私が今このような話題に触れるのは、いくつかの国で一斉に起こる大規模なユダヤ人虐殺を防ぎたいと思う、ただその一心なのだ。

この大虐殺の規模は、ヒトラーの時代のドイツで行われたものよりも、格段に大きなものになり得る。これはほとんど回避できないものだ。唯一それを回避できるものがあるとすれば、これまで起こった大虐殺の原因を十分なレベルまで理解し、原因を排除する行動なのだ。

シベリアの女世捨て人アナスタシアや、彼女の祖父が語ったことは、私にとって年々説得力を増してはいるものの、私は彼らの発言だけに頼らないよう、自分でも努力しようと思う。

彼らの話を虚構に過ぎないと思う人もいるだろう。私は書かれている実例や人物が実在することを、読者が望めば自分で確認できるよう、史実から集めた証拠をもとに組立ててみようと思う。

さて、ユダヤ人大虐殺がはじまったのは、エジプトのファラオの時代であることが歴史的情報から知られている。現在から遡《さかのぼ》ると、千年以内では、およそ百年に一度、定期的に大虐殺が起こっていた。それが起きたのは、その時点でキリスト教国家になっていた国々だった。そして大虐殺が起こるたびに、その規模はより大きくなっていった。最後に大規模に行われたのが、一九三九年から一九四五年のヒトラー時代のドイツにおける大虐殺だった。ユダヤ人たちは収容所の炉で焼かれたり、銃殺されたり、ガスで殺されたりした。あらゆるデータから、六百万人近くのユダヤ人がこの期間に殺害されたことがわかっている。

あらゆる国の民族によるユダヤ人虐殺に関する事件は、すでに千年ものあいだ繰り返されており、その周期性をみれば、事件を誘発する何らかの原因が明らかに存在していることが断言できる。しかし、真の原因については、誰かが必死に覆い隠そうとしているのだ。

誌面やラジオ、テレビなどのマスメディアは、この強烈な話題には触れないようにしている。マスメディアの誰か一人でもこの話題をほのめかそうものなら、民族的敵意を焚きつけたと非難されることになるからだ。

しかし実際は、社会を激しく動揺させる強烈な問題に口をつぐむことこそが、民族的敵意を助長させるのだ。

ユダヤ人に関する問題が社会を動揺させることは、数多くの事実が証明している。ロシアの将軍であり国会議員でもある人が、公の会議の演壇から、端的に言うと「ユダヤ人を全員ロシアから追い出せ」と公言したことは多くの人が知っている。

何人もの国会議員たちはその将軍を非難した。しかし、もちろんマスメディアは彼に反論の機会を与えなかった。そもそも彼と論争しようとする人などいなかったのだ。なぜか？　もしかすると、このような意見を持っていたのが、ロシアでは唯一この将軍だけであり、社会全体で論争するための貴重な報道時間を、たった一人のために費やす価値はなかったからなのだろうか？

だが私は、彼一人だけではなかったと断言できる。将軍たちの中、役人たちや若者たちのあいだにも、このような意見を持つ人はたくさんいるのだ。

すべての不幸はユダヤ人から生まれると考える人の数は、日々増え続けている。マスメディアの沈黙は、大量の批判を蓄積させる可能性があるのだ。このことをより明白に立証する数字を挙げよう。

一九九二年以降、ロシアでは五十冊以上ものユダヤ人を糾弾する内容の本が様々な出版社から刊行されている。これだけでもかなり深刻な数字だが、ここには何百もの地下出版による資料や、数多くの新聞や雑誌は含まれていない。

これら地下出版による刊行物は、店の棚に置かれているわけではなく、書庫で埃をかぶっているのでもない。人の手から手へと渡り、広まり続けているのだ。それらのうちの多くの本が、ぼろぼろになるまで読みつくされる。このテーマの刊行物は求められているのだ。一方、メディアでは多くの人々を動揺させるこの問題が取り上げられないので、それら反ユダヤ主義の刊行物の読者はそれを「すべてのマスコミがユダヤ人の手中にあるからだ」と見なしている。そういった人々は、議論の準備ができていない人が渡り合うことができないほどの根拠を持っているのだ。

＊＊＊

サンクト－ペテルブルグからモスクワへの夜行列車で、同じ四人用車室に男性二人と若い女性が一人入ってきた。男性たちは暗い色の襟つきシャツを着ており、軍人風の幅の広いバックルのついたベルトをしていた。何かの騒々しい出来事に疲れたようなようすで、彼ら二人は上段のベッドで横になった。

私は、同じように厳《いか》めしい服装をした若い女性に話しかけた。彼女の表現によると、彼らは「ロシア愛国の兵」の大会から帰るところだということだった。

「あなた方の大会の目的は、いったいどんなものなのですか?」私は女性にたずねた。

「世界中にいるユダヤ民族との闘いです」彼女は誇らしげに答えた。

「ロシアにいながら、たとえばヨーロッパやアメリカにいる人たちとどうやって闘うんです?」

「私たちの仲間は、ヨーロッパにもアメリカにもいます。全員とコンタクトがとれるわけではありませんが、私たちと同じ目線に立った活動が、数多くあるのを知っています。じきに、あらゆる国の反ユダヤ民族の志士たちが団結するでしょう」

若い女性はためらうようすもなく、饒舌《じょうぜつ》に話していた。彼女は誰かに託されたのかもしれないし、自発的にかもしれないが、自分の信じる「愛国的」行動の煽動者《せんどうしゃ》たる役割を果たしていた。

私は彼女に問いかけた。

「あなたは個人的に、ユダヤ人から害を受けたことがあるんですか？」

「もちろんです。彼らのせいで、私は、西側諸国に媚びへつらいながら、彼らの食べ残しを漁るような貧しくて汚い国に暮らさざるを得ないんですから」

「それがどうして、国家の不運の原因がユダヤ人にあることになるんですか？」

「それは、彼らの行動指針がそのような特質を持っているからです。騙して、ひとつの国から盗み、その後別の国からも盗み、また他の国からも盗む。最初の国がやっと立ち上がることができたと思えば、再びその国からすっかり巻き上げてしまう。ユダヤ人たちは、私たちのことを人間だと思っていないんです。ほら、ここに書いてあることを読んでください。これはタルムード（＊生活・宗教・道徳に関するユダヤの律法とその解説をまとめたもの）の一部を抜粋したものです」彼女は私に薄い冊子を差し出した。それを開くと、あるところに目がとまり、私はつい読み耽ってしまった。

その抜粋が、どれほど実際のタルムードと一致しているか判断できなかったので、ここでは引用しない。それでも、旧約聖書に書かれているように、ユダヤ人が自分たちを選ばれた民族であると考えるように促されていることは、私も知っていたことだった。しかし、問題はそこではない。若い「愛国者」たちのすさまじい敵愾心《てきがいしん》に驚愕した私は、ついに真実を直視すべき時が訪れたのだと思った。

多くの国の内部で起こる、終わることのない衝突の原因は、ひとつの社会に、互いに相容れない宗教的思想が同時に存在することに潜んでいる。

では、宗教とはいったい何であるかを少し論じてみようではないか。宗教とは、何よりも第一に、特定のタイプの人間を形成し、その人間に特定の行動指針を組み込むための思想なのだ。

例えば、ユダヤ教では、ユダヤ民族は神によって選ばれた唯一の民族であると定め、他民族に対するかかわり方を具体化し、規定する。

一方、キリスト教だと、人間は神の奴隷であり、地上での生のあとにのみ、一部の者たちが天国で休息することができる。金持ちは天国に行くことが難しい。隣人を愛し、隣人と財産を分かち合わねばならない。

また、タルムードでは、「すべてはおまえのもの」とある一方、聖書だと「すべてを与えよ」とある。なんともよい組み合わせではないか。これら二つの相容れない思想は、我われも知っているように、イスラエルというひとつの地点から生まれた。しかし、だからといって二つの宗教をつくり上げたのがユダヤ人だったということを、ただちに意味するわけではない。重要なのはまったく別のこと……衝突が避けられないということなのだ。

二つの思想の信奉者たちのあいだで衝突が避けられないのは、幼い子どもたちの行動にも見てとることができる。私たちが一人の子どもに、そこにあるおもちゃは全部おまえだけのものだと言い、他の子どもには、おまえは自分の持っているおもちゃを与えなければならないと洗脳した場合、どちらにもおもちゃが必要になったとき、何が起こるだろう?

与えるよう教え込まれた子どもは、まあ一回や二回は折り合いをつけておもちゃを与えるかもしれない。しかし、おもちゃを奪っていく相手への愛などは絶対に感じないだろう。あとになって、どれでもいいから取り戻したいと手を伸ばしても、何も返してもらえない。最終的に泣きだすか、腕力に訴えるかになるだろう。

このように、二つの異なる思想により、未来に生まれてくる子どもたちにも衝突が起こることが決定してしまう。

この場合、民族というものは、もうまったく何の意味もなさない。

もしもユダヤ民族全員をキリスト教徒にし、スラヴ民族全員をユダヤ教徒にしたとしても、まったく同じ衝突が起こるだろう。

異なる民族が互いに闘争しているのではなく、異なる思想が「民族を利用して」闘争しているのだ。

他者の信仰に対して寛容が必要であることを、〝とても文化的で教養の高い人々〟でさえも言っているのが、私たちの耳に幾度となく届く。国会では、民族的そして宗教的な敵意を煽る人を厳しく罰する法律を採択した。テレビでも、あらゆる宗教の指導者たちが一緒に、政府の賓客《ひんきゃく》として一堂に会しているのを放映している。

すべてがよいことと、知的で正しいことのように見える。それにもかかわらず、過激主義が減ることは一向にない。私たちは「奴らを叩きのめせ！」という、火種となるような危険な文句のプラカードを目にし、また公共団体の施設で本物の爆発が起こったとの情報を耳にする。

これはいったいどういうことだろう？　とても簡単なことだ。美しい言葉や呼びかけだけでは状況を変えることはできない、ということなのだ。

それだけではない。美しい言葉や呼びかけにより、実際の状況はさらに深刻化する。そういった言葉の陰に巧みに覆い隠されて、突然やってくる「Xデー」に大爆発が起き、国家が滅ぶのだ。

＊＊＊

「他者の信仰に対して寛容になろう」、そうしようではないか。多くの人々がそうであるように、私も寛容になることに反対はしない。

しかしその場合、人々の信仰には何が起こるのだろうか？　それはこうなる。各々の宗教は、その隙に全力で、できるだけ早く力をつけて、できるだけ多くの追随者を得ようと躍起になる。その結果、十分に強固な立場を獲得できたと見なしたとき、相反する二つの思想は、必ずや闘争することになる。このことは、終わりなき衝突の歴史がはっきりと証明している。それにもかかわらず、人類はまるで暗示をかけられているかのように、何度世紀をまたいでも、まったく同じ轍《てつ》を踏み続けている。

相反する二つの思想を創造した神官たちは、このことを知っていたのか？　当然、知っていた。様々な国の何百万もの人々に心理的作用を与えることのできる者たちが、人々に暗示をかけることのできる者たちが、知らないわけがない。

ユダヤ人は選民であると話した彼らは、本当にユダヤ民族を幸福にしたいと願っていたのだろうか？　その目的がまったく別だったことは、歴史が証明している。何世紀にもわたり、ユダヤ民族は捨て駒として、他者の罪を負う身代わりとして利用されてきたのだ。ユダヤ民族は、人々の注目を逸らすための楯《たて》として、ユダヤ教徒とキリスト教徒をさほど難しくないゲームで歩兵扱いしながら「ゲームを楽しんでいる」者たちに、利用されてきたのだ。そして、この暗示はユダヤ民族にも他の民族にも、苦しみしかもたらしていない。

ご自身で判断していただきたい。今、すべてが何に向かって動いているのかを。世界では、攻撃のエネルギーが日々蓄積されている。例えば、イスラエルとパレスチナのあいだでは、衝突が続いている。イスラエルは高い軍事技術とアメリカの支援を利用してパレスチナを占領し、パレスチナ人たちに自分たちの要求をのむよう強要できるが、これでは隣合って暮らす二つの民族のあいだで、互いへの敬意が生まれるはずがない。むしろその反対で、ユダヤ人への攻撃的なエネルギーの量が、イスラム世界全体で急激に増大してしまうのだ。このエネルギーは、イスラエルやアメリカの領土でやまないテロのようなかたちを含め、必ず発現するのだ。しかし、問題はイスラエルとパレスチナの直接的な衝突だけではない。

この惑星に暮らす多くの人々に、文明の発展への道が行き詰まっているということがより強く見えてきたのだ。

エイズ、麻薬中毒、犯罪、あらゆる人災が人々をのみ込んでいる。この惑星に住む圧倒的な数の人々が、健康を害さない食べ物を食べ、汚れていないきれいな水を飲み、有害な空気ではなくきれいな空気を吸う可能性を、奪われているのだ。

もし、大衆の前に、社会的そして人的要因の大変動の真の原因についての情報が現れたらどうなるだろう？　この惑星の重苦しい状況をつくり出した真の悪者を人々に示すリーダーが現れ、悪者たちのゲームや目的、任務を解明したとしたら？

まさにこのことを、世界的なイデオロギーを主導している者たちは恐れてきたのだ。だから、全人民の怒りが自分へと向かないよう、彼らはすでに検証済みの、ユダヤ人というカードを切るのだ。全部ユダヤ人が悪いのだ、奴らを捕まえろと言って。怒りに燃えた人々は、ユダヤ人と見れば手当り次第に襲いかかる。そんなことが、何世紀にもわたり幾度も行われてきた。それで悪が一掃できると考えて襲いかかるのだ。しかし、実際には鬱憤《うっぷん》を晴らしているに過ぎないのだ。

歴史の深みへ

アナスタシアの祖父の話は、その特異さと裏付けのシンプルさで、私をひどく驚かせた。あとになって、私は彼が導き出した結論を、他の情報源によるものと比べてみたが、それが私の論理的思考を一定の結論へと導いた他の情報源による事実と一致していることがわかり、驚愕した。ここに、アナスタシアの祖父による結論と、その情報を照らし合わせて書いてみようと思う。

我われが言うところの紀元三〇年から一〇〇年までのあいだに、現在で言うイスラエル（パレスチナ）地域とローマ帝国内に暮らしていた異端者たちと、ユダヤ教徒による複数の小集団が、ユダヤ教内部から派生した独自の思潮により団結しはじめた。それがイエス・キリストの遺訓を強く信じ、彼がじきに復活することを信じる、小さなキリスト教共同体のはじまりだった。

この事実は、聖書を含め数多くの歴史的文献においても裏付けられる。

要するに、強力なキリスト教の教えは、ユダヤ人の小さな共同体が集まってはじめられたという事実が裏付けられたことになる。

では、判断してみよう。この小さな共同体の教えが、いったいどのようにして、突然にローマ帝国、現在のヨーロッパやロシアに取り入れられたのか？

そもそも、イスラエルでさえ一部の人にしか知られていなかったのに、どうしてこれほど多くの国々に知れわたるようになったのか？

アナスタシアの祖父の話によると、当時ユダヤ教徒たちを掌握《しょうあく》していた神官たちは、キリストの教えに対して、一定の仕上げ、より正確には一定の細工をすれば、操りやすい奴隷型の人間をつくることができる、ということに気がついた。このタイプの人間は、自分自身の論理的思考を部分的または完全に停止させて、聖職者やその他の者の言うことを信じるようになる。さらに言えば、課せられた暗示のプログラムに従うバイオロボット人間となるのだ。

（バイオロボット人間とは、もちろん完全に自発的にというわけではないが、オカルトのプログラムの作用のもとで、非現実の世界を現実であると信じることに甘んじている人間である。非現実の世界は、何者かにより一定の目的でつくり上げられており、その者は自分こそが非現実の世界の法則を知っているのだと主張し、人々がその法則に従うことを求める。しかしその実、人間

はその法則ではなく、その何者かに服従しているのである）

そして、自分たちに必要な類の教えを大衆に根づかせるための知識と実践経験を有した、当時のユダヤ教の司祭たちが、キリスト教徒の中から何百人もの宣教師を養成し、資金を与えてあらゆる国へと送り込んだ。

このことの間接的な裏付けとなるのは、次のようなものだ。

紀元二世紀の終わりに、ユダヤ人キリスト教共同体が、突然に様々な国で大々的な布教活動を展開した。この活動に先行して、熱心な福音伝導（キリスト教信仰のユダヤ人による聖書の出版と、その多部数の複写）が行われている。

誰もがよく知っていることだが、本の出版には今日でもお金がかかる。遠い昔の時代には、一冊の本の製造には、さらに膨大なお金がかかった。また、布教のための外国への旅にも、かなりの資金が必要だった。そのような旅ができるのは、商人か裕福な家の人たちだけだった。

ではいったいどうやって、主に農村の住民たちで成り立っていた共同体に、そのような大金がかかる大規模な作戦を遂行できたのだろうか？

そう、彼らは高度な理論的教育とかなりの出資を受けていたのだ。こうした司祭の階級からの特別扱いや精神的、物質的な支援は、普通の信心深い農民を狂信者に変えていった。

想像してみてほしい。イスラエルの村人が突然こう伝えられるのだ。

「君の内に偉大な伝道者そして宣教師の姿が見える。少し勉強したら、資金を受け取って人々に教えるがよい。ただし、この国ではなく外国へ行って教えを広めるのだ」

そして彼らは勉強をし、資金を受け取って他の国々へと出発した。それでどうなっただろうか？　成功を勝ち取ったのだろうか？　否、成功などはしていない。すべての国でユダヤ人のキリスト教宣教師たちは拒絶された。もちろん、人々もただ拒否していたのではなく、はじめは耳を傾けていた。しかし徐々に、人々は、宣教師たちに自分たちの町から離れるよう言うようになり、特にしつこく布教を推し進める宣教師に対しては、殴ったり、犬をけしかけて噛み殺させるといった仕打ちをするようになった。

このことは、大半の宣教師たちが派遣されたローマ帝国にも、数多くの裏付けが史実として残っている。

この大規模な行動がもたらした成果は、ローマ帝国にキリスト教共同体のネットワークをつくったことくらいだった。結局彼らは、伝統的な信仰の基盤に対しては、いかなる影響も与えられなかったのだ。

古代ローマは多神教であり、それがそのまま残っていた。だから、セクト集団たるキリスト教共同体は、政治体制においても、神官たちが夢みていた新しいタイプの人間、つまり奴隷たるバイオロボットの製造においても、ローマ帝国に何の影響も与えられなかったのだ。

ローマ皇帝たちは、第一波の期間に訪れた宣教師たちを友好的に扱わなかった。

皇帝ネロは、あらゆる多神教の宗教的信仰を寛大に扱っていたが、一神教であるキリスト教にだけは敵愾心《てきがいしん》をあらわにしていた。さらに、デキウス（在位二四九～二五一年）やディオクレティアヌス（在位二八四～二八五年）、そして主な迫害者の一人であるガレリウス（在位三〇五～三一一年）（＊在位年は原文どおりに訳出）といった皇帝たちにいたっては、敵愾心をあらわにするどころか、自国の領域からキリスト教徒たちを追い出していた。

　第二波の宣教師たちが訪れるようになると、ようやく成果を得ることができた。第二波の宣教師たちは、もはや宗教の狂信者たちではなかった。神官たちは、宣教師たちにキリスト教という信仰について美しく語れる方法、そして野心を持っている人につけこんで、その人に強力な影響を与えるための心理学的知識を身につけさせたのだ。

　第二波の宣教師たちの任務は、何よりも第一に、統治者たちに影響を与えることだった。つまり、キリスト教を信仰させることで統治者の権力が強化され、永遠のものにできること、さらには国家を完ぺきにコントロールしながら国を繁栄させることが可能となることを、統治者たちに確信させることだった。

　この目的のために、「すべての王権は神が与えたもの」「統治者は地上における神の代理人である」という教義が広められた。

　その中でも懺悔《ざんげ》は、国民一人ひとりの思想や希望、行動をコントロールする道を開いた。こうして、国家をキリスト教化すれば、統治者に最も都合のいい条件をつくり出せるということを、宣教師たちは統治者たちに確信させたのだ。

宣教師たちの主張は、一見納得できるものだった。しかし、それはあくまで表面的なものだった。この罠にかかった統治者たちは、実質的に他の勢力の支配下に落ちているのが、他ならぬ彼ら自身なのだということなど疑いもしていなかった。

国内にキリスト教の教会が存在することは、コンスタンティヌス帝にとって有益になると宣教師たちが説得できた三一二年から、ローマ帝国におけるキリスト教化が目に見えて強化されていった。

コンスタンティヌス帝は、ローマの神々を祀《まつ》る神殿を保護しながらも、キリスト教を支援した。その結果、ローマ帝国におけるキリスト教の状況は著しく好転し、その富はさらに増大し、後世になると、司教たちはローマ帝国の元老院議員に匹敵する権力を得るようになった。

この史実と後に続く多くの事実は、この教えが、俗世の統治者たちの支援なしには、発展することも、社会に対して何の影響も与えることができない、ということを示している。だからこそ、キリスト教の指導者たちは、常に権力者に近づこうと躍起になっていたのだ。

今日もローマカトリック教会の権勢は強大だが、ローマ帝国はどうだ。なくなってしまったではないか。それは偶然だろうか？　何らかの規則や法則の結果起きた、例外的な現象だろうか？この疑問への答えは、その後から今日にいたるまでの様々な時代の、あらゆる国々の歴史が示している。

私たちの惑星において、キリスト教の伝来に伴って繁栄するようになった国の名前は、誰一人として、ひとつたりとも挙げることなどできないのだ。逆に、ローマ帝国と同じ悲しい運命に襲われた国の名前なら、いくつも挙げることができるだろう。

それに歴史的事実として、もうひとつ興味深いものがある。キリスト教を受け入れたすべての国では、間違いなく直後に、非キリスト教信仰のユダヤ人たちが現れ、はなはだ不可解な活動をして混乱を生んでいた。そして、彼らはいとも簡単に富を築いていった。

彼らの活動は、すべてのキリスト教国において、政府だけでなく国民も気づかずにはいられないほどの規模となっていた。

どの国でも、彼らの活動が最高潮に達するたび、国民はユダヤ人を攻撃し、その結果、政府はユダヤ人を国外へ追放するようになっていった。

二回目の千年紀のはじめにはユダヤ人大量虐殺がすでに起こっており、それが様々なキリスト教国で何度も繰り返されたことは周知の事実だ。

一〇九六年、ライン川流域地域では、数十ものユダヤ人コミュニティが追放されたり壊滅されたりした。一二九〇年になると、イングランドからもユダヤ人が追放された。そして十四世紀の末には、スペインでも十万人以上のユダヤ人が殺害された（迫害からしばらく経つと、ユダヤ人たちは再びこれらの国々に徐々に戻っていった）。

このような歴史の事例をもっと書き連ねることもできるが、その必要があるだろうか？　この状況は常に、もう何百年も繰り返されており、いつも似通ったものなのだ。つまりその状況があらかじめプログラミングされていたものであることは、どう見ても明らかなのだ。

また、キリスト教世界の代表者たちとユダヤ人自身の両方が損害を被ったということは、被害を受けていない第三者が存在するということである。この第三者にとって、キリスト教世界の人間とユダヤ教徒たちは、いともたやすく操作できるただのバイオロボットに過ぎないのだ。

では、この第三者とは誰か？　歴史研究家たちは、何千年ものあいだ止むことのない世界のこの乱痴気騒《らんちき》ぎを、本質まで、根本の原因まで掘り下げようとするが、いつもユダヤ人のことを示すだけで終わるのだ。

彼らはユダヤ人がすべてにおいて悪いのだと言う。しかし、もし第三者が存在するのならば、ユダヤ人であれキリスト教徒であれ、どちらもその第三の勢力の手中にある、ただの、操り人形のようなバイオロボットに過ぎないのだ。

しかし、今日、その第三者の特定が可能だろうか？　その存在を証明するものがあるだろうか？　もちろんあるし、特定も可能だ。何によって？　歴史的事実によって、そして論理的思考によってだ。ご自身でも考えてみてほしい。

＊＊＊

ユダヤの階級の中にひとつのグループがある。このグループのことを一族、階級、民族、カースト、何と呼んでもよいが、本質は名称ではないので、簡潔にするために彼らを「レビ族」と呼ぶことにする。

レビ族の祖は、エジプトの神官であったという歴史的文献がある。より多くの人々に知られている文献、具体的には旧約聖書を読むと、レビ族は独特な地位にいたことがわかる。

たとえば、イスラエルの法により、彼らは軍事行為に参加する必要がなかった。彼らはどこへも、いかなる税金も支払う必要はなかった。旧約聖書で言及されているイスラエルの人口調査の際にも、レビ族はそこには含まれていなかった。

軍事作戦時には、五万から十五万のイスラエル兵によってレビ族の周りを取り囲むように陣営が配置され、レビ族一人ずつに対して守る場所があらかじめ決められていた。レビ族を守るために、陣営の東西南北のどこに野営をつくり、どこに護衛を配置するかまで指示されていたのだ。そして、レビ族が配置されたのは常に陣営の中央部だった。事実上、イスラエルの全部族にレビ族を護衛する義務があったのだ。

では、このレビ族という階級は、いったい何をする階級だったのか?

彼らの義務は、彼らの中から聖職者を指名すること、そしてユダヤ人に定めた掟《おきて》が守られているかを監視することだった。ちなみにその掟には、食べるもの、異教へのかかわり方、行くべき場所などが規定されていた。

掟の内容は非常に厳しくかつ具体的で、一日のうち朝から晩まで、目覚めている全時間を網羅しており、誰がどの土地にいなければならないか、誰と闘うべきか、ということにまでおよんでいた。

これによって、レビ族はユダヤ民族の実質的な支配者となっていた。それも、あらゆることから判断すると、管理人としてきわめて腕の立つ人々だったと言える。

レビ族がユダヤ人だったかどうかはわからない。全ユダヤ人が守らなければならないはずの掟の中にも、レビ族には適用されないものがたくさんあったのだから。例えば、ユダヤ人にとっては必須の掟だが、それに反して、レビ族は生後八日目の割礼をしていなかった。

このようにして彼らは、エジプトの神官たちの秘密の学問を知って、実験に勤《いそ》しんだり、監視したりして、じっくりと思索にふけることが可能であったし、兵役の義務からも、人々がするような通常の労働からも解放され、世代から世代へと現在にいたるまで、自分たちの知識を発展させてきたのだ。

「現代にいたるまで」と書いたが、レビ族という民族または階級のことなど聞いたことがないと疑う人もいるかもしれない。イギリス人やロシア人、フランス人などについては、多くの人が見聞きするのだが、最も頭がよく、ましてみんなを率いているレビ族のことを知る人は、なぜか少ないのだ。

それはもちろん、エジプトの神官たちと同じように、彼らも陰にいなければならないからだ。いざとなれば、すべての反発を彼らの意思の実行者であるユダヤ人たちに向けておけるように。

こうして世界のあらゆる国々で、何千年にもわたって、ユダヤ人たちはひどく非難されるようになった。何に対しての非難なのだろうか？　ユダヤ人たちが、あらゆる手段を使って、少しでも多くのお金を手にしようとしていることに対してだ。そして、多くのユダヤ人にそれができてしまうことに対してだ。

では、レビ族はこれと何の関係があるのか？　イギリス、スペインまたはロシアにいるユダヤ人たちが活動して、国家または個人の資産のかなりの割合をなす額を銀行に振り込むことで、レビ族にどのような利益やメリットがあるというのだろう？　一言で言えば、着服でもするのだろうか？　事実、その国または他国の民や統治者は、ユダヤ人の非難すべき行為を目にして、彼らを攻撃し、冷遇しはじめた。であれば、同じことがレビ族にまでおよんでもよいはずである。概して、賢明なレビ族の行動は論理的でないようにも見えるではないか。というのも、レビ族が賢明な助言によりユダヤ人たちを助け、彼らのために狡猾《こうかつ》な技を駆使した作戦を用意してやり、他の国々を丸ごと操作してやる必要などないではないか？

これには理由があることがわかったのだ。彼らの利益は直接的で、単純かつ具体的だ。お金なのだ！　富のあるユダヤ人は、どの国にいようが関係なく、自分の収入の一部をレビ族に支払う義務がある。証明するもの？　ここにある！　旧約聖書に、イスラエルの人々、つまりユダヤ人は自分の収入の十分の一を、レビ族に渡さなければならないとあるのだ。正確には以下のように書かれている。

イスラエルの人々が主にささげる聖なる献納物はすべて、あなたと、あなたと共にいるあなたの息子や娘たちに与える。これは不変の定めである。これは、主の御前にあって、あなたとあなたの子孫に対する永遠の塩の契約である。主はアロンに言われた。

「あなたはイスラエルの人々の土地のうちに嗣業《しぎょう》の土地を持ってはならない。彼らのあいだにあなたの割り当てはない。わたしが、イスラエルの人々の中であなたの受けるべき割り当てであり、嗣業である。見よ、わたしはイスラエルでささげられるすべての十分の一をレビの子らの嗣業として与える。これは、彼らが臨在の幕屋の作業をする報酬である。従って、イスラエルの人々は、もはや臨在の幕屋に近づいてはならない。この罪を犯して死を招かないためである。レビ人のみが臨在の幕屋の作業をし、その罪責を負わねばならない。これは代々にわたって守られるべき不変の定めである。彼らは、イスラエルの人々のあいだでは嗣業の土地を持ってはならない。わたしが、イスラエルの人々が主にささげる献納物の十分の一を、レビ人に彼らの嗣業として与えるからである。それゆえ、わたしは彼らに、イスラエルの人々のあいだでは嗣業の土地を持ってはならない、と言ったのである」

主は、レビ人にこう告げるよう、モーセに仰せになった。

「わたしがあなたたちの嗣業として与えた十分の一を、あなたたちがイスラエルの人々から受け取るとき、その十分の一を主にささげる献納物としなさい。あなたたちの献納物は、脱穀したばかりの穀物と搾りたてのぶどう酒と同じものと見なされる。それで、あなたたちもまた、イスラエルの人々から受け取るものの十分の一はすべて主にささげる献納物とし、その中から主にささげる献納物を祭司アロンに与えねばならない。あなたたちは贈られたもののうちから最上のもの、聖なる部分を選んで主にささげる献納物としなければならない。彼らに言いなさい。あなたたちが最上のものをささげるときには、それは、レビ人にとって脱穀した収穫物や絞りたての収穫物と同じものと見なされる。あなたたちおよび（あなたたちの息子たちと）その家族の者はそれをどこで食べてもよい。それは臨在の幕屋の作業に対する報酬だからである……」（民数記　十八章19－31）（＊現在日本で流通している聖書とは、掲載位置、内容、語彙が異なる箇所があるが、著者の意図を尊重し原文の通りに翻訳した）

二千年以上もの大昔に書かれた旧約聖書と、今日の状況のあいだにどんな関係があるのかと思う人もいるだろう。それに答えることは可能だ。では、信仰を持つ今日のユダヤ人の中に、聖職者やレビ族はもういないのだろうか。考えてみよう。もちろんいる！　そしてもちろん、多くのユダヤ人が宗教的規則を守って生きているのだ。ということは、レビ族たちが世界中の銀行にどれほど莫大な資産を有していることになるのかを想像してみてほしい。

ちなみに、レビ族たちは自分の資産の保全と増大を心配する必要はない。あらゆる国の銀行家の多くはユダヤ人であり、それは彼らの任務なのだから。もちろん、レビ族は、いつどこに投資するべきかをユダヤ人に対して示唆《しさ》することもできる。彼らは、現行政府に反対する体制や組織のどれを支援するべきなのか、または逆に、金融的陰謀を企てて消し去るべきかを示唆するのだ。

アナスタシアが以前話した、地球上のすべての人間社会を、たった数人の神官が操っているという情報に疑問を感じた人もいたかもしれない。しかし、歴史から論理の連鎖が成立してしまった今となっては、論理的に思考することができる人ならば、よほど狂信的な人でない限り、彼女の話に疑いを持つことができなくなるだろう。

つまり、これも次のような論理となるのだ。

神官たちに率いられ、およそ百万人のユダヤ人がエジプトを出た。神官たちの側近だったのが、ユダヤ人を特定のタイプの人間に形成するという任務を担ったレビ族だった。そのために一連の儀式や独特な生活様式を提唱する、一定の思想を持った宗教がつくり出されたのだ。

レビ族たちは自身の任務を忠実に果たすこととなった。こうして何千年か前につくり出された思想は、今日もユダヤ人たちを支配している。その思想は、彼らを地球上の無数の民族から区別し、特別に扱うものだ。

この思想の主要な教義のひとつが、神が地球に住まわせた様々な民族の中で、選民として定めた民族はユダヤ人だけである、という主張である。

このようにして、この思想はユダヤ人とともに今日まで存在し続け、衝突は終わらず、よく耳にする話となった。しかし、レビ族たちはいったいどこにいるのだろう？　彼らのことを頻繁に耳にすることなどあるだろうか？　ほとんど聞くことはない。これも賢いと言えるところだ。これを狡猾と呼ぶか、賢明と呼ぶかは皆さんにお任せする。

さて、ここで想像してみてほしい。地球上に、他の人々よりも高いレベルで秘教の知識を有しており、数千年間、大衆へ作用する実践を絶えず積んできた少数の人々の集団が存在する、と。では、国の発展問題を研究するどこかしらの国家の研究所が、思想の形成において彼らに太刀打ちできるものだろうか？

それはいくつもの理由から不可能なのだ。主な理由は次のようになる。

レビ族は自身の子孫に代々秘教の知識を伝え、それが今日も続いている。

一方、現代科学は秘教の知識を否定している。従って、レビ族が研究してきたことを現代科学が真剣に取り扱うことはない。

このようなナンセンスな状況は、偶然生まれたのではない。どうしてナンセンスなのか、考えてもみてほしい。

それにナンセンスな状況はそれだけではない。国家は公的にいくつかの宗教を認めているが、それらだって完全に秘教ではないか。国家はそれらの秘教に資金面の形成に有利な条件をつくり出してさえいるのだ。かたや政府は、秘教の分野における科学的研究のための環境をつくり出すことはしない。つまり、そのような国家の領土内では、国民の心理に作用することのできる構造が、政府により公認されているようなものなのだ。それなのに、俗世の政府は、その作用が現実の営みにおいてどのような形をとるかということについて、きわめて漠然としたイメージしか持ち合わせていないのである。それではいったい誰が誰を操っていることになるのだろうか？

最後にもうひとつ。政府や国家のことを考えるすべての人々は、歴史から教訓を見出すこともできるだろう。歴史とは、人生においてとても役立つ学校なのだから。しかし、そのためには歴史を知っておかなければならない。世界を操っている者たちは、歴史を熟知しているのだから。しかし、国家の歴史は、政府を含め大部分の国民に知られていないばかりか、歪められて伝えられている。ロシアがこれを示すよい例だ。

＊＊＊

つい最近まで、学校や大学などの芸術の授業、特に文学の授業で、またその他のあらゆる場面で、帝政ロシア時代における私たちの祖父母の暮らしは、きわめてひどいものだったと教えられてきた。大半の人々がそれを揺るがぬ事実だと信じていた。それればかりか、帝政の窮状《きゅうじょう》から抜け出させてくれた人たちに対し、狂喜していた。革のジャンパーに身を包んだ人民委員たちは、多くの人にとって英雄、崇拝の的となった。その一方で、反啓蒙主義の象徴が神父たちだとされた。

それなのに、突然私たちの目の前で、二、三世代かけて、または二、三世紀後ではなく、まさに私たちの目の前で、歴史が一変してしまったのだ。

革のジャンパーに身を包んだ人民委員たちは、突然、国民の集団大虐殺を行ったギャングであるということになってしまったのだ。そして我われは、帝政が終わってからというもの、世界で最もひどい、全体主義の最たる国家で暮らしていたということになった。そして再び大部分の人がそれを信じた。そして大部分の人が、全体主義国家の抑圧から解放してくれた人たちに対して、再び狂喜した。

私はどのような体制がよりよいとか悪いとか、ということを評価するつもりはない。ただ、きわめて短い期間に私たちの認識が対極へと変化してしまう現象について、みんなで一緒によく考えたいと思うのだ。どうしてこのように、そして急激に変わってしまうのか？　自然発生的に変化が起こるのか、それとも誰かの作用によるものなのか？

ここでも、我われの意識が、もうずっと昔からいとも簡単に影響を受けてきており、今日にいたっても受け続けているということは想像に難くない。我われは、誰かの手中にある実験用のウサギのようなものなのだ。

そして、作用の名手たちのあいだだけで、この競争が行われている。彼らは私たちを、本当の歴史的事実を理解し受け入れることができない人間にしてしまった。

しかしそれでも、実際の史実がどのようなものだったのかを、せめて知ろうとしてみようではないか。そして誰かの言葉ではなく、自分自身の考察で史実を判定してみようではないか。

注目してほしいのは、我われは日々いくつものテレビ番組で、夫が妻を、または妻が夫を上手く裏切っているようすばかりを見せつけられているということだ。大量の取るに足らない問題について、テレビは我われにあれこれ言い合うよう勧めるが、政治家やジャーナリストや作家たちに真剣なテーマについて触れさせることなどありはしない。真剣なテーマがちらりと現れたかと思えば、すぐさまゴシップや、銃弾が飛び交うドラマや精神的作用のあるコマーシャル、誹謗中傷の渦に埋もれてしまうのだ。

私たちには、これまでにあったことを真剣に分析し、今日のこの惑星の人々の営みについて客観的に分析すること、そして未来へのプランを練ることが必要なのだ。そして、新しい思想、つまり民族を互いに衝突させるのではなく、あらゆる民族を団結させる思想が必要なのである。

しかし、そんな思想が必要だと何千回言い、叫んだところで、それが現れることはない。世界の秀でた学者たちを一堂に集め、それを考えだそうとしたところで、やはり何も出てきはしないだろう。ただ果てしなく論争が続くだけだ。

学問にそのような思想をつくり出す力があったのなら、どこかしらの国でとっくに提唱されているはずだ。

アナスタシア……彼女が何者なのかはもはや重要ではない。重要なことは他にある。

現在の乱痴気騒ぎの状況下で、アナスタシアは世界に向けて一族の土地という構想の贈物をした。彼女が簡単な言葉で述べた哲学、新しい思想は、世界の創造のときから人々のハートに確固として残っていたものであり、これからも残り続けるものであることが、今やはっきりしてきた。

皇帝も乞食も、キリスト教徒もユダヤ教徒も、イスラム教徒も神道の信徒も、ロシア人も中国人やアメリカ人も、何よりも大きな魂の安息と恩恵は、いつでも神なる自然のふところに見つけてきたのである。

アナスタシアの哲学、それは言葉ではなく、あらゆる国の人々に有益となる事実によって、人々がひとつになることができる哲学である。現に、ユダヤ人を含む様々な民族の人々に受け入れられているのだ。そして私にも、このことを裏付ける文書がある。

私は、ユダヤ人アナリストにもキリスト教徒にも、そして愛国的運動思想の代弁者たちにも、彼女のアイディア、彼女の哲学を検討することを勧める。指導者たちや大小の宗教団体にもだ。検討すること自体がすでに、相反するものがひとつになることへの、創造のプロセスなのだ。**それは、神が望んだ「共に創造すること、そしてそれをみる歓びを皆にもたらすこと」へとつながるプロセスなのだ。**

イエス・キリストを十字架から外そう

先に言っておきたいのだが、イエス・キリストの教えそのものや、ロシア全土の教会における僧たちの無私無欲な活動を、現在私たちが直面している一連のオカルト儀式と混同してはならない。最も素晴らしい教えも、オカルトの手法によって中和されてしまうからだ。

皆さんがご存知のとおり、イエス・キリストはオカルトの手法とは、なんの関係もない。それだけではなく、オカルト信者たちの努力と我われの無理解のせいで、イエス・キリストはいまだに十字架に架けられているのだ。

人々がイメージを形成する際に用いる意識のエネルギーの力について、私が複数の章で取り上げたのは偶然ではない。もし、その力について理解できるのなら、教えてほしい。あなたや大部分の信者の意識に、イエス・キリストのイメージとして最も鮮明に浮かぶのは、どのようなものだろうか？　アンケート調査によると、十字架に磔《はりつけ》にされたイエス・キリストのイメージなのだ。

しかも磔の肖像は、正教やカトリックのどんな教会でも目にするものだ。いったい誰がどんな目的で、そのようなオカルトな手法を考え出したのだろう？　はたしてイエス・キリスト自身は、この肖像がみんなの上に重くのしかかる主要なものとなることを望んでいただろうか？　もちろん、そんなわけはないのだ！

だが、我われなのだ。まさに我われが、自分たちの意識で磔のイメージを創造し続けてしまっているのだ。気づいてほしい、我われが創造しているのは復活ではなく、磔の方なのだ。我われは、復活ではなく、磔がイメージされた像に口づけをしているのだ。まさにこのように、私たちがキリストを十字架に架けたままにしているのだ。

これは最もシンプルなオカルトな手法であり、人間の集合意識のエネルギーを利用して、イメージを形成し続けているのだ。

我われがこのことを理解し、自分の意識でイエス・キリストを十字架から外すまで、彼はずっと十字架に架かったままだ。すなわち、我われがオカルトの罠に屈するのをやめるまで、これは続くのだ。

宗教をつくり出した当初から、神官たちは自分たちが考えたオカルトな儀式や教理を全員にたたき込もうと懸命だった。

どんな宗教も、たとえ最も高潔で、善と品格を感じさせるものであっても、神官たちがつくり出した微妙なニュアンスが入った時点で、彼らにとって最強の武器になる仕組みなのだ。その仕組みを利用して、彼らはすべての民を支配下に置き、民が完全に自己崩壊するところまで互いに争うよう、けしかけてきた。このようなことが過去に起き、そして現在でも起き続けているのだ。現在も多くの宗教において、オカルトな儀式や教理は存在する。それらの真の意味や人類への作用の度合いを知っているのは、神官たちだけである。

無数の人々がイエス・キリストの磔を意識の中に投影してしまうのは、オカルトな儀式があるからなのだ。

しかし、そのような投影をしてしまう人々、より正確にはその人々の魂も、磔のイメージを投影し続ける限り、自身をずっと磔にしているということになるのだ。

集合意識による磔のイメージは、現代の人々の肉体に浸透してしまうほど強いものだ。イエス・キリストの血が滴る傷は、時おり何人かの信者たちの身体に現れ、「聖痕の謎」と呼ばれる。多くの学者たちは、血の滴る傷、すなわち聖痕は、精神的な病気であると見なしている。私がそれにつけ加えるのならば、それは特定の人の病気ではなく、社会に巣くう病気なのであり、その第一の原因は、神官たちによって根強く刷り込まれたオカルト儀式なのである。

それなのに、聖痕という現象について完全に解き明かすどころか、商魂たくましい人たちが聖痕を売り物にしてしまっているのだ。

たとえば、アルゼンチンのサン・ニコラスという町に、聖痕を持つグラディス・モッタという女性が暮らしている。彼女の家の周りでは、直接的または間接的に彼女に関係するあらゆる商売が威勢よく行われている。

シベリアの老人はこう言った。

「人々が互いを殺し合うことも、君たちがテロリズムと名づけるものも、神官たちが無数の大小の宗教集団に持ち込んだ教理による結果だ。

人間の真の神なる生が地上ではなく、どこかの異なる次元にあるという教理を思いついたのは、彼らだ。神により創造された楽園は地球の外にあるというイメージを思いついたのは、彼らなのだ。この教理のおかげで、宗教の狂信者たちのあいだで地上の生をないがしろにすることが発生しているのだ。彼らはほんのちょっとした心理作用を受けただけで、いとも簡単に自身や他者を殺す覚悟ができてしまう。

アナスタシアは、多くの言い回しや様々な言葉を用いて、この情報を届けようとしている。だが、アナスタシアの発言を全員が理解するわけではないし、私の言葉を全員が理解するわけでもない。だから、ウラジーミル、君や君の読者は、彼女が話したことをよく考えて、自身の実例や論拠をもとに答を導くべきなのだ。そのような人々が語る様々な言葉がひとつに合わさったとき、人々を解放することができるんだ。

今日起こっている戦闘とテロの発端を注意深く考えてみてほしい。そうすれば、おぞましい教理の作用がはっきりと見てとれるだろう」

＊＊＊

シベリアの老人は、このテーマについてしばらく話し続けた。私には、彼がほんの少し動揺しているように思えた。彼は時おり話をやめ、自分の胸に下がっているシベリア杉の木片をさっとなでては、再び、私たちが見て、感じるべきオカルト儀式や教理の発露の話へと戻っていった。

「人々が自分で深く考えることをはじめ、見分けることを学ばない限り、宗教的教えや精神性を説こうとするいかなる師であっても、オカルト儀式や教理から人々を逃れさせることはできない」とアナスタシアの祖父は話していた。

私は彼の話の重要性を理解できたように思えたので、我われの暮らしにおけるテロリズム現象を詳しく分析してみようと決めた。将来、私たちみんなで一緒に解明することになるだろうが、まずは私だけではじめることにした。

テロ

近年ではテロ行為が波となって多くの国に襲いかかっている。二〇〇一年九月十一日にアメリカで起こった大規模なテロは、今日地球に生きる人々の記憶から消え去っていないだろう。恐ろしいテロは、つい最近我われの国でも起こった。二〇〇二年一〇月二十三日から二十六日のあいだ、モスクワのドゥブロフカ劇場が占拠され、ミュージカル『ノルド・オスト』を観にきた八百人以上の観客が人質にとられたのだ。

この二つの大規模なテロ行為の合間にも、比較的〝目を惹かない〟テロが、人々の命を奪いながら世界の各地で起こっていた。

そのたびに、世界各国の政府が怒りをこめてテロリストたちを非難したり、特殊部隊が犯人たちに鉄槌《てっつい》を下すことを約束して、よりいっそうの防止策が講じられるようになった。

テロとの闘いに向けた国際同盟もすでに結ばれた。しかしながら、今日にいたってもテロは減らないどころか、いっそう手の込んだ大規模なものになりつつある。まるで、いつも誰かが、あらゆる国の政府や特殊部隊に、偽の足跡を追わせているかのような印象さえ受ける。

しかし、つい最近ロシアで、世界で起こっている数多くのテロ行為のおおもとである真の首謀者の正体が、少しだけ明るみになる出来事があった。

十月二十三日から二十六日の劇場占拠のあいだ、多くのコメンテーターがテレビに出演しコメントを求められたりしていた。

それらのコメントの中で、非常事態司令部からのある情報が紹介された。その情報は、以前にも、ロシア内務省の副大臣が伝えていたものだった。白髪で、引き締まった身体の副大臣は、ほぼ軍人調の毅然《きぜん》とした口調で話していた。彼の話す言葉の中には、意味のない言葉の挿入や「ええ……」という間を持たせるような音がまったく入っていなかった。彼の文言は、その合理性と精度の高さで際立っており、このことは、彼の思考がかなり速く、正確に働いていることを物語っていた。彼はまさに、最初に「今回の事件にかかわったのは宗教の狂信者たちだ」という言葉を発した一人だった。おそらく多くの人はこの文言に注意を払わなかったが、言葉の意味を理解できた少数の人にとって、この文言は「青天の霹靂《へきれき》」となった。はじめて、それも内務副大臣の口から、テロリズムの原理たるものの名前がひとつ告げられたのだから。

テロのあと、「イスラム原理主義」という別の思想が浮上した。そしてイスラム原理主義者たちが、キリスト教徒とユダヤ教徒、具体的にはイスラエルやロシア、アメリカに対し宣戦布告をした、という声が広く聞かれるようになった。

ここでひとつの疑問が浮かぶ。そもそも宗教への狂信とどう闘うのだろうか？　落ち着いて、状況をもっとじっくり考えてみようではないか。

何よりもまず、宗教への狂信というものが、イスラム教だけに特有なのか、それとも他の宗教にも存在するものなのかを判断してみようではないか。そう、もちろん他の宗教にもあり、狂信者はいるのだ。歴史を思い出してみよう。無数のキリスト教徒たちの十字軍や、絵画『大貴族夫人モロゾワ』（＊V・I・スリコフの作品。十七世紀ロシアの教会改革に反対した大貴族夫人が逮捕され連行されていく場面を描いた歴史画）を。または、なにかしらの宗教の教義のために、自身の命を犠牲にする覚悟だった多数の殉教者《じゅんきょうしゃ》たちの名前を。彼らは死後に祭り上げられ、聖人にまでなっているのだ。

これらから、宗教そのものではなく、あらゆる宗教に根付いた具体的な教義が、人々を自らの命を軽んじる行動に駆り立てているという事実がはっきりしてくる。決死の狂信者は、自分が命を軽んじているのではなく、本当の命へと移行しているのだと、本気で信じているのだ。

どうしてこうなるのだろうか？　イスラム教であれキリスト教であれ、どの教義にでも身をささげてしまう集団がいつの時代にも必ず存在する。そしてオカルト儀式を使って、彼らの信仰を狂信のレベルまで高めてしまうのだ。このようにして、自分の目に見えないものを信じ、自分の論理では導き出せないものを信じてしまうバイオロボットが出来上がる。

あとは、バイオロボットのどのボタンを押せばよいのかを手にとるように把握している心理の法則を知る者が、それを押すだけだ。もちろん、実際に指で押すのではない。バイオロボットである狂信者の高潔な生のために滅ぼさねばならない対象を、ただ名指しするだけだ。バイオロボットたちは、自分で対象を滅ぼす作戦を練りはじめ、それを実行する。自身の地上の生など彼らにとってはもはや意味がない。彼らは自分がよりよい天の生へと移行するのだと確信しているのだから。

つまり、地上ではないどこかにある幸福をうたう教理が存在する限り、いかなる特殊部隊や軍隊であろうと、自死的テロリストを排除することなどできないのだ。

想像してみてほしい。列強の特殊部隊が団結し、力を合わせてすべてのテロリストを一人残らず葬り去ったとする。しかし、それで何が変わるのだろうか？　当然、新しいテロリストは生まれるのだ。結局は、テロリストをつくり出す教理が存在するのだから。

では、どんな打開策があるだろう？　もちろん、従来の予防措置をとることは必要だ。しかしそれと同時に、次々と自分の命を投げ出すテロリストを生んでいる教理がいかに有害であるかをみんなが理解し、それを撲滅することが不可欠なのだ。

理解する！　これが今、最も重要なことだ！　さもなくば、テロとの闘いが実情にそぐわない滑稽《こっけい》なものになってしまう。

では、次のような状況を想像してみてほしい。宗教を狂信している決死のテロリストが、飛行機をハイジャックし、人口の密集した都市にある重要な施設へと向かわせた。交渉人は、そのテロリストと交渉を行い、彼の要求をのむ用意があると伝える。しかし交渉人たちは、その要求が狂信者である彼らの真の目的を満たすものではないことなど想像すらできない。狂信者の真の目的……それは死を遂げて彼が描いている地上ではない楽園へと飛んでいくことなのだ。

地上ではない楽園についてのドグマは、信者以外の人々にも影響する。そしてこのドグマは、あらゆる信仰の人々の集合意識によって投影され続けているのだ。そしてこのようにしてできたドグマは、もう千年以上にわたり、社会と人類全体にこの上なく悪い影響をおよぼしてきたのだ。

＊＊＊

私が次に述べることは、実現できないこと、幻想的なことだと思われるかもしれない。しかし、血が流れることのない唯一の解決策は、次のようなことではないだろうか。

キリスト教の総主教たち、イスラム教の高僧たち、あらゆる宗派の長たちが、その中でもとりわけキリスト教徒、カトリックそしてイスラム教徒たちみんなが、速やかに一堂に会し、世界に

出来上がってしまった状況について、しっかりと見極めなければならない。そして、それぞれの宗教の教えにある、命を滅ぼすような教義を変えなければならない。宗教的狂信者たちが再び人間的な現実認識を取り戻せるよう、助けてやらなければならないのだ。そして「父は、他ならぬこの地上にいるのだ」と宣言するのだ。

では、宗教の指導者たちが集結しなかったらどうなる？　そして、このような宣言をしなかったらどうなるのだろうか？

恐れることはない。

この宣言はすでになされたのだ！

あらゆる宗派の指導者たちが、ただ「仲良く暮らそう」と表明するだけでは、もう誰の心にも届かない。「テロとは関係していない」という表明も、信じる人は少ないだろう。それよりももっと主軸をなすような手を打たなければならないのだ。

私が前述した宗教指導者たちの集会と表明を、非現実的だととらえる人もいるかもしれない。では考えてみよう。このようなシンプルで現実的な行動が、どうして非現実的に思えてしまうのだろうか。

高い位を与えられた精神性の高い人たちが、互いに腹を割って話し合いをするということを、どうして我われは信じることができないのだろうか？

彼らが合意することができないのならば、一般の信者たちからいったい何を期待できるというのか？

彼らですら合意できないのであれば、そのときには我われの良識ある社会と政府が、彼らを助けなければならないのだ。

合意しなければならない！　それができなければ、爆弾があらん限りに炸裂《さくれつ》してしまう。

どうせなら、人間の知性、神の子らの知性を炸裂させた方がよいではないか。

＊＊＊

ロシアであれ他の国々であれ、一見すると、アナスタシアの構想から呼び起こされる善《よ》い変化は、人間の意識がゆっくりと変化していき、長い時間をかけて起こるものだと思われる。だが実際には、多くの読者の意識が一瞬で変わっている。

では、チェチェン（＊ロシア連邦北コーカサス管区に属するが、ロシアからの独立を求める勢力により内戦が続いているチェチェン共和国のこと。イスラム過激派のチェチェン人によるロシア国内でのテロ事件もたびたび起こっている）について、もしロシア政府や国会が、希望する家族に一ヘクタールの土地を割り当てたら、どのようなことが起こり得るかを考えてみよう。アナスタシアが話したような一族の土地を整備するための一ヘクタールだ。

チェチェンではどのようなことが起こり得るだろうか？　このようなことではないだろうか。もし、すでに三年ものあいだテントで暮らしている二万人の難民が、自分たちの一族の土地を得ることができていたなら、現在劣悪な環境になっているテント村も、その三年で美しい園になっていたことだろう。中には家を建てることができた人もいたかもしれない。

それなのに、こんな善いことが実現するのを邪魔しているのは誰だ？　平和ではなくそれ以外の方が好都合な奴ら、ロシアで善い変化を起こさせまいとしている奴らなのだ。

お前たち、それは無駄な努力だ！　お前たちの中には、アナスタシアがいったい何者なのか、彼女がどんな力の化身であるのかを、おぼろげにでも思い描くことができる者などいないだろう。

お前たちにひとつだけ教えておいてやろう。彼女は、単に考えついたことを創造しているのではない。彼女は、考えついたことをすでに創造し終えているのだ。今はその具現化が進んでいる最中《さなか》に過ぎない。お前たちの抵抗こそがその証だ。ものを建てるときには必ずゴミが出るものだが、のちに必ずゴミは取り除かれ、花々が植えられるのだ。

多神教の人たち

アナスタシアへ向けられる主な非難は、彼女が邪教徒、つまり多神教徒だということにあった（＊キリスト教文化圏において、多神教は異教ではなく邪教とされ、野蛮なものという認識が強い）。また、彼女のアイディアは、何の証拠もなく詳しい検証もされていない、ただのタイガの女世捨て人が引っ張り出してきたものであると非難されている。アナスタシアは、はっきりと自分はヴェドルシア人だと言っているにもかかわらずだ。

では、彼女が多神教徒だとしたらどうだと言うのだ？　日本など、今でも多神教国家と言っても過言ではない。ローマ帝国だって繁栄していた時代は多神教だった。我われ先祖の父や母も多神教だった。さらに、単に多神教の人々がいただけではないのだ。エジプト国家やローマ帝国そしてルーシでも、繁栄していた時代には、ヴェディズムの文化が残っていたのだ。

では我われは、自分たちの多神教の歴史、自分たちの起源を恥じるべきなのか、それとも誇る

べきなのか？

我われは、恥じるべきだと吹き込まれている。

「多神教」「多神教教徒」という言葉は「邪教」を意味し、何か悪いこと、おぞましいことを象徴する言葉となってしまった。そして「キリスト教徒」という言葉も象徴的となったが、こちらは精神性、秩序正しさ、聡明さ、神へ近づくことを象徴するものとなった。

今日、私たちはキリスト教徒という部類の人々を観察することができる。つまり彼らの行為の結果から、彼らが成し遂げたことを判断できるのである。

そして、多神教だった先祖たちの生き方と、今日のキリスト教社会の生き方を比べ、判断することができるのだ……いや、判断することなんかできやしない！　これほどけなされている多神教だった先祖の、父や母の生き方と、比べる術がないのだから。彼らの生き方は、私たちが見ることができないよう、覆い隠されてしまっているのだ。

結局のところ、私たちにどうぞとささげられている国の歴史は、私たちを次のように洗脳している。

私たちの先祖はどこかおぞましい邪悪な人々であったが、イスラエルからやってきた啓発者たちが、洗練された思想であるキリスト教を持ち込んだ。

ロシアのウラジーミル一世がそれを採用し、ルーシ全土に洗礼を施した。

最近、私たちはこのルーシの洗礼の一千年記念を祝った。しかし一千年が何だというのか？

何十億年もの歴史からすれば一瞬だ。ではこの一千年を、一日だと考えてみよう。時間を凝縮して考えることはとても重要だ。するとどうなるかをご覧いただきたい。

よく晴れた素晴らしい朝に、あなたの家に来客があった。客たちは、あなたの親たちを邪悪でおぞましい多神教徒であると呼び、その罪を贖《あがな》うためには、キリスト教徒になって、自然と交信するのをやめなければならないことを伝える。さらには、あなたの親たちが罪を犯し続けたせいで、あなたにも罪が乗り移ってしまったので、神に赦《ゆる》しを乞い祈らなければならないのだ、とあなたに話して聞かせる。

そしてあなたは、よそ者たちの言うことにその場で同意すると、教会までついて行き、彼らの手に接吻《せっぷん》をする。祝福を乞い、自分の親たちのことについては考えることすらしないように努める。そして、「おぞましい邪教徒たち」だったということ以外は、親たちについては自分の記憶から消してしまう。

時間を凝縮させると、このような絵が出来上がるのだ。

過ぎ去ったこの千年のあいだ、「よそ者たち」は、私たちがあらゆる情報に埋もれてしまうように仕向け、注意を逸らしてきた。誰と誰が闘ったか、どれほど素晴らしい施設が建てられたか、どの公爵が誰と結婚したか、誰がどうやって権力の座に就いたか……。しかし、我われの先祖が自身の先祖や文化とどうかかわっていたのかという情報と比べると、それらの情報はなんの意味もなさない。

あらゆる歴史的悲劇や大災害、そしてそれに準ずるその他すべての出来事は、根本的に、我われの先祖たちへの裏切りの結果に過ぎないのだ。

「しかし、自分は先祖たちを裏切ってはいない」と言う人もいるだろう。「あれは何千年も前の出来事であり、その当時はまったく異なる人々が暮らしていたのだから」と。

では、今度は時間を広げてもう一度書いてみよう。しかし書いてみたところで、やはり本質は変わりはしない。

あなたの遠い遠い、ずっと昔の先祖のママチカ（＊ママの愛称）は、多神教だった。彼女は自然を愛し、理解していた。彼女は宇宙のことや、昇ってくるおひさまの意味を知っていた。彼女があなたを……遠い昔のあなたの先祖を、美しい園で産んだ。そしてあなたの美しい先祖のママチカは、あなたのことを歓んだ。あなたの父親も、あなたが生まれてきたことで幸せを感じた。

そして彼ら、あなたの先祖の親たちは、あなたに、今のあなたから遠い遠い、ずっと昔のあなたに、美しい空間をさらに美しいものにしてほしいと願った。彼らは、その美しい園が世代から世代へとより美しくなりながら、今日生きるあなたまで届き、今日のあなたが、神なる楽園の惑星となった地球に暮らせるよう願った。親たちは、まさにあなたたちのために願っていたのだ。

彼らは多神教であり、自然をとおして神の意識を理解していた。あなたの遠い遠い、ずっと昔のママやパパは、あなたを幸せにする術《すべ》を知っていた。彼らがそれを知っていたのは、多神教だったからだ。

あなたの父親は、あなたの未来のために、異国の手先たちとの多勢に無勢の闘いに挑み、非業の死を遂げた。

あなたの母親は、あなたの未来を今日のようなものに変えることを拒んだため、火あぶりにされた。

それなのに、彼らが拒んだ今日のような日が訪れてしまったのだ……

そして今日、多神教の人々の子孫たちは、母親を焼き父親を殺した者たちの子孫の前でひざまずき、彼らの手に接吻している。

接吻し、ロシアの独立不羈《ふき》を称える歌をつくっている。もう千年以上も、奴隷のように四つん這いになった生き方をし続けていることにも気付かずに、ロシア魂を高らかに歌い続けているのだ。

何が自由だ⁉　千年の抑圧のもとにいる人々、麻薬のような外国の思想に朦朧《もうろう》となっている人々よ、目を覚ますのだ！

目を覚ますのだ、そして考えることができるのなら、自分の力で考えてほしい。同じロシアの人間であるシベリアの女世捨て人アナスタシアが、ロシアの歴史について、ただいくつかの言葉を発しただけで、とたんに激しい抵抗を受けるのだ。それも他ならぬロシアで抵抗を受けるのだ。どうしてこのようなことが起こるのだ⁉

もしこの国が、我われが考えているように、海の向こうの思想に支配されてなどいないのであれば、いったい誰が抵抗しているのだろう？　他ならぬロシアの人々が、自国の過去や自分の先祖代々の親たちについての言及に対して、反発しているということになるのだ。それはまるで彼ら、ロシアの人々の頭がどうにかなってしまったかのようではないか。

いや、まったくそうだとも言い切れないぞ。無数の手紙や歌、そして詩、アナスタシアの発言が書かれた何万部もの本がその証拠だ。

ロシアの人々のハートは、子どもたちの幸せを夢みた、はるか昔からそう遠くない昔までの先祖の親たちのハートと、同じ鼓動を打ちはじめている。そこへ異国の手先やその共謀者が、対立するよう煽っているだけなのだ……。では手先とは、手先の共謀者とは誰のことなのか。

あなたは、ロシア国民全体の生き方を変えたものが、ウラジーミル一世という名のロシアの公《こう》による命令だと本当に思っているのか？　まだ公の玉座もそれほど盤石《ばんじゃく》ではなかった頃の話ではないか。玉座にじっと座っていた公が突然「諸君、先祖の親の文化を忘れ、キリスト教に改宗すべきだ」と言い出し、民も意気揚々と「もちろんそうだ、先祖たちの文化には飽き飽きなのだ。さあ公よ、我らに洗礼を！」と応えたと？

ナンセンスだろう？　もちろんナンセンスだ。実際のところ、ウラジーミル一世はまず自分の権力を強化するために、古代スラヴ人の宗教的世界観を変えようとし、独自の多神教をつくった。しかし、多神教の信仰では、社会的関係を神聖化することができず、財産的、社会的不平等や、人間同士の搾取、そして公の権力が「神により定められたものだ」ということを正当化できなかった。だから、自身の政治的野心を満たしたかったウラジーミル一世は、ロシアの民の宗教として異国の宗教を選ばざるを得なかった。そして宗教的な地位としては、異国であるコンスタンチノープルの総主教管区に従うことになるものの、政治の上では聖職者階級も公の権力に服従するという理由から、ビザンチン式のキリスト教に白羽の矢が立ったということは、もはや周知の事実だろう。しかし私たちは、ウラジーミル一世がルーシの啓発と幸福のためにキリスト教を選んだのだと信じこまされているのだ。

私たちはみんな、思想の変化は社会的大変革と流血を伴うことを知っている。しかしここでは、単に思想の変化が起こっただけでなく、信仰と文化、生き方や社会構造までもが急激にがらっと変わってしまったのだ。

この時代に起こったことを一九一七年のロシア革命と比べてみると、それは「革命に輪をかけた大革命」となる。そしてもし、この大革命ののちに流血の市民戦争が起こっていたとすれば、それは「市民戦争に輪をかけた大戦争」となっていただろう。

しかし、その古い時代に市民戦争はなかった。それはひとえに、多神教のロシアには多神教の人たちしかいなかったからだ。私たちは、ルーシにおけるキリスト教徒と多神教の人たちの、武力を伴った対立について聞かされることがあるが、ルーシ全体が多神教であったなら、いったいどこからキリスト教徒が現れたと言うのか？　彼らは外から、傭兵《ようへい》たちと共にやって来たのだ。それまでウラジーミル一世は、最も強大な公と呼ぶには程遠い存在だった。もちろん公は親兵団を有してはいたが、歴史の事実からも明らかなように、それだけでは大規模な戦争行為に対してまったく不十分だったのだ。そのため、民間からの支援が常になければ戦争ができなかったのだ。つまり、古代ルーシにおいては、いつでも民兵が主要な兵力だったということになる。

しかし、全国民がキリスト教の洗礼を受けることに反対していたのだとすれば、はたして民兵軍など成り立つものだろうか？

ということは、公の兵とは、外国からの傭兵たちのことだったのか？　もちろんそうだ！　しかし、公の財産で全軍の兵士を雇い、報酬を払う資金が賄えたとは到底思えない。もちろん賄えなかった！　しかし、傭兵たちは報酬を受けていた。誰からか？

すでに富を築いていたローマや、その他のキリスト教国の総主教たちからだ。

このようにして、千年前に半分外国人のようになったウラジーミル一世が、自身の権力を強化することと引き換えに、外国からの密使たちがルーシでプロパガンダを行ったり、陰謀や煽動を行うことを許した。またその後、彼らがロシアの民衆に対して行った肉体的な弾圧を容認した。

ルーシはローマ帝国よりもしぶとく、プロパガンダもあまり効果がなかった。だからこそ、公は親兵団を傭兵によって強化し、言うことをきかない住民たちを殺していったのだ。

これはただの異説に過ぎない、と反対する者もいるだろう。そうではない、イデオロギーの信奉者諸君よ、これは歴史を客観視すれば見えてくる現実なのだ。アナスタシアのような非凡な能力や歴史の知識を持たずとも、これを証明することはできる。今や私のような普通の人も、つまり多くの普通の人々も同様に、このことを理解することができる。

オカルト思想の信奉者の諸君よ、教えてほしい。諸君がどれほど多くのロシアの父親や母親を生きたまま火あぶりにしたのか？　少なく見積もってもいいから、その数を言ってもらおうではないか。もしくは、そんなことはなかったとでも言うつもりだろうか？　あったではないか！

このことは、諸君の歴史書に記されている。思い出してみてほしい。

十四世紀になり、キリスト教の公会においてザヴォルジエの教導僧（＊ベロエ湖とクベンツキー湖のあいだの地域にあったいくつかの修道院の僧。絶対的に福音書の原理に従うという理念のもとで独自の流儀を持っていた）たちが異教徒の死刑廃止の問題を提起した。お気づきのように、キリスト教化後五百年を経てもなお、抵抗する人々がいたのだ。死刑は廃止されず、ザヴォルジエの教導僧たちを好ましくない運命が襲った。

これでもまだ、諸君が私の言うことをただの異論だとして検証したいのであれば、どうぞしていただこう。

ただし、その際には諸君の説も異論のひとつとして検証し、二つの説を比較検討してほしい。比較すれば、諸君の説がいかなる論理性も持ちあわせていないことに気づくだろう。諸君の説は、あくまで諸君が事実として押し付けている主張のみにもとづいているのだから。さらに諸君は、たとえば、ルーシの多神教の人々が人間を生贄《いけにえ》にしていたということを裏付けるような文書ですら、絶対にひとつたりとも提示することができないだろう。

生贄となった人を掘り起こし、考古学的証拠を見せてほしい。できやしないだろう。なかったのだから。

多神教の人々がその世界観を述べている本があるというのなら、見せてほしい。そして、人々に自分で二つの文明の文化を比べてもらえばよいではないか。

見せられない？　どうしてだろうか？　それは、その文章を読めば、人々が今日の生き方が有害でしかないと知ってしまうことがわかっているからだ。

つまり、諸君の絵空事のような説に証拠はない。諸君が民衆へ要求してきたのは、「信じること」、ただこれだけだ。「私たちを信じろ、さもなくば信仰心のない、道徳心の低い人間だというレッテルを貼られるのだ」ということだけだ。

陰謀や力によって、ルーシが隷属させられたという証拠は多数存在する。枚挙にいとまのないその証拠をすべて引用することはしないが、ひとつだけ例として伝えたい。

それは、その当時から今日まで、ルーシが従属させられ続けてきているという事実だ。今日のルーシでも、外国の思想が依然優勢である。そして今日もルーシは貢《みつ》いでいる。ただし貢ぎ物のかたちは通常、過去のものとは異なる。それは、資本の吸い上げや地下資源の販売、外国の低品質な食品を国内でのさばらせるというものになっている。それだけでなく、思想を構成するものについては、今日もとても注意深く監視されているのだ。

そして古代ルーシの文化について一言でも発しようものなら、対立のメカニズムが即座に発動する。だから、アナスタシアに対する陰謀や攻撃がやまないのだ。

諸君は言論の自由について語るが、ではなぜ彼女の言葉をそれほど恐れるのか？　なぜ誹謗中傷に走り、民衆に自国の文化を知る機会を与えないのか？　これがその理由だろう。

我われの先祖の文化は美しく、歓びにあふれ、精神性の高いものだった！

＊＊＊

『一族の書』というタイトルの前書で、私はアナスタシアが詳しく語った愛し合うふたりの結婚の儀式について記述した。たった二千年前のルーシに、この儀式が存在していたのだ。前書が発刊されたあと、学者や研究者たちにより「鑑定」が続いた。すでに話したことだが、最近はアナスタシアの発言をあらゆる分野の学者たちが研究している。おおっぴらに研究し自分の論文を発表しようとする人もいれば、研究結果をただ知らせるためだけに財団へ送ってくる人もいる。彼らをも攻撃にさらすことがないよう、ここに名前を挙げるつもりはないが、彼らの結論の核心部分のみ、ここに引用しよう。

＊＊＊

アナスタシアによって紹介された、古代ルーシの文化に存在した結婚の儀式は、古代ロシア人の究極の知識レベルを証明する、稀有で価値をつけられないほどの貴重な記録である。この儀式で執り行われたことすべてが、我われが今日まさに超自然的と呼んでいるものへの信仰ではなく、知識にもとづくものである。

この儀式の一部の要素は、今日の様々な民族において見ることができる。しかし現代の解釈では、これらの要素はまるっきり形式的であり、本来の意味を想起させない不完全なものである。その結果、恋人たちは、彼らの結合を強化する作用を、意味を深く理解して行う場合と同じレベルでは享受できない。

現代の儀式において行われているいくつかの要素は、無意味でどこか迷信のようなものとして理解されており、よくてもいわゆる秘教めいた儀式だと解釈される。アナスタシアによって紹介された儀式は、意味を与えられていなかった要素を、この上なく偉大な合理性を持つものへと押し上げただけではなく、我われスラヴ人の昔の世代が、知識だけでなく精神性のレベルも卓越していたことを教えてくれている。

*

今日の結婚式における行為とアナスタシアによって紹介された儀式とを比較分析すると、現代の一連の儀式というものは、むしろ発育不全で原始的な社会に特有のものであり、古代ロシアの方がすべてにおいて極度に高い文明であった、という印象を受ける。例えば、次のようなことである。

ロシアを含め、様々な民族には、新郎新婦に穀物の粒を振りかける儀式的行為がある。新郎新婦の母か祖母、または親族の一人が、ふたりの新居の玄関前に撒いたり、ふたりに直接投げかけたりするのだが、この行為は一家の未来の物質的豊かさを願っての行為だ。

現代のこの行為は、迷信または秘教めいたものに分類することができる。それ以外に理にかなった意味づけをすることはできない。玄関前の床、アスファルトまたは道に落ちた種《たね》がすぐに踏みつぶされることについて、どうやって合理的に意味づけすることができるだろう？

アナスタシアによって紹介された儀式でも、同じように種にまつわる行為がある。しかしそれは、明確に意味づけされた合理的ないくつかの行為が詰まったものである。若いふたりの婚礼にやってきた人々、親戚や知人、友人たちが、自分の家にある植物の中で一番よいものの種を持ち寄り、一人ひとりが自分の手で、新郎新婦に指定された場所に蒔くというものだ。

物質的な豊かさを語るのであれば、この行動は、単にそれを願うだけではなく、実際にそれを得ることをもさせているのだ。夫婦となったふたりは、一時間か二時間というはなはだ短い時間に、最もよい果実やベリーの木でできた未来の園、菜園、そしてその空間を取り囲む緑の生垣を得てしまうことができるのだ。

*

もうひとつの側面として、この行動の心理的作用も同じくらい重要である。多くの人が、自然の中に入ると心理状態がよくなることに異論はないだろう。心地よい感覚は、他の誰かの庭園ではなく、まさに自分の庭園に触れたときにより強くなる。今日地球に暮らす人々の中に、このような空間を持つ人はおそらくいないと思われるため、我われは次のことをただ仮定するに過ぎないのだが、他ならぬ自分のために、親たちや親族、友人たちが贈ってくれた若木や低木の苗木、草花が植わった園に出るとき、人間の魂の力、精神状態のレベルは、著しく高いものになるはずである。

そしてどう見ても、物質的な豊かさだけでなく、内面のポジティブな感情こそがこの一連の行動の産物であり、重要な役割を担っていると考えられるのだ。

*

現代の秘教的な文献では、クンダリニー・エネルギーやチャクラについて諸々語られている。そこで紹介されるのは、主にチャクラの存在の可能性についての情報である。しかし、そもそも愛のエネルギーや、男性から女性への性的欲求のエネルギーの存在自体については、疑問視する人はほとんどいない。

それは、圧倒的大多数の人々が、このエネルギーの作用を自身の内で体験しているからである。一方で、過去の理論家も現代科学も、人間がそのエネルギーを操る可能性についての言及はしてはいない。

アナスタシアによって紹介された儀式においてはじめて、どうすれば人間がこのエネルギーを操り、移行させ、保存することができるのかが示されたのだ。

＊

若い恋人たちは、彼らに降りてくる、または彼らの中に入ってくる愛のエネルギーを実際に物質化する。ふたりはこのエネルギーを使って、目に見ることができ、触れることができる空間を自身の周りに形成する。ふたりはこの偉大なエネルギーを、永遠に自分たちのかたわらに置いておくのだ。

なぜアナスタシアの話の中の彼らにはこのようなことができ、我われの実情ではできないのか？　では、過去と現代の二組の恋人たちの事例を比較してみよう。

平均的な指標の現代の恋人たちは、娯楽施設に行ったり、散歩したり、家などでふたりきりで時を過ごす。さらには、しばしば婚姻前に性的関係を結ぶ……。

＊

大多数の恋人たちにとって、主要な目標となるのは、役所または教会などで互いの関係を公的に届け出ることだ。

あらゆる調査が示しているのは、愛し合うふたりが、これからの暮らしについての十分に明確で具体的なプランを立てていないことである。婚姻を結んだあとに共同でとる行動を決めようとする人がいたとしても、決めることはかなり抽象的なものである。心理学者たちが指摘するように、パートナーと人生を結びつければ、その後の自分の人生はパートナーによってよりよくなっていくはずだ、と誰もが期待している。

人生を満たす、高まった愛の状態が、婚姻を結んだあとにも続くことを誰もが期待している。しかし、愛は過ぎ去っていく。取り巻く空間は当たり前の日常のもの、愛し合っていた状態を思い起こさせないものになっていき、さらにその日常の飾り気のなさと素朴さが、ふたりを苛立たせはじめる。

苛立ちは互いへの関係においても生じる。この苛立ちは、婚姻を結んだあとの夫婦の行動が原因で生まれるわけではないことを、理解している人は少ない。不満は、愛の状態をうまく利用することができない結果として起きるものなのだ。

＊

実社会が示しているように、愛または互いを尊重する関係を保つことは、いかなる社会的な法律や宗教観にもできないことである。

では、今度はアナスタシアによって紹介された、愛し合うふたりの行動を見て、それに論理的かつ科学的説明を試みよう。

何よりもまず、愛の告白自体が衝撃的である。

「麗しい女神よ、君となら、僕は永遠の愛の空間を共に創造することができる」と彼は自分が選んだ女性に言った。そして乙女のハートが愛と共に応えるなら、それはこのように響いていた。

「私の神であるひとよ、偉大な共同の創造において、私はあなたを手伝う意志がある」

これを、現代の愛のエネルギーに対するかかわり方の本質を、誰よりも正確に表現しているであろう、秀でた詩人により描かれた愛の告白と比較する。

「私はあなたを愛している。それ以上に何が言えるだろう……」（＊A・S・プーシキンの韻文小説『エヴゲーニイ・オネーギン』より。オネー

ギンからタチアナへの手紙の一節）

一つ目の告白においては、自分の意図する偉大な行為、すなわち愛の空間を形成することを、その場で明確に提案している。これは実質的に、愛を具現化することである。

二つ目の告白では、「私はあなたを愛している」という事実を確定させてはいるが、その後の自分の行為を提案してはいない。彼と彼女は、愛のエネルギーを何に、そしてどのように使えばよいのかを、単に知らないのである。

＊

アナスタシアの話に出てきたふたりは、互いに合意したあと、自分たちと未来の世代のための愛の空間の形成にとりかかる。

彼らはふたりきりで出かけ、自分たちで選んだ場所に建てた小屋で夜を明かすことさえあったが、性的関係は結ばない。これは儀礼的な抑制なのだろうか？

＊

このような抑制は、多くの民族の宗教的信仰において見ることができる。一般的なモラルにも見られるものだ。それは、若いふたりは婚姻届または結婚式の前に性的関係を結ぶべきではないというものだ。一方で圧倒的大多数の恋人たちが、宗教観や社会的批判をかえりみず、役所や教会で婚姻を結ぶ前に性的関係に入る。なぜか？ このことへの最も可能性の高い答は、社会や宗教が要求していることに論理性がないからではないか。明瞭な説明がない。より正確に言うと、愛のエネルギーの本質についての知識がないのだ。

愛のエネルギーは人間の気持ちの複合体を丸ごと活性化し、意識と思考のプロセスを速める。そしてこのエネルギーは、その後に続く行動のもととなるインスピレーションの最高到達点だと見なすことができる。

古代ルーシの恋人たちは、極度に高い関係性の文化と知識のおかげで、愛のエネルギーと性的な欲求とを、未来の共同生活のための空間の創造へと自然なかたちで向けていたのだ。

＊

愛し合うふたりによってつくり出されるものを、科学的研究で得られるものによって超越することは、おそらく不可能だ。これを裏付けるのは、アナスタシアのこの発言である。

『科学の世界では、美しい一族の土地に似たものさえつくることができないの。その理由のひとつに、大宇宙の法則の存在がある。愛によってインスピレーションを受けた創造者は、それが一人であれ、愛のない科学すべてよりも強い』

アナスタシアが語った結婚の儀式における、参加者たちの行動のすべては、一貫して論理性、合理性、きわめて高度な精神性と生活文化にもとづくものである。それと比較して、テーブルについて大量の食べ物をむさぼり酒を飲むことが主要な行為となっている現代の結婚式は、なんとみすぼらしい姿を呈していることだろう。

アナスタシアによって紹介された寓話や、古代の多神教儀式、彼女の言葉に言い換えれば、ルーシにおけるヴェディズムは、その感情的、意味的な濃密さと、情報量の豊富さで、これまで我われに知らされてきた歴史と呼ばれる古代の伝説を、超越するものである。かの有名な『イーゴリ遠征物語』（＊十二世紀終わりに書かれた、古代ルーシの公イーゴリによるポロヴェツ人討伐遠征の史実にもとづいて書かれた物語）ですら、その前では色あせてしまう。

ルーシにおけるヴェディズムについての物語の中で、アナスタシアはこれまで知られていなかった文明における、精神性の高い文化を我われに明示した。これはわが国だけではなく、全人類が持つ歴史についての認識を根本から変えるものだ。これほど思いがけない根本からの大転換が、あまりにもあっさりとなされてしまい、数多くの現代学問の権威たちは茫然自失に追い込まれた。そして、どうにかして自身が獲得した学問分野の地位にしがみつこうとして、多くの学者たちはまるで何事もなかったかのように、まるでそんな情報は知らないとでも言うかのように振舞っているのだ。

彼らは臭いものに蓋をしているのだ。しかし情報は存在し、その情報は真に計り知れない価値のある、センセーショナルなものである。そしてその情報を、社会がより強く求めはじめているのだ。

尊敬する読者の皆さん、このように一部の学者たちの意見を列挙させていただいたが、ご覧のように、彼らはアナスタシアの発言にある重要な情報とその意義深さを認めている。学問の世界が茫然自失になっているとも言っている。

しかし、茫然自失になっていることと、私たちの国や民族の歴史に光を注ぐこの情報が広まることがないようにと懸命に対立することは、まったく別のことだ。

私たちが先祖の親たちの文化や叡智に触れる可能性があることを、大きな脅威だと感じる人たちがいるのだ。それは誰か？　誰の圧力で、どのようなプログラムに従って、私たちの先祖の親たちを野蛮な邪教徒だと呼ぶ人々が、今日も動いているのか？　誰が「多神教」という偉大な言葉を、おぞましく、そして時代に取り残されたものを意味する言葉に変えてしまったのか？

いったいなぜ、私たちの国の歴史学者たちは、彼らの決めたことに同意してしまったのか？同意したということは、彼らは私たちの国の歴史学者ではないのだ。

それに、そもそも歴史学者だと言えるのだろうか？　彼らがいまだに、たった千年前の歴史について何も明確なことを言えず、おまけにたった千年前のことを侮辱したり、侮辱することに同意しているのであれば、それはもはやロシアの歴史学者ではなく、売国奴か誰かの都合のよいように動いている手先なのだ。

私たちは、これ以上彼らを頼ってはいけない。私たちみんなで一緒になって推理しながら、少しずつでも、私たち自身の過去を再現し、先祖の親たち、そして私たち自身の名誉を回復させなければならないのだ。私たちがそうしなければ……

＊＊＊

『ロシアの響きわたる杉』シリーズの読者の多くは、すでに自身の子孫たちのために自分の一族の書を書きはじめている。古代ルーシの歴史について、自分の意見を述べたくなる人もいるだろう。子孫たちには、自分たちのルーツを伝えたくなるものだ。しかし、私たちの歴史については何を書くことができるだろう？　私たちに吹き込まれ続けてきたたわ言を、書き残すことなどできるだろうか⁉

たとえば、何事もなかったかのように、過去について何も書かずにおくというのはどうか？それはできないのだ。そんなことをすれば、私たちがいなくなったあとで、再び誰かに都合のよい歴史が、子孫たちの世代へと繰り返しささげられることになってしまう。

〝自分たちのような歴史学者でもない一般人が、二、三千年前の歴史を再現するなんてできるわけがないだろう〟と思う人もいるかもしれないが、できる！　私たちは誰かに依頼されてではなく、自分の知性とハートの要求に従って再現するのだからできるのだ！　私ははじめてみる。そして、みんなで一緒に、物語や事実や推論のどれでも可能なものを集め、私たちの一族の歴史を形にしはじめようではないか。

一緒に考え、検討することからはじめよう。そして繰り返しになるが、たとえ推理によるものであっても、多くを再現することはできるのだ。では、推理でどのように再現するのかをご覧いただきたい。

＊＊＊

二千年以上昔、強大なローマ帝国が存在した。そこには法律、元老院、皇帝たちが存在していた。帝国の都市は画期的な建物で彩られ、首都にはすでに水道もあった。図書館が複数あり、芸術も花開いていた。ローマ帝国がおこなった戦争は少なくはない。

一方、キリスト教国家になる前に発展していた国々とは対照的に、その当時のロシアという国の、国家の構造や領域、文化についての情報は、ほとんどない。

ロシアという国家自体が存在しなかったのだろうか？　いや、もちろん存在した。歴史的資料から、ルーシがキリスト教化するより前に、すでに複数の都市や公国が存在していたことは明らかだ。そしてルーシをキリスト教化したウラジーミル一世は、初代ではなく何代も経《へ》たあとの公である。歴史的資料には、彼の父親がスヴャトスラフ一世であったことが書かれている。

つまり、ローマ帝国時代にルーシは存在していたということだ。古代ルーシには、複数の都市と数多くの裕福な居住地が存在した。裕福だったのは当然だ。これらの都市は、ルーシを構成していた小さな公国それぞれの首都だっただけでなく、職人たちが栄えた商業都市としても機能しており、その周りに多数の居住地を抱えていたのだから。

住民が貧しければ都市は生まれないはずだ。なぜなら、都市を建設する資金を出せる人も当然おらず、その後都市でつくられるであろうものを買える人もいないはずだからだ。

＊＊＊

では、判断してみよう。キリスト教以前のルーシは強い国家だったのか、それとも弱い国家だったのだろうか？　非常に弱い国家だったと仮定してみよう。さらに、歴史学者たちは、ルーシは公の小さな分封国《ぶんぽう》に分かれており、常に敵対し合っていたと言う。

しかし、次の疑問がわきあがる。キリスト教以前のルーシが、内部で分裂し衝突し合った弱い国家だったのなら、なぜより大きな強国が征服してしまおうとしなかったのか？

ローマ帝国は言うまでもなく、自国より弱い古代ロシアの国々を征服し、植民地にして貢ぎ物や租税を得ることは、他の国々にとっても難しくなかったはずだ。しかし、そうではなかったのだから、このとおり不可解な謎ときをはじめざるを得ない。

ローマ帝国や、当時強国だったその他の国家の歴史的資料には、ルーシを攻撃したという記録はない。

我われも知っているとおり、キリスト教の洗礼を受ける前のルーシは独立した国であり、どの国による征服も受けていない。

ではどうして列強は、多神教ルーシを征服しようとしなかったのか？

ルーシは、素晴らしく組織され、高い装備を持った巨大な軍隊を有していたのだろうか？　いや、有していなかった。公の時代になっても、数ではローマ軍にはまったくおよばないほどの、ドルジーナと呼ばれる公の親兵程度の兵力しかなかったのだ。

多神教、さらにヴェディズムのルーシについての嘘、でっち上げにもとづく限り、私たちは絶対に本当の歴史を知ることはできない。

逆に、現在史実とは反対とされていることを受け入れ理解すれば、すべてにつじつまが合うのだ。

ヴェディズムのルーシ、公国になる前のルーシは、精神性の高い、高度に組織だった文明だった。これこそが後に伝説として語られる、地球の「失われた」文明だった。

ここで私は意図的に、古代ルーシのことを国家ではなく文明と呼んだ。当時は、エジプトやローマのように、上位の統治者や神官が奴隷たちの労働により富を得る上流階級があることが、国家たる基準だと考えられていたからだ。

ルーシの社会構造は、エジプトやローマより完成されており、文明的だったのだ。

＊＊＊

当時のルーシに奴隷制度はまったくなかった。互いに敵対し合う分封公もいなかった。ルーシは美しい一族の土地からなっていた。意志決定は、住民の集会でなされていた。情報は智慧《ちえ》者（＊原文では、民衆の中で自然科学を含めあらゆる叡智を有していた人を指す言葉）たちによって行きわたっていた。

しかし、ご覧いただきたい。いかに「文明」という言葉の意味がすり替えられ、捻じ曲げられたことか。神官やファラオがすべての民を支配していたエジプトは、強固で高度に発達した国家と見なされ、当時のルーシは、遅れた、文明のない、弱い、国家としての体制を持たないところだったと見なされている。なんと、奴隷制度がなく身勝手な統治者がいないことが、すなわち国家ではない、そして文明がないということになるのか?!

そして、さらに疑問がわく。

では、どうして誰もルーシを征服しなかったのか?

ヴェドルシア人を征服する試みは、もちろんあった。しかし、それを試みた者たちは、決まってそのことを歴史からだけではなく、自身の記憶からさえも消し去ろうとしたのだ。

二千年以上前にあった、征服の試みのひとつを、アナスタシアが語った。

闘い

まだルーシにおいて、ヴェドの生き方の文化が優勢だった時代、まだヴェドルシア人には都市というものがなかった頃のこと。ルーシは、栄養豊富で優れた食べ物と、歓びや幸福で聡明な人々があふれる数多くの村で構成されていた。当時は他にも国々があったが、それらの国の人々は、都市があることを鼻にかけ、お金や権力がどんどん彼らの欲求の多くを占めるようになっていった。そういった国の支配者は大きな軍隊を持ち、全世界を征服しようと試みていた。そして多くの国々が、闇の勢力にひざまずいていた。

ローマの精鋭部隊がルーシに派遣された。五千人の兵が、ルーシとの国境を越えたところにある一番目の村へとやってきて、小さな村のはずれに巨大な陣営を敷いた。

指揮官らは村々から長老を呼びつけた。恐るべき軍事力の前に、恐怖を識《し》らない長老たちがやってきた。指揮官は長老たちに、自分たちが全世界で最強の国からやってきたこと、それ故に、すべての村が彼らに貢ぎ物を納めなければならず、それができない者は捕えて奴隷にすると説明した。

小さな村の長老たちは、善意がない人々に食べ物を与えて、闇の勢力の大群を養うようなことはできないと答えた。

最高司令官が、最長老に言った。

「あなた方の無教養と奇妙な慣習については知っている。あなた方の頭は、力関係さえも正しく判断できないようだ。そのような頭では、文明化された帝国においては絶対に自由を得られないだろう。奴隷になるか、生きられないかのどちらかだ」

ヴェドルシア人の村の最長老が答えた。

「生きられないのは、神の食べ物を食べることができない人たちの方だよ。これを見なさい」

その言葉とともに、ヴェドルシアの老人は新鮮で美しい二つのリンゴをポケットから取り出した。甲冑《かっちゅう》に輝く最高司令官たちの目をひとわたり見回すと、老人の眼差しは若い下級兵士のところで止まった。そして老人は兵士に歩み寄ると、二つのリンゴのうち一つを彼に差し出して言った。

「若者よ、さあどうぞ。この実が君の魂の気に入るものでありますように」

ローマの若い兵士は果実を手にとると、周囲に立っているみんなの視線を受けながら一口かじった。すると若い兵士の顔は至福に輝き、他の兵士たちはそれを見て羨ましく思った。

長老はもうひとつの美しいリンゴを手に、再び最高司令官の方を向くと、彼に近づいて言った。

「わしの心は、君に美しい果実をささげることを望んではいない。これが何を意味するのか、理解できるよう考えてみるんだ」

そして、ヴェドルシアの老人は二つ目のリンゴを最高司令官の足元に置いた。

「この老いぼれが、戦《いくさ》の功労者たる最高司令官になんと無礼な口をきくか！」とローマの伝令兵が叫び、素早くリンゴを拾い上げた。すると彼は驚きのあまり息を漏らした。

官位を授けられた者たち、彼らに仕える者たちもみんな、その光景を目にして凍り付いた……彼らの目の前で、伝令兵の手にある美しいリンゴが腐っていった。そして、腐っていく果実を、突如現れたウジ虫たちが食べてしまったのだ。ヴェドルシアの老人は言葉を続けた。

「神なる恵みを、金で買ったり力で奪ったりすることは誰にもできないのだよ。君は自身を支配者だと思うことはでき、数多くの国を服従させる自信を宿すこともできるが、それと同時に腐ったものしか味わえなくなってしまうんだ」

＊＊＊

「これは神秘の話ではないの、ウラジーミル。理解してほしい。愛をもって育てられた果実は、その果実に愛を注ぎ込んだ人たちと、その人たちが自分の意思で手渡した人にしか、その恵みを分け与えることができない。大宇宙ではすべてがそうなるようにできている。今日その証拠となるものに注意を向けてみて。人々はもうだいぶ前から、新鮮でない実を食べる運命にある」

「じゃあ、金持ちの人たちはどうだ？　それに世界を支配している奴らは？」

「彼らにとって、食べ物の問題はもっと大きい。彼らは毒入りの果実や、手の込んだ毒入りの料理を恐れている。だから自分で食べる前に側近たちに毒見させている。食べ物に対して護衛や特別な監視人をつけたりしているけれど、それも徒労に終わっている……多くの統治者たちが食べてはいけない物を食べ、苦しみの中で死んでいった。ほら、シベリア杉のオイルにはものすごく薬効があるから、今日多くの人が販売しようと躍起になっているでしょう。でも製造した人の想いが異なるから、オイルの薬効性はそれぞれ異なるの。

ヴェドルシアの老人は、神秘主義者ではない。彼が話した内容は、ヴェディズムのルーシではどんな子どもたちでも知っていることだった」

＊＊＊

ヴェドルシアの老人は最高司令官を怒らせたので、捕えられてしまった。彼は檻《おり》に閉じこめられ、彼の村の家々や園が焼かれたり、鎖につながれた多くの男や女たち、子どもたちが、彼の目の前を歩かされるのを見せつけられた。

最高司令官は意地悪く言った。

「老人よ、見るがいい。これでお前の村人たちは全員奴隷だ。お前は私の一団の前で、無作法にも私を馬鹿にした。お前があの実を一瞬で腐らせたからだぞ。今やお前の村人たちは全員奴隷となり、死の恐怖のもとで腐らない実を栽培することになったのだ」

「死の恐怖のもとでは、死をもたらすものしか育たない。たとえその果実が見た目はきれいだったとしてもだ。君は幼稚だ。君にはこの国を征服することはできない。わしは君についての知らせを付けた鳩を放った。智慧者たちが鳩を見て、みんなに伝えるだろう……」

ローマの最高司令官は命令を出した。命令を届けるための急使が、ヴェドルシアのすべての村々へ向かった。命令は、各村の代表者に対し、最高司令官の軍隊がいかに強く、戦のために訓練され、強力に装備されているかを見にくるように、というものだった。そして、その軍隊は従わない村を地上から消すことができ、若い女性や子どもたちを奴隷にしてしまうこと、恐るべき軍隊のために、みんなが貢ぎ物を差し出さねばならないこと、また今後は、秋になるたびに権力者への貢ぎ物を村で集め、代表者自身で権力者に届けなければならないことなどが伝えられた。

その命令の中で指定された日の夜明けになると、軍隊の野営地の前に九十人のヴェドルシアの青年たちが立っていた。

先頭に立っていたのは、あなたも知っているラドミールだった。彼はリュボミーラが愛をこめて縫ったルバシカ（＊ロシアの伝統的な縦襟のシャツ）を着ていた。彼のうしろの青年たちも、明るく澄んだ色のルバシカを着ていた。

亜麻色の髪は鉄の兜《かぶと》に覆われてはおらず、草を編んだ結び紐が彼らの頭を縁どっていた。彼らを殺そうとする攻撃から身を守る楯《たて》もなく、若いヴェドルシア人たちには、腰のベルトに剣が二本ずつ下げられていただけだった。彼らは轡《くつわ》を着けた馬の手綱を引いて黙って立っており、多くの駿馬には鞍《くら》も着けられていなかった。

作戦会議の場に集まった司令官と訓練された五千人の軍隊は、九十人の青年を眺めた。最高司令官は、焼き討ちにされたヴェドルシアの村の最長老が入れられている檻へと近づき、問い詰めた。

「この若ぞうらはいったい何をしにきたというんだ？　私はすべての村の長老たちに、集まるよう命令を出したのだぞ。わが国の皇帝の法を布告するためにな」

檻に閉じこめられたヴェドルシアの老人が答えた。

「村々の長老たちには君が何を知らせたいのかわかっている。彼らには、君の話が不愉快だった。そして、不愉快な者のところには行かないと決めたのだ。君の軍の野営の前にいるのは、近隣の村からきたたった九十人の青年たちだ。彼らのベルトに剣がかかっているのを見ると、君たちとの闘いに応じるつもりなのかもしれない」

〝おお、なんと大馬鹿な野蛮人たちなのだ〟最高司令官は考えを巡らせた。〝軍の一部を向かわせ、奴ら全員を八つ裂きにすることは、もちろん難しくない。しかし、死体など何の役に立とう？奴ら全員を説き伏せ、皇帝のために元気な奴隷を連れ帰る方がよいかもしれぬ〟

「よいか、老人よ」最高司令官はヴェドルシアの老人に言った。「若者たちはお前を尊敬している。お前が奴らに、この不釣り合いな闘いがいかに無意味なものであるかを説明してやるのだ。降伏するように提案するのだ。そうすれば奴らの命は助けてやろう。もちろん、全員を捕虜にして奴隷にする。しかし、これからは野蛮な国で暮らすのではない。言うことを聞く奴隷になれば、衣服も食べ物も与えられる。老人よ、不釣り合いな闘いで血を流すことがいかに無意味であるかを、お前が説明するのだ」

ヴェドルシアの老人は答えて言った。

「やってみよう。彼らに説明しよう。わしにもヴェドルシアの若い男たちの血が騒ぎだしたのが見える」

「では話すのだ、老人よ」

ヴェドルシアの老人は、野営地の前に立っている若いヴェドルシア人たちに声が届くよう、檻の中から大声で話しはじめた。

「我が息子たちよ、おまえたちの腰に二本ずつ剣がかかっているのが見えるぞ。猛《たけ》り立った馬も見える。そして馬には乗らず手綱を引き戦闘のために馬の体力を温存している。つまり闘うことを決めたのだな。そして、賢明なラドミールが統率者なのだな。ラドミールよ、答えておくれ」

最高司令官や軍の兵士たちは、ラドミールが一歩進み出て、檻の中にいる長老に、その言葉が正しいと認めるお辞儀を深くしたのを見た。

「そうだろうと思っていたよ」そう言って老人は話を続けた。

「統率者であるラドミールよ、わかるね、私はおまえの兵力は彼らと同等ではないと確信している」

ラドミールはヴェドルシアの老人の言葉に再びお辞儀をして、彼の言葉が正しいことを認めた。最高司令官たちは二人のやり取りに満足した。しかし、この続きが、彼らを驚きのあまり絶句させたのだった。ヴェドルシアの老人が続けた。

「ラドミールよ、おまえは若く、おまえの意識は速く駆け巡る。よそ者たちの命は助けてやるのだぞ。誰も殺してはならない。二度と彼らとつまらぬ遊びをしなくてよいように、彼らを立ち去らせ、武器を納めさせなさい」

最高司令官たちはヴェドルシアの老人の驚くべき言葉を聞き、呆気にとられた。しかし、我に返った最高司令官が憤慨して叫んだ。

「気でも狂ったか！　正気を失ったな、老いぼれが！　どちらがどちらの命を助けてやる身なのか、わからぬのか。お前は自分の村人たちに死の運命を負わせた。今、命令を下してやる……」

「もう遅い。見なさい、ラドミールは考えを巡らせていたが、今わしの言葉に頭を下げた。つまり、わしの言葉を理解して、君たちを生かしてくれるだろう」

次の瞬間、最高司令官たちは、野営地の前にいた九十人の青年たちが馬に飛び乗り、野営地の方へ一直線に向かっていくようすを目にした。指揮官の一人が、間に合うだけの射手隊を組ませ、ヴェドルシアの騎手たちを矢の嵐で迎え撃つ命令を下した。

しかし、ヴェドルシアの騎手たちは矢の脅威にさらされる距離までくると、突然馬から飛び降りて馬と並んで走りだし、射手たちの方へ向かった。

ローマ軍にぴったりと詰め寄ると、若いヴェドルシア人たちは楕円の隊列になり、半数が馬と共に楕円の中央に配置された。そしてローマの隊列に切り込み、戦闘がはじまった。

ヴェドルシアの兵士たちは両手に剣を持ち、みんな、右手も左手も同じように器用に使っていた。しかし、相手に一撃を加えるのではなく、敵の手から武器を叩き落とすようにし、死にいたるような怪我を負わせたりはしなかった。

ローマ軍は、兵士の多くが負傷したり武器を失ったりしていたために、すぐには新しく兵士を補充することができなかった。

ヴェドルシア人の一部の小部隊が、一目散に最高司令官のもとに向かい、幕屋を突き破った。

ラドミールはヴェドルシアの老人が入れられた檻のかんぬきを剣でたたき壊し、老人の前で一礼すると、老人を軽々と抱えて馬に乗せた。

ラドミールが率いる部隊の二人の兵士は、最高司令官を捕え、彼をもう一頭の馬の腰にどさっと乗せると、味方の部隊の中へと連れ去っていった。

勇猛果敢なラドミールの部隊は、後に引くことなく前進し、素早く道を突破した。じきに彼らは混乱するローマ軍の中から走り出てくると、それぞれの馬に飛び乗った。しかし、全速力で走り出したかと思うと、数分後には小さな丘の上で止まり、馬から降りた。そして、彼らのほぼ全員が両手を投げ出して草の上に寝転び、動きを止めた。

捕らわれのローマの最高司令官はその光景に驚いた。寝転んだヴェドルシア人たちはぐっすりと眠っていた…… 彼らの表情は安らぎ、澄んだ微笑みをたたえ、眠っていた。一人ひとりの横で馬が穏やかに草をはみ、二人の見張り役だけがローマ軍の動向を監視していた。

最高司令官を失ったローマの指揮官たちは、しばらくのあいだ、事の顚末《てんまつ》について、互いに罪をなすりつけ合っていた。それから、今後誰が軍に指令を出すのか、そしてどのように対処すべきかで言い争っていた。

そして最終的に、彼らはヴェドルシアの部隊に向けて千の騎兵、つまり残りの騎兵隊のほとんどを使って追撃することに決めた。残りは追撃隊のうしろに続き、不測の事態、または新しい兵力がヴェドルシアの部隊に加わることに備えていた。このように決めたのは、主にヴェドルシアの部隊に対する怖れがあったからだった。

やがて、立派な装備をまとった千の騎馬隊が追撃に走った。

ローマの騎馬部隊が野営から出発すると、ラドミールの部隊の、馬に乗った一人の兵士が角笛《つのぶえ》を吹いた。

すると、大地に寝転んでいたヴェドルシア人たちは飛び起き、自分の馬の手綱を引いて反対方向へと走り出した。戦闘のあとしっかり休んでいたヴェドルシア人たちの走りはとても速かったが、彼らのあとを一直線に追うローマの騎兵隊は、徐々に、とてもゆっくりとではあったが距離を縮めていった。

ローマの騎兵隊の指揮官は、追撃の成功を見越して馬を加速させる命令を出し、ラッパ手が合図のラッパを鳴らしはじめた。

すでに狂ったように走らされ、息を切らしていた千騎の馬たちは、せきたてられてさらに加速し、逃げるヴェドルシア人たちとの距離を縮め、もうすぐそこまで来ていた……

興奮した指揮官がもう一度馬を加速するよう命令し、再びラッパを鳴らしはじめると……狂ったような疾走に疲れ果てたローマの馬が何頭か転倒した。ローマの騎馬隊は、転んだ騎馬には注意を払うことなく、逃げるヴェドルシア人たちに一太刀浴びせようと、すでに各自が鞘《さや》の剣に手をかけていた。すると突然……

角笛の音とともに、走っていたヴェドルシア人たちは自分の馬に飛び乗った。そして、彼らと追撃隊の距離はみるみる広がっていった。

捕らわれの身となったローマの最高司令官は、ヴェドルシア人が馬の体力を温存していたこと、そしてローマ軍がもう彼らに追いつけないことを理解した。ヴェドルシア人は、老人を乗せた馬も最高司令官を乗せた馬も、別の馬と交代させていた。さらに捕らわれの最高司令官が目にしたのは、馬の上に跨《また》がっているのではなく、たてがみを掴んで馬の背にうつ伏せになっているヴェドルシア人たちだった。彼らは再び眠っていた……

ローマの最高司令官は思った。〝なぜ今、体力を回復させる必要があるのだ？〟そしてその直後、彼は理解することになった……

追撃に猛り立ち、怒りに任せて馬たちを鞭打ったローマの騎手たちは、次々と馬とともに倒れていき、耐久力のある馬であっても、追撃のあいだ、重い甲冑《かっちゅう》に身を包んだ騎兵たちを乗せて走り続けていたため、疲労のないヴェドルシア人たちの馬に追いつくことができなくなっていた。

ヴェドルシア人部隊に追いつくことができないと悟ると、騎兵隊の指揮官は、止まって馬から降りるよう自軍に命令した。でももう遅かった。一部の馬は疲れ果てて、膝から崩れ落ちていた。

「全員、休め」ローマの指揮官は指令を出した。ところが、騎兵たちが疲れ果てた馬から降りたとたん、突然、ヴェドルシア人の部隊が自分たちに向かって疾走してくるのを目にした。

ヴェドルシア人部隊の若い騎士たちは両手で剣を掴んで備え、馬から降りたローマ人の隊列の隅から沿うように疾走し、ローマの兵士たちに軽いけがを負わせながら、彼らの手から武器を叩き落としていった。

その光景はローマの全軍を恐怖で包み込み、ローマの騎兵たちは、後方を行進していた歩兵たちの方へ助けを求めて走り出した。走り出した騎兵たちのうしろをヴェドルシア人部隊が馬で駆けたものの、なぜか追いつくことはせずに距離を保っていた。そして、疲労に倒れたローマ兵を攻撃することもなかった。

すでに走ることをやめ、疲労でふらふらになりながら歩いていたローマの兵団は、自分たちの前に立つ二本の剣を手にしたラドミールと、そのうしろの力みなぎる落ち着いた騎士たちを見て、いっせいに立ち止った。

ローマ人たちは大地に膝をつき、まだ武器を持っていた者たちは、それを自分の前に置いた。そして、力なくヴェドルシア人の制裁を待つのみとなった。

ラドミールと仲間たちは、草の上に座るローマ兵のあいだを歩きはじめた。ヴェドルシア人たちの剣は鞘に納められていた。そして、ラドミールと彼の仲間たちは、兵士たちと生命について話をした。彼らは薬草で編んだ頭の紐を外すと、傷を負ったローマの兵士たちに、傷を癒す薬草を与え、傷口に当てさせた。

薬草は傷口から流れる血を止め、痛みを鎮めた。そして、ヴェドルシア人は最高司令官をローマ軍に引き渡した。

＊＊＊

規律正しく縦列に組んだローマ軍は、ヴェディズムのルーシへの遠征からローマに帰還した。

皇帝は、急使により精鋭部隊に起こった奇妙な出来事を知らされていた。でも、実際に兵士や最高司令官たちのようすを自分の目で確認すると、何週間もきまりの悪さに苛まれた。

その後、皇帝は秘密の命令を出した。ヴェディズムのルーシへの遠征に参加した全部隊の兵士や最高司令官たちを除隊させ、帝国内のあらゆる場所へと散り散りに引き離し、遠征で起きた一切のことを、友人にも親しい親族にも話すことを厳重に禁じた。

皇帝自身は、二度とルーシに戦争を仕掛けるための軍隊を派遣しなかった。そして、後継者に向けた秘密の本にこう書き記した。

『帝国を存続させたくば、ヴェドルシア人との戦争など考えてはならない』

このローマ皇帝は愚かではなかった。皇帝は、戦士たちが遠征から帰還したとき、彼の軍が全員無事でたいして負傷していないにもかかわらず、戦利品がないことや、さらには彼らの表情に憎しみや兵士として仕える意欲がないことから感づいていた。そして、このような兵士たちをそのまま帝国軍においておけば、戦うことへの無意欲が帝国軍全体へと伝染してしまう可能性があると考えた。

＊＊＊

皇帝の後継者は、それでも再びヴェドルシアを征服しようとした。そしてヴェドルシア人の戦術についても、それまでに彼らと一戦を交えた人々により、多くの情報を得ていた。皇帝は一万の軍隊をルーシへと遠征させた。そして兵士たちは再びヴェドルシアの小さな村へと近づくと、野営を布《し》き、そこへ素早く堡塁《ほるい》を築いた。そして、長老たちを召喚《しょうかん》する急使を派遣した。

　指定された時間になり、最高司令官たちが目にしたのは、ヴェドルシアの村から彼らの巨大な野営地へと歩いて来る十歳くらいの女の子と、彼女と一緒に歩く五歳になるかならないかの男の子だけだった。戦士たちがよけて空いた野営地のど真ん中を、子どもたちが互いに言い合いをしながら歩いていた。幼い男の子は、姉のスカートを引っ張りながら言った。

「パラシェチカ姉ちゃん、ぼくにこうしょうさせてくれなきゃ、姉ちゃんのことをダメな子だって思っちゃうよ」

「なによ、このいたずらっ子。なんで私をダメな子だなんて思うのよ?」姉は弟にたずねた。

「ぼくがね、パラシェチカ姉ちゃんはとっても意地悪な女の子に生まれたんだなって思っちゃうから」

「そんなふうに思うなんて、ダメよ」

「ダメでしょ。だから、敵とのこうしょうをぼくにさせてよ」

「交渉させてあげたら、私のことをどう思うようになるのよ?」

「ぼくね、ぼくのパラシェチカ姉ちゃんは、誰よりも美人で、かしこくて、それに優しいって思うよ」

「いいわよ、先にあんたが交渉しなさい。私は頭が空っぽな人たちと話すなんてまっぴらなんだから」

子どもたちは大胆不敵にも最高司令官の前に出た。そして弟は、まったく臆することなく言った。

「ぼくの父ちゃんがね、おじちゃんたちみんなに知らせるようにって。ぼくたちの村では今、神殿（＊多神教の神殿の意）でお祭をやってるんだ。このお祭は毎年そこでするんだ。それで毎年村の全員が神殿で楽しく過ごすんだ。だからそれどころじゃないんだって、父ちゃんがそう言ってた。父ちゃんは、お祭から離れておじちゃんたちとつまらないことをしゃべってる場合じゃないんだって。父ちゃんはぼくに言ったんだよ。なのに、姉ちゃんが勝手にくっついてきたんだ……」

最高司令官は、男の子の大胆な話に、咆哮《ほうこう》をあげるほど怒った。そして青ざめて剣を掴んだ。

「恥知らずな小僧が、私に何たる口をきくか！　お前が老い果てるまで、私の馬の奴隷にでもしてやるわ……お前の姉も……」

「あ、おじちゃんたち、」姉が会話に割って入った。「おじちゃんたち、早くそのおもちゃを……剣とか楯《たて》とか槍《やり》なんかを捨てて、走って帰った方がいいわ。全力で走って。ほら、黒い雲が押し寄せてくる。黒い雲はよそ者たちと話なんかしてくれないのよ。話もしないですぐに闘いをはじめちゃうんだから」

そして女の子は持って来た小さな包みを開くと、何かの花粉をひとつまみ、もうひとつまみして、弟の全身にふりかけ、それから残りを自分にふりかけた。

黒雲は大地に垂れこみ、ローマ軍の陣営に向かってまっしぐらに伸びてきた。それは低い唸りをあげ、どんどん大きくなっていき、ローマ軍の陣営をすっぽりと覆った。やがて、逃げ去ったローマ軍の鎧や楯、槍や剣だけが大地に残され、最高司令官たちの幕屋も兵士たちのテントも空っぽになった。ローマ人たちが置いていったがらくたの中に、幼い弟と姉だけが立っていた。

弟が姉に向かって言った。

「パラシェチカ姉ちゃん、やっぱり敵と話をさせてくれなかったじゃないか。ぼく、まだ言いたいことを全部言ってなかったんだよ」

「はじめに話をさせてあげたでしょ。怒らないでよ、祖国の地を守るヴェドルシアの勇士を少し邪魔しちゃっただけなんだから」

「わかったよ。姉ちゃんのことは、意地悪じゃなくて、やっぱり美人で優しい姉ちゃんだって思うことにするよ」

うち捨てられた鎧のあいだを歩きながら、美人の姉と弟は村へと帰っていった。

遠くに去りつつある黒雲はすでにかなり小さくなり、その下には恐怖のあまり逃げ帰っているローマの一万の全精鋭部隊がいた。恐怖にとり憑かれた軍隊は、転んではまた起き上がり、走って逃げていった。

「ウラジーミル、ここでも神秘なんてない。ヴェドルシア人たちはただ、村でこういう議決をしたの。この村には二百以上の一族の土地があったのだけど、各家の土地でミツバチの巣箱を十箱ずつ開くようにと……。各巣箱には約一万五千匹のミツバチがいた。黒雲の中に何匹のミツバチがいたのか計算してみて。ミツバチに無数に刺されると、人ははじめ猛烈なかゆみを感じ、そのあとに痛みを感じる。その後、眠りこけてしまうことだってある。そして、そのまま死んでしまうことも」

＊＊＊

このように、幸せなヴェドルシア人は戦争を知らず、不幸を識《し》ることなく暮らし続けた。何世紀ものあいだ、外敵を恐れることもなかった。それでも結局、ルーシは征服されてしまった。狡猾な罠にはまり、自ら自分たちに反する力を生み出してしまった。

＊＊＊

こうして、アナスタシアはヴェディズムのルーシの暮らしについてのいくつかの話を紹介した。当時の人々の暮らしについての情報を、昔話のかたちで知っている人もいるかもしれない。しかし、我われがこれまでの歴史から知っているように、古文書はものの見事に消されてしまっているため、書物からの情報を期待することはできない。古文書は、イタリア、イギリス、フランスそしてロシアでは特に念入りに燃やし尽くされたのだ。
しかし、狂ったように我われの先祖の親たちの文化を壊滅させても、人々のハートや魂の奥深くにあるその文化を、焼き尽くすことなどできなかった。

我われは、自分たちの歴史を知らなければならない。知り、そして敬《うやま》わなければならない。それだけではなく、我われが段階的に歩んだ、ヴェディズム、多神教、キリスト教という一連の歴史についても理解することが不可欠だ。これらの段階のうちひとつとして蔑視《べっし》すべきではない。これらのうちのどれかを否定するなら、我われは再び、我われ自身を否定することになるのだ。キリスト教に対しても、我われは理解と敬意をもって扱わねばならない。そして他の宗教に対しても同じである。そうすることではじめて、我われの歴史のすべての段階が、美しい未来への強固な礎《いしずえ》となるのだ。知って理解しなければ、そうはならない。未来を構築する際に、我われの歴史における各段階を教訓にしなければ、美しい未来への強固な礎にはならないのだ。さもなくば、馬鹿げた世界に生きることになるのだ。

様々な国で政府や国会議員たちがテロと闘っている。そこでは、特定の人種や宗教への敵意を煽る行為を禁止する法律がつくられている。そして同時に、まさにこれらの国々で、政治的な目的を達成するために、神の名における大規模なテロ行為が容認されるかのような宗教的な教えが許可され、支持されているのである。

素晴らしきヴェドルシアの祭

今日にいたるまで続いているいくつかの祭を見れば、我われにもヴェドの文化についていくらか考えることができる。もともと行われていたことのうち、いくつかの要素しか含まれてはいないものの、今でも我われの大好きな民間の祭日の中に、ヴェドの文化は残っているのだ。それはどの祭日か？　新年、マースレニッツァ（＊元来は春を迎える祭。現在はキリスト教の大斎とされている）そしてトロイツァ（＊聖神降臨祭）である。ここに挙げたものは、数多くの祭の中でも有名なものである。特にトロイツァの祝賀行為は、もっとも著しい変化をこうむることになった。

この祭は六月のはじめに行われる。ご存じのように、現在は、トロイツァの日になると、人々は親族の墓参りをする。

墓地に到着すると、それぞれの墓をきれいに飾り、各墓石を囲っている柵を整える。その際、大半の人々が酒を持って訪れ、墓の前で酔い、故人にも酒の入った小さなコップと一切れのパンとを残していく。また、故人を思い出しながら、訪れた親族たちみんなで語らったりもする。その際、多くの人が、墓の前で悲しみに暮れなければならないと考えている。次のことが、本来純粋であるはずのこれら多神教の祭日が、はなはだしい変化にさらされてきた根拠である。

ヴェディズムの時代、つまり多神教でもあった時代には、悲しみに沈んだり、寂しい気持ちになる祭日はなかった。すべての祭日は、人々にポジティブなエネルギーを蓄えさせ、若者たちに先祖の知識を伝えるものだったのだ。

そしてヴェディズムの時代におけるトロイツァの祭日は、今日のものとはまったく異なっていた。

故人の墓参りや、墓の前で慟哭《どうこく》するような行為などは、なかったのだ。

ヴェド期にはそもそも墓地が存在しなかった。故人は一族の土地に埋葬されたが、そこには石板の墓標も棺を入れる穴蔵もつくられず、ときが経てば地面と同じ高さになるくらいの小さな盛り土がつくられるくらいだった。

ヴェドルシア人は、故人を思い出させる最もよいものとは、その人の生前の行いであると考えていた。

親族みんなが意識の中で死をかたどってしまえば、故人が再び肉体を得ることを、その意識で妨げることになる……自然への知識、人間の意識の力が、ヴェドルシア人にこのように推論させていた。

彼らは、先祖を思い出す日の朝になると、最も古い一族の土地に一族全員で集まっていた。みんなの前で最年長者、習わしで祖父や曾祖父が、若い世代である子どもたちの方へ歩み寄り、次のような話をはじめた。

「おまえの父さんがおまえと同じくらいの背丈の頃、……」祖父が六歳くらいの孫に言った。「父さんは、ほら、この小さな苗木を植えたんだよ。ときが経ち、それが今やこの大きなリンゴの木になり、実をもたらしている」。老人は孫をリンゴの木の下に連れて行った。老人は木に触れ、孫もリンゴの木をなでた。

それから老人は他の木々へと近づき、それぞれ誰が植えたものなのかということと、それにまつわる楽しいエピソードや植えた人たちが感じたことなどについて、孫に話をしていた。

最後に一族全員が、一族の土地で最も中心的なもの、つまり一族の木へと歩み寄った。それはシベリア杉または樫《かし》の木だった。

「そしてこの木は、……」一族の長老が話を続けた。「わしの曾じいさんの曾じいさんが植えたんだよ」

その後は、みんなで一緒に話し合った。なぜ他ならぬこの種類の木が選ばれたのか。なぜ遠い昔の先祖は、もっと右や左ではなく、まさにこの場所に植えることにしたのか。疑問を投げかける人が出れば、それに答える人がちゃんといた。ときには議論がはじまることもあった。そして議論が白熱すると、子どもたちのうちの誰かが突然、しかも無意識に、このような不思議なことを話し出すことがよく起きた。

「どうして、おまえたちにはわからないんだ。わしがこの木をここに植えたのはな……」

彼らの子どもの内に、遠い先祖の魂、気持ち、知識があることを、一族の大人たちはすぐに理解した。そして先祖の魂が宇宙空間でさまようことも、粉々に砕け散ることもなく、完全なる生として、永遠の生命が続いていることを誇らしく思った。

多神教はもとより、ヴェディズムを宗教と呼ぶことはなお難しい。「生き方の文化」と言う方がより正しいだろう。地上に存在した精神性の高い文明の、最も偉大な文化である。この文明には、神を信じる必要がなかった。

この文明の人々は、神を知っていた。

この文明の人々は、神と触れ合って交信し、創造主の想いを理解していた。

この文明の人々は、草花やウジ虫や惑星の使命を知っていた。

この文明の人々は、今日も我われの魂の内でじっと眠っている。そして陽気で生命の歓びにあふれた、この美しい惑星の創始者たち……ヴェドルシア人は、必ず目を覚ますのだ。

これは証拠のない、ただの言葉なんかではない。証拠ならいくらでもある。そのひとつが、日本だ。

よく知られているように、十六世紀にキリスト教徒は、かなり強力に自分たちの思想を日本に布教しようと努めた。一方で当時の日本の統治者は、キリスト教の伝道師たちの行動とその成り行きを観察した。その結果、徳川幕府はキリスト教を禁じることにしたのだ（＊一六一二年、二代将軍秀忠のとき、「禁教令」が発布された）。

日本には「神道《しんとう》」という民族的宗教があり、今日では最も多神教に近い国とも言える。「神道」とは、「神々の道」という意味である（＊日本では一般的に、「神の御心のままに」が神道の意味であると認識されている）。神道では人間の役割りを、調和の中で自然と共存することである、としている。

では、どうだろう？　日本人の生き方はおぞましく、野蛮なものだろうか？　現に我われは、多神教時代の人間の暮らしは野蛮なものだったと教えられてきたではないか。でも、これは嘘なのだ。すべてが真逆なのだ。

多くの日本人が詩を綴り、自然に対し心を震わせている。日本の生け花には、まさに全世界が魅了されている。しかしこの芸術は、プロフェッショナルな生け花の芸術家だけのものではない。ほぼすべての家で生け花を見ることができるのだ。日本人には、我が子に対する独特な接し方がある。そして、大人たちは子どもが完全に自由でいられるよう最大限の努力をする。

こういうと詩人や芸術家の国の話と思われるかもしれないが、そうではない。日本の技術は最も発展した国々をも凌《しの》いでいる。電子工学でも自動車製造の分野でも、日本人と競り合うのは困難だ。そもそも我われは、日本のような多神教でありながらも近代的な国を話題にする際、多神教のほんの一要素についてしか話していない。では、もしこれが完全な多神教の文化であった場合、その中にいる人は、いったいどのようなタイプの人間になるのだろうか？

ひとつだけはっきりしているのは、現代の人間よりも、知識や精神性のレベルが格段に高かっただろうということだ。しかし、真逆のことを吹き込んで、私たちを騙したいと切に求める人たちがいたのだ。

日本が例外なのでもなく、唯一の例なのでもない。何千年もの大昔から我われの時代まで、アルキメデスやソクラテス、デモクリトス、ヘラクレイトス、プラトン、アリストテレスといった天才的詩人、哲学者、学者たちの名前が伝えられてきている。彼らはキリストが誕生するよりも二百年から六百年前に生きていた。どこで生きていたか？　それは同じようにその当時多神教だった国、ギリシャだ。

日本、ギリシャ、ローマ、エジプトといった国の古代の寺院などの建築物、古典芸術、祭や伝統的習慣は、それらの国の民の文化レベルの高さを、今日もはっきりと証明しているのだ。では、ロシアの歴史学者たちは、同じ時代のルーシについて、いったいどんな情報を提供できるのだろう？　何ひとつ提供できはしない。

しかしながら、ヴェディズムのルーシに、芸術家たる人々や詩人たる人々、そして絶対に誰をも攻撃することはなかったが、武器を操る腕が非常に優れていた栄誉ある勇者たちが暮らしていたという目に見える証拠を、どうやって見つければよいのだろう。

私はアナスタシアに言った。

「ルーシにヴェディズムの文化があった、目に見える証拠を見つけることができなければ、誰もその存在を信じないだろう。ヴェディズムのルーシについてのきみの話は、単なる伝説だと考えられてしまう。もちろん美しい話だ。しかしやはり、伝説に過ぎないと思われてしまうんだ。俺は、歴史学者たちの本の中を探しても無意味だと確信している。もうきみしかいないんだ、アナスタシア。きみなら目に見える証拠を示すことができるんじゃないかい？」

「ええ、できる。だって証拠は数限りなくあるもの」

「じゃあ教えてくれ。どこを発掘すればいいんだ？」

「どうしてすぐに発掘しなきゃいけないという発想になるの？　ヴェドルシア人の文化の証拠は、数多くの住居にある」

「住居だって？　どういう意味だい？」

「ウラジーミル、今日の人々が建てている家に注意を払ってみて。そしてそれらと、あなたが今住んでいる農村に建っている家々とを比べてみて。その農村の古い家のほとんどは、彫刻模様で飾られている。あなたも博物館都市であるスズダリ（＊モスクワ北東部にあるウラジーミル州の都市。公国時代にウラジーミル・スズダリ公国の首都として栄えた古都のひとつ）で、もっと古い時代の家を見たことがあるはず」

「ああ、スズダリの家々には、俺の住む農村よりももっと立派な彫刻の装飾がされている。それに家だけじゃない、門やくぐり戸なんかもまるで芸術作品のようだ」

「つまり、自国の民族の過去の作品を遡《さかのぼ》れば遡るほど、より美しくつくられた住居を見ることができる、ということ。

他にもいろんな博物館で、美しく彫刻が施された紡ぎ車や取っ手つきのカップ、その他の生活用品を見ることができる。それらは三百年とか五百年前に、普段の生活で使われていた物。ウラジーミル、あなたも見てわかるとおり、遠い昔に遡るほど、職人たちの芸術作品は優れたものになっているでしょう。

何千何百年にもわたる、これほど膨大な数の民衆の作品が見られる国は世界のどこにもない。いい、ウラジーミル？　一部の芸術家たちが高官たちに注文されてつくっていたのではなく、まさに民衆全員がつくっていたの。自分で判断してみて。博物館でごく普通の紡ぎ車を見ても、それを皇帝や女帝、または高官のものだとは思わないでしょう。それらは普通の家庭にあったものだもの。だけど当時のヴェドルシアにおいては、普通の民衆が、垣根を含め、家中に愛をこめ、窓枠に沿ってレース模様の彫刻を施したり、家にあるすべての道具に絵を描いたり、衣服に刺繍をした。こういうことをしたのは、特別な芸術家や職人だけではない。職人たちだけが行った仕事にしては、考えられないほどの数だから。ヴェドルシア人のすべての家庭が、自分たちの手で飾りを施していたの。

民衆の全員が創作活動に励んでいた。そしてこのことは、民衆の暮らしが豊かだったことを意味する。創作に費やすためには、多くの時間が必要。歴史学者たちは、古代の人々が自分にあてがわれた土地で休むことなく働き続けたと、事実と異なることを言っている。もしそれが事実なのだとしたら、古代の人々には創作にかける時間なんかなかったはず。でも時間はあった。それに、闘いでヴェドルシアの勇者たちが武器を自在に操っていた証拠に関しても、彼らが斧《おの》であれほど美しい御殿にすることができたのであれば、上手に手首を使って、芸術家のように武器を自在に操ることだってできたはずだと思わない？

ヴェドルシア人たちが、マースレニッツァのお祭の日にどんな競技を思いついたのか、知ってる？　穴を掘り二本の長い丸太を三メートル離して立て、そこで競い合う二人の男性が、両手に斧を持ち、目隠しをされた状態で、どちらが早く、丸太を切り倒せるかの競争をしていたの。でもそれだけじゃない。自分の丸太で、横にある相手の丸太をなぎ倒すように当てて切り倒さなければならなかったの」

読むに値する本

あるとき私はアナスタシアの祖父に、これまでになにかしらの精神世界や学問的な本を読んだことがあるかどうかたずねたことがあった。それに続く彼の答えは、はなはだおかしなものだった。

「いくつかの本を手に取って、ページをめくり書かれている内容を読んだことは……一度だけある。しかし、もとより、読むに値する本に書かれていることだったら、すべて知っているよ」

「どうして知っているんですか？　それに、読むに値する本というのは、いったいどんな本なのですか？」

「そういう本が存在するのだよ。でも、その全部を頭に入れる必要などないだろう」

「必要ないだなんて、どういうことです？　文化的で知的な人間なら、たくさん本を読んでいるべきでしょう。読者集会に出ると、よくあの本やこの本を読んだことがあるか、などとたずねられます。でも、私はこれまでにそれほど本を読んできていません。だからほら、まずはどの本から先に読むべきなのかを知りたいんです。毎日朝から晩まで本を読んだとしても、一度の人生ですべての本は読み切れないでしょう。だったら、まったくの素人だと思われないためにも、私も読むに値する本というのを知っておきたいんです」

「いいかね、ウラジーミル。読者集会でどんな本を読んだかと訊かれたら、君はすべての本を知っていると答えればいい」

「すべての本を読んでいないのに、そのように答えることはできませんよ。ある本について、著者が具体的に何を書いているのかと質問されるかもしれないじゃないですか。その本を手にしたこともない私には、何も答えられません」

「ただ『この著者は、重要なことを何も書いていない』と答えればいい。そして、その本のことを君に問いかけた人に、そうではないことを証明させてみればいい。わかるかい、ウラジーミル。本は数多くあるように思えるが、本当の意味で読むに値する本というものは、実際には十冊もないんだよ」

「でも、本が読むに値するかどうかを、どうやって判断するのですか？」

「判別表を使うんだ」

「私にもその判別表をくださいませんか？　貸してくださるだけでもいいですから」

「もちろん君にも、そして君の読者全員にもあげることができる。本が読むに値するか否かを判別するための表は、すなわち人々の生き方のことなのだよ」

「生き方って、どういうことですか？　なぜ生き方が関係あるのですか？」

「人々は地球のあらゆる場所で暮らしており、その共同体は、国々が持つ様々なものによって条件づけられている。様々な国において、民族の文化は互いに異なっており、生活様式や寿命も異なっている。しかし、これらのあらゆる民族の文化は、何よりもまず、重要な本の影響のもとに形成されるのだ。概して、この本によって民族の哲学は条件づけられ、特定の信教が形成され、それに続いて生き方も形づくられるのだ。

たとえば、中国では孔子の教えから影響を受けていた。中国では、古代から独特な世界観が発展してきた。簡単に言うと、世界を生きたシステムとして論じているんだ。

その一部に、この宇宙システムを構成するのは、『陰』と『陽』であるという考え方がある。もし彼らの生き方に興味を惹かれ、そこに全人類のためのよい例があると思うのなら、孔子の言葉が書かれた本を読めばいい。

また、日本人の世界観や彼らが人生において到達すべきものに興味を惹かれるなら、日本の伝統的な宗教である神道について説明している本を読めばいい。多くのことにおいて、神道が日本人の生き方を形成したのだから。

そしてもしも君が、もっとも幸せな人々がキリスト教世界に暮らす人々だと考えるなら、聖書を読めばいい。このように、読むに値する本というのは、人間社会に特定の生き方を形成させている本のことなのだよ」

「でも、キリスト教については、聖書以外にもたくさんの本があるじゃないですか」

「そのとおりだ。しかし、それらの本に新しいことはまったく書かれていない。概して、読むに値する本には、それぞれに一つか二つの核となる思想または哲学的結論が書かれているものだが、まったく同じテーマで書かれている他の本は、その核となる思想を繰り返しているにすぎず、君の世界観に何ひとつ新しいものをもたらすことはないんだ。

ほら例えば、聖書の基本的な考え方のひとつに、神を崇拝し、書かれている訓令を守らなければならないというものがあるだろう。すると聖書に派生して、それをどのように行うべきかを指南する本が無数に生まれた。二本指で十字を切らなければならないと説く本もあれば、三本指でと書いてある本もある。教会の外観はどんなものがよいのかと説く本も。それらの本では、これまでのあいだ、あらゆる人々によって行われてきた何百通りもの礼拝方法が挙げられている。そして、礼拝の方法にまつわる論争や戦争についてまでもが伝えられている。

人々はすっかりこの論争にはまり込み、そもそもの核となる思想が何なのかを見極める能力を失いつつある。

人々は核となる思想を、そういった他の一連の考えと比較することをやめてしまっているのだ。それは自身で分析する能力にブレーキをかけている状態だ。それではまったく同じことが書かれた本を数多く読んだところで、新しい情報を得られない。そして、神が本当に人間からの崇拝を望んでいるのか、ということや、もしかしたら神はまったく別のことを望んでいるのではないか、ということに考えがいたることすらない。

君にもわかるように、この二千年のあいだ、何十万もの「宗教の本」には、実質的にはまったく同じことしか語られていない。

今日、確固たる論拠ある、神と人間との相互関係についての新しい見解が現れたということは、つまり、この二千年ではじめて読むに値する本が現れたということだ。それが現れたとき、これまで読むに値する本の部類であったものが、歴史上の本の部類へと移行したんだ」

「新たな読むに値する本が現れたとおっしゃるんですね？　それは何という本ですか？」

「『共同の創造』という本だ。そこには新しい思想が含まれている。そして、それはしっかりとした論拠を持つものだ。この本には、神が人間に何を望んでいるのか、そして人間の使命とは何であるか、という最も重要な考え方が、はっきりとした論拠をもって述べられている。……君は、アナスタシアの発言からこの本を書いたね。ではウラジーミル、思い出してごらん。宇宙の本質たちからの質問に、神が何と答えたのか……『〃何をそんなに強く願う？〃すべての存在が問いかけた。彼は、自分の夢に確信を持って答えた。**〃共に創造すること、そしてそれをみる歓びをみなにもたらすこと〃**』」

「しかし、この発言が本当に神の願いを表現しているという証拠はどこにあるんですか？」

「証拠ならいたるところにある。この発言自体や、人間の魂やハートに、そして思考する際の論理の中に。自分で考えてごらん。もし地球と人間が神による創造物であるという土台に立つのであれば、神の気持ちは人間の気持ち、すなわち親が我が子へ抱く気持ちに倣《なら》うものであるはずだ。子を愛する親であれば誰でも、我が子と共に創造することを願うのだからね。

そしてこの発言の後半では、神がいったいどのような創造を願っているのかということが語られている。『〝……そしてそれをみる歓びをみなにもたらすこと〟』それでは教えておくれ、どんな創造物が、絶対的にみんなに歓びをもたらすのか？」

「その質問に答えるのは難しいですね。いい車に喜ぶ人もいれば、車なんてどうでもいい人もいる。肉を食べるのが大好きな人もいれば、肉をまったく食べない人もいる。『味と色の好みに同志はいない』という言い回しだってあるくらいですから。誰もが気に入るようなものを見つけるなんて、できないでしょう」

「それでも、できるのだよ。たとえば空気、水、花……」

「いや、そういったものはすでに創造されているものですよね。これは共に創造するという話でしょう」

「そうだ、空気や水、植物たちは創造された。しかし、それらは常に同じではない。人間は空気を塵《ちり》や煤《すす》、死をもたらすガスに満ちたものにしてしまう力もあるが、同時に、それをエーテルや芳香、花粉で満ちたものにすることもできる。また、水と一口で言っても、水にも色々な水がある。たとえば、塩素の臭いのする水を飲むこともできる一方で、生きた水を飲むこともできる。そして、多様な植物が生い茂る自然豊かな場所に、ゴミためのような無秩序を創造することもできれば、目を愉しませ思わず引き寄せられるような、並外れて美しい生きた風景を創造することもできる。『共同の創造』には、これについての一節もある」

「もし『共同の創造』の本が、あなたが言うように、読むに値する本なのであれば、生き方を変えるような影響を、社会に与えるはずではありませんか？」

「そうだ、法則上、そのようになる。新しく生まれた思想は、共同体の新しい生き方として必ず実現するのだ」

「でもそれはいつ起こるんですか？　あの本が出てからもう二年以上経ちますよ」

「より正確に言えば、もう二年ではなく、まだ二年だ。しかしこの比較的短い期間でも、あの本はすでに多くのことを創造したのだよ。君も言っていただろう、多くの人々がすでに自分の新しい生き方を築こうとしていると。国家的な整備計画さえもすでにつくられている」

「ええ、言いました。そういったことは実際に起きています」

「ほらごらん。キリスト教思想の現象化には三百年かかったのに、こちらはたった二年だ。アナスタシアの世界観が、たくさんの国の人々の実際の生き方の中で具現化し、彼らの希求をひとつの全世界的な共同の創造の高まりへと結びつけているのだ。

彼女は新しい考え方を空間へと一気に放った。それは宇宙規模の出来事だった。だからこそ、その思想がはじめて記された本は、それにふさわしい評価をされるようになるのだ」

「それじゃあ、私も読むに値する作家たちの一人になるということですか?」

「ウラジーミル、君はその一人ではなく、君は最も読むに値する作家になるんだ。君は孫娘の大のお気に入りだからね、彼女は二番手の作家役のことなんぞ考えてもいない」

「そうとも言えませんよ。人気のある『論点と事実』という新聞で、本の国内ランキングが発表されましたが、そこで『一族の書』は二位だとされたんですから」

「ときが経てば、多くの人々が君によって書かれた本の重要性に気付くだろう。そしてそのとき、君の本は単なる第一位では足りないほどの評価になる。君がはじめて本を書いてから、たったの六年だ。そして無名だった君が、今やただ有名なだけじゃない。国民アカデミーの称号とその賞状まで授けられたそうじゃないか」

「ええ、でもそれはきちんとしたアカデミーの称号ではなく、民間のものですよ」

「まさにそうだ、民間のものだ。その称号を大切にするんだ。それは世にいうアカデミーの称号よりも価値の高いものだ。なにせ国民が自分たちで決めたのだからね。君の本に書かれたことの重要性に気づき、君のことを重要な人物だと判断した人たちは、実質的にアナスタシアの考え方を理解し、その価値を評価できた人たちだ。そしてこれらの人たちは、ごく普通の人たちなのだ。彼らは、その思想を自身に統合し、理解し、そして実現する。まさにそうなっていくんだ。ただし、高慢になってはならないよ。プライドという傲慢と自尊心を自分に許すことなく、ときが満ちるまで持ち堪えるんだ」

「努力してみます。アナスタシアが話したことを、もう一度読み直してみます。自分が推理小説や安っぽいフィクションなんかを読まないことはわかっています。実際にそういったものの中には、特別な思想などありませんから。娯楽として読むくらいでしょう。ただ、ひとつだけわからないことがあるんです。本が読むに値するものかどうかというのは、それを読んだあとにはじめて判断できるものでしょう。しかし、膨大な数の本が書かれていて、図書館に入れば書架《しょか》に何万冊もの本が並んでいます。そして、たとえば『神と会話する』や『真実を見つける』『人生の秘密のすべて』というような気取ったタイトルがつけられた本が無数にあるのです。でも、実際にそれらをいくら読んでも、その中には新しい思想などまったく見つけられません。一万冊読めば、一冊くらいは読むに値する本があるかもしれませんが、私はまだそういうものに当たったことがありません。一万冊に一冊の確率ですよ。どうすればいいのですか？」

「先ほども言ったとおり、本を読む前に、この惑星の営みをよく見て、どの民族の生き方を君が気に入るのかを選ぶんだ。そして、その民族の本を読み、深く考えるのだよ」

「では、気に入るものが何もなかったら？　どの民族にも似たような不幸があるじゃないですか。もちろん多少の差異はあっても、全体的には同じです……ほら、たとえば環境です。地球上のすべての場所で悪化しています……」

「気に入るものがなければ、よい生き方をつくり上げるにはどうすればよいのかを、考えればよいのだよ。どのようにすればよいのかを決めたら、自分で本を書けばいい」

「自分で？　何も読まずにですか？」

「おや、ウラジーミル、なにを一人で混乱しているんだい？　先ほど、読むに値する本を見つけることができないと、自分で言っていただろう。言葉を集めただけで意味も新しい思想もない、派手なタイトルばかりだと。そう言っておきながら、そのようなくだらない本を読まずして賢くなることが不可能だと考え、ためらっている。ところが本当は、誰もが生まれたときから最も重要な本を読もうとしているのだよ。その本に書かれている文字は、印刷される文字とは異なるがね。覚えているだろう『その言語は、色も香りも持っている……』」

「そうですね」

「じゃあ、それを読んで深く考えればいい」

テレポーテーションのためのトレーニング

「そうだ、ウラジーミル、君は正しい。現在の大部分の人々の意識では、アナスタシアが創造していることを、とても信じられないように思えるだろう。
それでも、意識の気づきを得て、はじまりのときから人間だけに備わっているものを完全に理解した状態になれば、人々は自分が今驚いていることすら滑稽《こっけい》に思うようになるだろう。
これから君に、簡単にもう一人の『私』をテレポーテーションさせることができるようになるトレーニングをひとつ教えよう。自分で自分を隣の町や外国、または他の時代に運ぶ方法だ。努力を怠りさえしなければ、誰にでもできることだ。
以前に、アナスタシアが君の頼みを聞いて、一瞬で彼女自身の身体を湖の対岸に移動させたことがあったね。そして、そのあとでまたもとの場所に移動させた。彼女は、どのようにすれば人間がそれをできる状態に到達できるのかを、隠さずに話した。自分の意識を使って、身体の全細胞の、顕微鏡でも見えない本当に微細なものにいたるまでイメージしてから空間に分散させ、今度は別の場所に、それらすべてをひとつに集めることが不可欠だと。そして実際、その光景は想像を絶するものだ。

一瞬のうちに自分の身体を細部まで、詳細にイメージできるほどの意識の速さを持つ人間には、テレポーテーションを成し遂げる力がある。ごく微細な間違いでも犯してしまえば、君は分散したまま再び集まることができなくなるかもしれない。

私は自分の人生において、たった三度しかしていないし、その際にはいつも一年以上にわたって準備していた。ちょっと歳をとり過ぎたのか、怠け者になってしまったのか、今ではもうできない。しかし、君の前でいとも簡単に移動して見せた孫娘でさえ、『本当に特別な必要性がない限りは、絶対にしない方がいい』と言い、理由を説明した。

さらに、彼女は何度か君を様々な時代や街へと移動させた。君はその光景をみて、その出来事の中にいるように感じていた。私が話していることは正しいかね?」

「ええ、正しいです。アナスタシアが肉体のない私と彼女自身を他の惑星に移動させたようすを、私は本に描写しました。肉体は地球に残して移動していましたが、多くの人はそんな行為が可能だとは信じてくれませんでした」

「自分でも同じようなことができるようになれば、信じるだろう。では、はじめよう。いいかい、注意深く聞いて、私が言うことを完全に理解するよう努めてほしい。

人間は、本質をなす数多くのエネルギーでできている。気持ちや意識、想像……これらも人間を構成するものだ。しかし、こういったエネルギーは目に見えない。これらの体の一部が物質的なものかどうかを話すのはよそう。この場合、物質性の程度についての理解は、それほど重要ではないからね。重要なのは、それらが存在し、それらも君、つまり人間を構成するものであるということだ。

物質的な人間の身体も、人間をなす数多くのもののうちのひとつだ。人間は、物質的な身体がなくとも生きられるが、その場合は人間に何か別の呼び名をつけるべきだね。物質的な身体をとおして、肉体以外のすべてのエネルギーバランスが目に見えるようになり、それによってその調和のレベルを判断できるんだ。

では、想像してごらん。君か誰かが、自分の意志で自身のすべてのエネルギー、その複合体を取り出し、肉体から分離させ、他の空間に移動させたとしよう」

「そんなことが誰にでもできるものでしょうか?」

「できる。眠っているとき、夢の中で、誰にでも部分的にそれが起こっている。さあ、気をそらさないで続きを聞くんだ。自分の意志で気持ちの複合体を丸ごと移動させることができる、と私は言ったね。

そのために必要なのは、ちょっとした訓練だ。これから話すのがそのトレーニング方法だ。

このトレーニングのためには、誰にも邪魔をされない場所が必要だ。それはごく普通の部屋や、ベッドでもいい。ただし、その部屋には注意を妨げるような音が入ってきてはならない。まず、ベッドに横になり、身体をリラックスさせ、両手両脚、頭を、ゆったりと、自然に心地よく置けるように調整する。その後、身体は動かさず意志だけで、片方の手に身体の他の場所よりも多くの血液を送ろうとする。すぐにできるようにはならないが、より多くの血液、つまり自身のエネルギーを送っている手の指先に、ちくちくするような弱い感覚が感じられるようになるまで繰り返す。このような試みを行うのは一日のうち三十分以内でなければならないが、一方の手、反対の手、足の裏へと、自分が意図するままにエネルギー、つまり血液を送ることができるようになるまで繰り返し練習するんだ。望む結果に達することができたときには、エネルギーを脳にも送ることができるようになっている。

この能力を獲得したら、自分の健康のために大いに活用することもできる。たとえば、腕や脚または他の場所にできた吹き出物や潰瘍《かいよう》をなくしたり、抜け毛を防ぐために栄養を送ったりね。ただし最も重要なのは、その人が自分の脳に通常より多くのエネルギーを与えることができるということだ。そして、もうひとつ言っておかなければならないことがある。それに到達するためには、トレーニングをはじめる日の数日前から肉を食べてはいけない。その間の食べ物は、新鮮で多種多様な消化のよいものであり、エーテルを含んでいなければならないんだ。君が暮らしている生活条件では、このような食べ物を手に入れることが難しい。しかし足りないものの多くは、朝に十グラムくらいのシベリア杉のオイルを飲み、それから二十グラムくらいの蜂蜜、そして五グラムくらいの花粉を摂り、そして就寝の三時間前にもそれらを摂ることで補われるだろう。

この第一のトレーニングができるようになったら、第二段階に進むことができる。次に進むために、教えておくれ。人が毎日家で行うことで、最も頻度が高いことはどんなことだい？」

「たぶん、食事をつくることです。当然、大多数の人が毎日食事の用意をします。たとえば、ジャガイモの下ごしらえとか」

「では、君が最も高い頻度で繰り返している行為を何か選んでくれ。どんなことでもいい。君にとってそれがとても馴染みのある行為であることが重要なんだ。君はジャガイモの下ごしらえだと言ったね。それが最も馴染みのある行為であるならそれでいいし、その他の行為でもいい。

時計を用意して、その行為をはじめる前に、まず時刻を確認する。行為を遂行する際には、他のことは何も考えないようにし、行為の詳細とその際の感覚だけを記憶するよう努めるんだ。たとえば、ジャガイモの下ごしらえなら、どのように包丁を握っていたか、皮がどこに落ちたか、ジャガイモをどのように洗ったか、そして水をどのように感じたのかも記憶する。また、ジャガイモをゆでるための容器にどのように入れ、どのように火にかけ、そしてその後、どのようにゴミを片づけたのかまでも記憶するんだ。

行為がすべて完了したら、時刻を確認して、一連の行為に何分かかったのかを記憶するか、書き留める。例えば二十分かかったとしよう。そうしたら目覚まし時計を持ってきて、ちょうど二十分後に鳴るように設定する。そして、第一のトレーニングを習得したベッドの部屋に行き、ベッドに横になってリラックスし、目を閉じて、ジャガイモの下ごしらえをしていた部屋を思い描く。

その際、細かいことまですべてを思い描かなければならない。もしも、正しく、順を追ってすべてをイメージできたのなら、君の想像が終わったときに丁度目覚まし時計が鳴るだろう。しかし、もし君が少し怠けて細かいことをたくさん見過ごしてしまうようなら、頭の中でイメージするのを終えても目覚まし時計は鳴らないだろう。反対に、君の意識がたるんで、だらだらとイメージしてしまえば、目覚まし時計の方が先に鳴るだろう。

このトレーニングに一年を要する人もいれば、二年を要する人もいる。一方で一カ月でできるようになる人もいる。これを詳細に想像することができるようになり、現実に要する時間と想像の中での時間がぴったりと合うようになれば、テレポーテーションの段階へほぼ近づいたと言える。そうなったらトレーニングの第三段階に入る。

第三段階では、イメージの中で自分の家の他の部屋へと移動し、普段めったにしないようなことを行う必要がある。今度は、イメージの中での自分の行動に対して、時間を計るのだ。例えば、部屋に入って何かの容器に水を入れ、それで植木鉢の花に水をやるとしよう。イメージの中で花に水やりをし立ち上がったところで、今度は実際に目を開けて、時計の文字盤を見て、イメージの中の行為に何分かかったのかを記憶するか、書き留める。

次に、先ほどイメージの中で入っていた部屋に実際に入り、花に水やりをする。このとき、かかる時間と先ほど測った時間は分単位の精度で一致しなければならない。時間が一致しないということは、再度練習が必要だということだ。時間が一致した暁には、もう一人の『私』を使って多くのことができるようになる。自分のマンションの部屋にいるだけでなく、隣の建物や隣の国なんかにも行くことができるんだ。そのために求められるのは、確実で信頼できる詳細だけだ。詳細に分析することで、すべての状況を詳細に創造し、そこに行くことができるのだ。

このような能力を誰もが得ようとするわけではないが、テレポーテーションを習得した人が、一度でもどこか他の都市や国に行っていれば、自分のもう一人の『私』を移動させることで二回、三回とそこを訪れることができると断言しよう。

ただし、これができるようになった人は、ひとつ危険があることを忘れてはならない。もう一人の『私』は、自分の肉体から長時間離れてはいけないということだ……」

ここで話を脱線させて、その危険性について詳しく説明させていただく。

私は、アナスタシアの祖父が話したこのトレーニングを興味本位で行い、その成果が出せたとき、もう一人の「私」を、以前に滞在したキプロスのパフォスへ移動、あるいはテレポーテーションさせようと試みた。

私は自分の書斎のソファに横になり、リラックスし、想像をはじめた。荷づくりをして空港へ行き、飛行機に乗りこみ、キプロスのラルナカ空港へ着陸し、馴染みのホテルにチェックインした。それからシャワーを浴び、海へと散歩に出かけた。

夕暮れどきのコーヒー、現地の音楽、朝の砂浜、海水浴……

私が帰ってきたのは、または目覚めたのは……どう表現するのが適切なのかはわからないが、それは現実の日付で三日後だった。私はやっとのことで寝床から身体を起こすことができた。肉体は、遠回しに言えば、長いあいだずっとトイレに行きたがっていたが、連れて行くことができる人は誰もいなかった。それに肉体は食べ物を欲しがっていたが、食べさせてやる人も誰もいなかったのだ。なんとか起き上がることができ、私は自分の姿を鏡で見た。鏡に映った姿は、好ましいものではなかった。顔には三日分の濃い無精ヒゲが生え、表情は腹立たしげで、憂《うれ》いあるものだった。そして三日間もほったらかしにしてしまった肉体のことを、とても不敏に思った。私はこのすべての出来事から考えて、人間の肉体とは、人間的な「私」である第二のエネルギー、いや、もしかしたら第一かもしれないエネルギーなくしては、完全に無力なものなのだという結論にいたった。しかし、肉体は無力なものだとしても、やはり最も愛《いとお》しいものであり、たとえ海の向こうのリゾートへの旅行のためであっても、絶対に置いてけぼりにすべきではない。それから、肉体を伴わずに旅行しても感覚は完全なようで、海の水も太陽の光の温かさも感じていた。だが、戻ってみると、実際の肉体は日焼けしていなかった。

私ははじめ、このトレーニングに費やした時間を惜しんでいた。しかしその後、もう一人の「私」が持つ能力によって、まだ起こっていない出来事をいくつかみることができたので、それを仕事に生かすことができた。この方法でふたつの話を書いてみたので、ここに紹介する。

子どもたちに祖国を

ウクライナのハルキウという都市に孤児院がある。快適な建物や美しい水槽、大きなプールもあり、よい孤児院だ。孤児院には、その地域の行政による手厚いサポートや企業の援助があった。市の住民教育課の課長が建物を案内しながら、この孤児院の子どもたちが一般の学校に通っていることを話していた。私は窓の外を見た。子どもたちが集団で学校から帰ってくるところだった。一人の女の子が、みんなから離れて歩いていた。

「あの子はソーニャ（＊ソフィアという名前の愛称）、一年生です」孤児院の院長が私に話した。「あの子はいつもああやって一人で歩いているんですよ。彼女は、自分がもうすぐユダヤ人家族の養女になるんだと思い込んでいるんです」

「どうしてユダヤ人家族なんですか？　彼女はユダヤ人には見えませんよ。髪も明るい金髪だから、おそらくウクライナ人でしょう」

「学校で誰かが、ソーニャはユダヤ系の名前だから、彼女はユダヤ人だと言ったんです。ソーニャはそれをそのまま受け入れ、必ずユダヤ人家族が彼女を養女にしてくれると決めてかかっています。彼女がいつも一人で歩くのは、集団の中にいたら、未来の両親が彼女に気づかないかもしれないと考えているためです」

ハルキウにあったのはよい孤児院だった。そして、孤児院はウクライナの他の都市やベラルーシ、ロシアにもあるが、孤児院の建物の快適さの如何《いかん》を問わず、そこで暮らす子どもたちは、両親、家族が現れることを夢みている。

同い年のグループから離れて、痩せた小さな一年生のソーニャが、舗装された中庭の小道をグレーの靴でスタスタと歩いていた。孤児院の娘ソーニャは夢をみていた…

一日が過ぎ、二日が過ぎ、一カ月が過ぎていった。ソーニャは、孤児院があらゆる国にずっと昔から存在すること、そして全員が養子や養女になれるわけではないことを、まだ知らなかった。孤児院の大部分の子どもたちが、親のいない運命をたどることを知らなかったのだ。そして、ソーニャも養女になることはなかった。

しかし、彼女の人生は予想だにしない道を歩むことになった。当時、ハルキウの住民の一団が、都市部の近郊に入植地をつくろうと決めた。彼らは百五十ヘクタールの土地を得ることができ、百二十家族が一ヘクタールずつ取得し、そこに一族の土地を敷くことを決めた。

端にあったひと区画は、持ち主のいないままになっており、それを孤児院の誰かに与えることが決まった。そして、幼いソーニャが選ばれたのだ。幼い女の子は、孤児院の女性職員と一緒に車で土地に連れてこられた。職員は少女に説明をはじめた。

「ソーニャ、見えるわね。ほら、何本も棒杭《ぼうくい》が打ち込まれて、そのあいだにロープが張られているでしょう。ロープの向こうにあるのがあなたの土地。一ヘクタールもあるのよ。この周りに一ヘクタールずつ土地を手に入れた人たちが、あなたにプレゼントしたの。その人たちは自分の土地に園をつくったり家を建てたりするの。あなたも大きくなったら、家を建てたり園をつくったりできるのよ。この土地があなたを待っているんだから」

女の子はロープに近づくと、それに触れた。そして孤児院の職員に訊き返した。

「じゃあ、このロープの向こうは私の土地で、そこで私は自分で決めたことをなんでもしてもいいの？」

「そうよ、ソーネチカ（＊ソフィアの愛称のひとつ）、これはあなたの土地。だからここに育つものを決めて配置することができるのは、あなただけなの」

「でも、何が育つの？」

「今は、見てのとおりいろんな草が生えているわ。でも、お隣の土地を見て。もうリンゴや梨、それにいろんな果物の木が植えられている。もうすぐ園に花が咲きはじめるようね。あなたも大きくなったら、自分の土地が他の人たちの土地みたいに美しくなるように、どこに何を植えるか決められるのよ」

ソーニャはかがみこんでロープの下をくぐると、自分の一ヘクタールの土地に入った。ロープに沿って数歩歩くと、草やそこで動き回ったり鳴いたりしているすべてのものを、注意深く認識しようとしていた。そして、割り当てられた区画の中に生えている、小さな白樺の若木の近くまでくると、その細い幹に触れた。ソーニャは女性職員の方へ振り向くと、なぜか興奮げにたずねた。

「この小さな木、白樺も？　これも私だけのものなの？」

「そうよ、ソーネチカ。あなたの土地に生えているのだから、白樺も、もうあなただけのものよ。大きくなったら、他の木々も植えることができるわ。でも今はもう帰らなきゃいけないわ、もうすぐお昼ごはんの時間でしょう。私は孤児院のみんなと一緒にいなきゃいけないの」

女の子は自分の区画の方へ顔を向けると、黙ったままそこを見ていた。

＊＊＊

子どもがいる人ならご存知だろうが、子どもたちはよく色々なものを使って簡単な部屋をこしらえて遊んだり、田舎で秘密基地をつくって遊んだりするものだ。なぜだかどんな子どもにも、自分の小さな世界を大きな世界から仕切り、自分の空間を創造しようとする欲求がある。しかし孤児院の子どもたちには、共用の空間しかない。いかに設備が整っていようとも、この共用の空間というものは、子どもたちにとって重い枷《かせ》なのだ。

孤児院の他の子どもたちと同様、ソーニャはこれまでごく小さな一隅でさえ、一度も自分の空間を持ったことがなかった。

それが今、彼女が立つロープの向こうが、彼女だけのものになったのだ。草も、草の中を跳ねる生きたバッタたちも、そして小さな白樺も。痩せっぽちの少女は孤児院の職員の方を向くと、口を開いた。その声は、懇願と決意の色を帯びていた。

「お願いです。どうかどうか、お願いします。私をここにいさせて。先に帰ってください。私は自分で歩いて帰るから」

「三十キロメートルもあるのに、歩いて帰るというの？」

「帰ります」断固としてソーニャは答えた。「歩いて、ちゃんと帰ります。バスがあるかもしれないし。お願いです、しばらく私の土地に一人でいさせて」

二人を乗せてきたジグリ（＊旧ソ連時代から続く大手自動車会社の車種。現在はラーダというブランド名）の運転手のニコライは、ソーニャの隣の土地の所有者だった。彼は二人の会話を聞いて、女性職員に提案した。

「彼女を夕方までいさせてあげたらどうでしょう。私があなたをお送りして、夕方には彼女も送り届けますから」

孤児院の女性職員は少し考えたあと、同意した。ロープの向こうで自分の結論を待っている少女の顔を見てしまったら、同意せずにはいられなかったのだ。

「いいでしょう、ソーニャ、夕方までここにいらっしゃい。あなたのお昼は運転手さんに届けてもらうわね」

「いえ、届ける必要なんてありませんよ。私がお隣さんと一緒に昼食をとりますから」ジグリの運転手は真剣な調子で言った。彼は敬意をこめて「お隣さん」という言葉を発していた。

「おーい、クラヴァ！」彼は、建設中の家のテラスでいそいそと昼食の用意をしていた妻に向かって叫んだ。「昼食は四人分つくってくれ、今日はお隣さんたちも一緒するぞ」

「いいわよ」彼の妻が答えた。「全員分、十分足りるわ」そして付け加えた。「ソーニャ、何か要るものがあったら言うのよ」

「ありがとう」この上なく幸せそうにソーニャは答えた。

ジグリが行ってしまうと、ソーニャは棒杭のあいだに伸びたロープに沿って歩きだした。ゆっくりと、時々立ち止ってはしゃがみ、小さな手で草の中の何かに触れてはまた歩いた。そうやって自分の土地を一周した。

その後、彼女は一ヘクタールの中央に立ち、全方位を見渡した。そして突然両手を広げると、飛び跳ねたりくるくる回ったりしながら走り回った。

昼食のあと、自分の土地で走り疲れたようすの少女を見て、クラヴァは少し眠ってはどうかと、折り畳み式の簡易ベッドをすすめた。しかし、疲れたソーニャはこう答えた。

「できれば、なにか下に敷くような古着を貸してくれませんか。私、自分の土地の、白樺のそばでお昼寝したいの」

ニコライは簡易ベッドに毛布を用意して、ソーニャの土地の白樺のそばに置いた。少女は横になるとあっという間にぐっすりと眠ってしまった。これが彼女の、自分の一族の土地でのはじめての眠りだった。

しかしその後、孤児院では誰もが解決不可能だと思える問題が持ち上がった。ソーニャは毎日、職員に一ヘクタールの土地へ行くことを許してほしいと願い出るようになったのだ。一人でバスを乗り継いで行くには彼女はまだ幼く、職員は他の子どもたちを放っておくわけにはいかないので、連れて行くことはできないのだと説明をしたが、ソーニャには通じず、徒労に終わった。

ソーニャは孤児院の院長にかけ合うようになった。彼女は、絶対に自分の土地を訪れなければならないのだと院長に説明した。隣人たちはすでに木々を植えはじめ、果樹園にはもうすぐ花々でいっぱいになるというのに、彼女の土地はほったらかしのままで、一輪の花も咲かせないままになってしまう、だから絶対に行かなければならないのだと。

孤児院の院長は、最終的にソーニャのための解決策を見出して言った。「今はね、ソーニャ、君を土地に連れて行くことは不可能だ。何よりも、あとひと月半、君は学校の勉強をしなければならないからね。ひと月半経ったら夏休みになるから、私が君の土地のご近所さんたちと話してみて、彼らが君のようすを気をつけて見ると言ってくれるなら、夏休みの一定期間、君の土地に行かせてあげよう。一週間か、もしかしたらもう少し長くね。それに君が望むのなら、このひと月半のあいだに土地づくりの準備をしておくこともできるんだよ。ほら、本を二冊あげるから読んでごらん。一冊には畑の畝《うね》のつくり方、もう一冊にはどんな薬草があるのかが書いてある。君が真面目に過ごすなら、夏休みまでにいろんな種《たね》を用意してあげよう」

ソーニャは真面目に過ごした。授業では頑張って勉強し、すべての時間、自由時間の本当にすべてを、院長からプレゼントされた本を読むことに費やした。夜、寝床に就くときには、自分の土地に様々な美しい植物が育つのを想像していた。夜勤の職員は、ある夜、子どもたちが寝静まった時間に、ソーニャが窓から差す月明りで木々や花々の絵を描いているのを見た。

ニコライたち隣人は少女を見守ることに同意し、ついに夏休みがやってきた。院長自らジグリのトランクに二週間分の備蓄食とスコップ、小さな鍬《すき》や熊手、そして種が入った袋を積み込んだ。

実のところニコライは、孤児院が備蓄食を用意するのを望まなかったのだが、院長が彼に、ソーニャは自立心が強く、誰かの厄介になることをとても嫌うので、彼女が自分にも食料があると思える方がよいのだと説明した。

また、ニコライの一家は、完成させたばかりの家の一階に、少女のための小さな部屋と寝床も用意していたのだが、孤児院は新しい寝袋を準備した。

ソーニャが車に乗ると、その日に孤児院で働いていた職員たちだけでなく、幸せに輝く少女の顔を見ようと、多くの人たちがわざわざやってきた。

ソーニャは、最初の三夜を隣人の家の部屋で眠り、日中はずっと自分の一族の土地で過ごしていた。

三日目はニコライの誕生日で、たくさんの客がやってきた。その中にテントを持って訪れた若いカップルがいた。次の日、客たちは帰ったが、テントは残されたままだった。

「これは君へのプレゼントだよ」若いカップルはニコライに言った。

その後、ニコライのところへソーニャが来て、「テントに寝てもいいですか」と頼んだ。ニコライは許可して言った。

「もちろん、そうしたいならテントで寝るといい。でもどうしたんだい、部屋が暑いのかい?」

「部屋は心地いいです」少女は答えた。「でも、みんなが自分の土地で寝ているのに、私の土地は夜一人ぼっちになっちゃう。みんなの土地では明かりが灯されているのに、私の土地は真っ暗なんだもの」

「そうか、じゃあ、君の土地にテントを張りなおしてやろうか?」

「うん、どうかお願いします。あのね、コーリャ（＊ニコライの愛称）おじさん、テントは白樺のそばに張ってほしいの。もしおじさんに時間があって、難しくなければ……」

それから毎夜、ソーニャは自分の土地の白樺の木の下に張られたテントで眠った。

朝早く目を覚ますと、彼女はすぐにテント脇の水の入ったバケツへと歩き、マグカップに貴重な水をすくうと口に含んだ。そしてそれを口から両手に流し、顔を洗った。

それから、自分で描いた絵や土地の配置図のスケッチブックを開き、それを眺めた。その後は花壇や畝をこしらえた。

孤児院の院長からプレゼントされた小さめのスコップは、先が尖ってはいたものの、ソーニャにはどうしても十分な深さまで地面に突き刺すことができず、先半分だけを使って掘っていた。それでも、畝は出来上がった。

隣のニコライが、掘り起こしてほしいところを耕運機で耕してやろうとソーニャに提案したが、彼女は頑《かたく》なに断った。彼女は、自分の一ヘクタールの領域に誰かが侵入することに強く反応した。それを感じていた人々は、彼女に断りなく棒杭のあいだに張られたロープの境界内に入らないようにしていた。隣のニコライでさえ、朝起きてソーニャを朝食に呼ぶ際も、ロープまでしか近寄らなかった。

なにか普通でないほどの自立への希求、または誰かのお荷物になることへの恐れが、幼い彼女に他人への頼みごとをさせず、村の住民の誰かが、着る物やお菓子、何かの道具をあげたいと願い出たときでさえ、彼女は丁寧に感謝はするものの、受け取ることは頑なに断り続けた。

二週間の滞在のあいだに、ソーニャは三つの畝をこしらえて種を蒔き、真ん中あたりに大きな花壇をつくった。

滞在最終日の朝、ニコライはいつものようにソーニャの土地との境界へやってきて、朝食にくるよう彼女に呼びかけようとした。

少女は、まだ何も芽を出していない自分の花壇の脇に立ち、そこを見つめていた。そして振り返ることなくニコライに返事をした。

「コーリャおじさん、今日は私を食事に呼ばなくていいよ。今日は食べたくないの」

ニコライはのちに、少女の声になにか激しい落胆があり、わっと泣き出すのをやっとのことで堪えているのを感じたと話した。彼は何があったのかたずねることはせず、家に帰り、双眼鏡でソーニャを観察しはじめた。

少女は土地の中を歩き回り、植物に触ったり畝を直したりしていた。それからお気に入りの白樺のもとへと歩き、両手で幹を掴んだ。その小さな肩は震えていた。

昼食の頃になると、孤児院の古いマイクロバスがソーニャを迎えにきた。運転手はニコライの敷地の入り口の前に車を停めると、クラクションを鳴らした。

のちにニコライがこう話していた。

「双眼鏡で、簡素な自分の荷物やシャベルや熊手なんかを片づけて、うなだれてこちらの方へ歩き出した彼女の顔を見たら、いてもたってもいられなくなり、携帯電話を掴んでいました。孤児院の院長とすぐにつながってよかったですよ。私は、どんな書類にでもサインして自分がこの子の責任をとる、休暇をとって貼りついて見守るから、少女に夏休みが終わるまで自分の土地にいさせてやってくれないかと言ったんです。

院長ははじめ、孤児院の子どもたち全員が、療養と休息のために海へキャンプに行かなければならないと説明をはじめました。このためにずいぶん前から尽力してきて、やっと今回スポンサーのおかげで行けることになったのだと。私は院長に、ぶっきらぼうな言葉をかけましたが、彼は気を悪くすることなく、同じくぶっきらぼうな口調で答えました。そして彼は最後に『運転手に電話を代わってください。明日、私がそちらに行くことにします』と付け加えたんです。

私は外へ走り出て、電話を渡しながら、運転手に言いました。

『さあ友よ、早く帰るんだ』

運転手は走り去りました。すると歩いてきたソーニャがたずねました。

『コーリャおじさん、バスは私を迎えにきたんじゃないの？　どうして行ってしまったの？』

私は、院長との話でなんだかひどく興奮していたので、煙草に火をつけました。手が震えていましたよ。そして彼女に言いました。

『まあ、迎えにきたというか……ただ訊きにきただけみたいだ、君に食べ物とか何か必要な物はないかってね。なんとかなるから大丈夫だと言っておいたよ』

彼女は私をじっと見つめ、どうやら何かを理解したようでした。そして小さな声で言いました。

『ありがとう、コーリャおじさん』

そして少し歩き出すと、自分の土地へ向かって一目散に駆けだしました。

朝になると院長がやってきましたが、私はすでに彼を待ち構えていました。ただ、彼は私の方ではなく、すぐにテントの方へ向かっていきました。彼女の承諾なしにロープの中に入らないようにと言うことも間に合いませんでした。しかし彼はさすがでした。それを見抜き、さらに見事だったのは、子どもの精神的な安定を崩さないよう、少女が出てきたと同時に言ったんです。

『こんにちは、ソーニャ。孤児院のみんなで海に行くんだが、君がここに残るのか、私たちと一緒に海に行くのか、訊こうと思って寄ったんだよ。どうする?』

『ここに残ります』とソーニャが言いました、というよりは、叫んでいました。

『そうだと思ったよ』院長は答えました。『だから君に、食料を持ってきた……』

『私のことは心配しないで、時間も使わないで。私、何にも要らない』

『要らない? じゃあ私にどうしろと言うんだい? 国が孤児院生一人ずつにお金をくれているんだ。なのに君は自分の力で大きくなって、食事も自分でするつもりだって言うんだね。それなら私は、国に対してお金の使い道をどう報告すればいいと言うんだい? 無理だ、だからもう受け取っておくれ、お願いだから。さあアレクセイヴィチ、荷物を降ろしてきてくれ。入らせてもらうよ、ソーニャ。そうだ、君の農園を見せてくれないかい?』

ソーニャは状況をきちんと理解しようと、しばらくのあいだ院長を見つめていました。それからマイクロバスの運転手が重そうなバッグを降ろしているのを見て、最終的に夏休みの終わりまで自分の土地に残れることを理解し、嬉しそうに叫び声を上げました。

『ああ、なんて素敵……入って。ほら、ここが入口なの。ここにはロープが掛かっていないから。

どうぞ入って。私の農園をお見せします。コーリャおじさんも入ってください』

彼女は私たちをテントの方へ連れてくると、すぐにテントのそばに置いてあるバケツから汲んだ水をすすめて言いました。

『はい、お水です。泉から汲んでいるんです。美味しいお水ですよ、水道のお水より美味しいお水です。どうぞ飲んでください』

『じゃあ遠慮なく』院長はそう答えると、マグカップに半分ほど汲んで上機嫌に飲み干しました。

『おいしい水だ』

私も、運転手も飲んで、みんなでソーニャの水を褒めると、彼女はとても満足そうでした。ソーニャはたぶん、人生ではじめて自分のものを所有したんです。ただの水であっても自分のもの。そして彼女は、はじめて大人に自分のものを与えることができたんです。ソーニャは自分と世界とのかかわりを感じはじめていました。そのあとソーニャは、彼女がこれまでに植えてきたものはなんなのか、そして今後は何を植えるつもりなのかを、一時間半か二時間かけて、夢中になって話しました。また、彼女は未来の一族の土地を描いた絵も見せてくれました。ただ彼女の設計図には、家がありませんでした。

『そろそろ行かなくては』院長がソーニャに言いました。『私たちが持ってきた荷物は自分でほどいておくれ。充電式のライトも入っているよ。遠くを照らすこともできるし、昼光灯に切り換えれば本を読むのにも使える。それに君が読む本もある。土地のデザイン雑誌や野菜の栽培の本、それに民間療法の本も持ってきたんだ』

『あっ、私ったらまた忘れてる』ソーニャは小さな手を打って言いました。『ちょっと待っててください』

彼女がテントの帳《とばり》を折り返すと、そこには様々な草が束ねてあり、テントに張られたロープに吊るされていました。彼女はいくつかの束をとると、院長の方へその手を伸ばしました。

『これはヤマブキソウです。そういう名前の草なの。これを私のグループのカーチャにあげてください。煎じて飲むようにって。彼女はよく身体を壊すから。私、院長先生がくれた冊子を読んで、干したんです』

『ありがとう……』

この院長はよい人ですね。子どもたちを愛している。あとで彼と話をしたんですが、彼はソーニャの暮らしぶりについて僕にあれこれたずね、いくつか要領を得た助言をしてくれました。

ソーニャは、夏のあいだずっと、自分の一ヘクタールの土地に張ったテントで暮らしました。彼女の土地の中央にある花壇には、素晴らしく美しい花々が咲き、畑からは玉ねぎやラディッシュなど様々な植物が芽を出しました。

日が短くなりはじめた頃、夕方になると白樺の木の下のテントの中に明かりがゆらめくのをよく目にしました。ソーニャは毎晩、民間療法の本を読んだり、自分の土地の未来のすべてをスケッチブックに描いたりしていました。

夏の終わりに、孤児院の古いマイクロバスが彼女を迎えにきたとき、私はソーニャの持ち物を車に積むのを手伝いましたが、運んだものときたら、二百ほどもある干した薬草の束に、ジャガイモ一袋、カボチャが三袋ですよ。マイクロバスいっぱいに積み込みました。私はソーニャに訊きました。

『来年はどうするんだい？　君のテントは保管しておこうか？』

『次の夏休みには必ずまたきます。休みの最初の日から来ます。コーリャおじさん、おじさんはとても善《よ》いお隣さんです。親切なご近所付き合いをしてくださってありがとう！』

そして、大人のように私に握手を求めましたが、その手は以前よりも力強くなっていました。何よりソーニャ自身が、ひと夏のあいだに日焼けして健康的になっただけでなく、力強さと自信を得ていました。

彼女は次の年も、いくつもの果実の苗木や野菜の苗を持ってやってきて、すぐに仕事に取りかかりました。

私たちは村の集会で、ソーニャのために小さな家を建ててやることを決めました。するると、村で一番大きなコテージを建てた実業家の妻であるジーナ（＊ジナイーダの愛称）は、小さくない方がいいと強く主張しはじめたのです。

『恥ずかしくて人様に顔向けができないわ。村中が宮殿みたいな家を建てているのに、子ども一人だけがテントに住んでいるなんて。遊びにくるお客たちが、私たちのことをとんでもない人間だと思ってしまうわ』

ソーニャの傾向や、他人からの贈物に対する彼女の異常なまでの拒絶をみんなが知っていたので、家を建てることについての彼女との話し合いは、私に託されました。

私は彼女のところに行き、話をしました。

『ソーニャ、村の人たちが集会で話し合ってね、君に小さなお家を建てることになったんだ。だから、どこに建てたらいいのか場所を指定してくれないか』

彼女は、警戒するかのように私にたずねました。

『コーリャおじさん、小さなお家って、いくらお金がかかるんですか？』

私はなんのためらいもなく答えました。

『二十万ルーブルくらいだ。まあ一軒当たり二千ルーブルずつだよ』

『二千ルーブルずつ⁉　それはすごい大金だわ。つまり村の人たちが、自分の子どもたちに買うものを減らして、私にお金を使ってしまうのね。コーリャおじさん、どうかどうか、お願いです。皆さんに、私にはまだお家は要らないって言ってください。どこに建てるかもまだ考えていないんです。お願いです、コーリャおじさん、どうか皆さんにそう説明してください……』

彼女は動揺していて、私にはその理由がわかりました。ソーニャは自分の一ヘクタールの土地を得て、生まれてはじめて自分が他人に頼ることなく生きていると感じたのです。その土地は彼女にとって両親の代わりとなり、彼女を必要とし、彼女もその土地を必要としている。少女は何か内なる感覚で、彼女の土地が他人に触れられるのを嫌がっていると感じた、または認識したのでしょう。

ソーニャが家を建ててもらったからといって、誰かに非難されることなんて、どんなかたちであれ、あり得ません。でも、彼女にとっては、自分の家よりも自立の方が、より価値があることだったのです。

私は、少女に無理やり何かをプレゼントしないようにと、みんなを説得して回りました。すると、じきに思いもよらないことが起こったんです。ある日、ソーニャの土地のそばへと、湖の方から子どもたちが走ってきました。みんなの先頭には、実業家の息子のエディック（＊エドゥアルドの愛称）が、格好いい自転車に乗って走っていました。彼はいつもソーニャをからかい、彼女のことをチビと呼んでいました。と言っても、彼が彼女より三歳年上なだけなんですがね。

『おーい、チビ』エディックはソーニャを大声で呼びました。『ずっと庭のデザインを描いてばっかりで飽きないのか？　そんなことより、俺たちと面白いショーを見に行こうぜ』

『何のショー？』ソーニャが訊き返しました。

『俺のパパが、今から、家を建ててたときに使ってたプレハブ小屋を燃やすんだ。あそこに見えるだろ。いざというときのために、もう消防車も来てるんだぜ』

『なんで燃やしちゃうの？』

『あると庭の見た目が悪いからさ』

『でも燃やしたあとは、その場所には長いこと何も育たないのよ』

『なんで育たないんだ？』

『土にいるよいミミズとか、虫たちがみんな燃えちゃうからよ。ほら見て、私がテントのそばでたき火をしたの。この場所にはもう何にも生えてないでしょ』

『すげえなチビ、おまえ、すごくよく観察してるんだな。じゃあうちのミミズたちを救ってくれよ。あの古いプレハブ小屋を持っていってくれ。じゃないとパパは、どこに捨てたらいいかわからないんだ』

『あんな重い物、どうやって持って帰ればいいの？』

『どうやってって？　もちろんクレーンでだよ。風力発電機を建てるから、明後日クレーンが来るんだ。とにかく、おまえがもらわなきゃ、ものすごくでっかい焚火をするだけさ』

『わかったわ、エディック、あなたの家のプレハブ小屋は私がもらうことにする』

『じゃあ、行こうぜ』

近所の大人たちとたくさんの子どもたちが、エディックの両親の一族の土地に集まっていて、消防車も準備段階に入っていました。するとエディックが、ガソリン缶を持ってプレハブ小屋へと歩いている父親の方へ近づいていき、子どもたちにとっては不満であり、大人たちにとっては喜びで驚嘆《きょうたん》することを話しました。

『パパ、このプレハブ小屋を燃やさないで』

『燃やさないでって、どういうことだい？　どうしてだい？』

『僕があげちゃったからだよ』

『誰に？』

『チビに』

『チビって誰だ？』

『ソーニャだよ、あの端っこの土地の』

『なんだって？　彼女が同意したのか？　おまえから受け取ることに？』

『パパ、僕の言うことが信じられないの？　じゃあ自分で訊いてみてよ』

エディックは子どもたちの一団の中にいるソーニャの手をとり、父親の方へ連れていきました。

『この小屋をもらうことに同意したって言うんだぞ。ほら言いな』

『同意しました』ソーニャは小さな声で答えました。

ああ、そのとき実業家は、息子への胸いっぱいの誇りを隠すことができませんでした。だってそうでしょう、誰からも何も受け取りたがらなかった頑固なソーニャが、彼の息子のエディックからだけは、贈物を受け取ったんですから。

子どもたちが帰ると、実業家は彼のコテージの内装を手がけた職人たち全員を呼んで言いました。

『いいかみんな、どんな資材を使ってもいいから、一昼夜で仕上げてくれ。賃金は二倍払う。ただし二日後にはプレハブ小屋の中が、洒落たワンルームマンションになっているようにしてほしい。外観はぼろぼろのままでいいが、内装だけは綺麗にするんだ』

二日後、ソーニャの土地の白樺のそば、彼女のテントが張られていた場所に煉瓦の基礎が敷かれ、使い古しのプレハブ小屋が設置されました。外観はぼろぼろでしたが、塗装ができるようにと職人たちが外壁の下処理をし、フィンランド製のペンキと刷毛《はけ》が中に置いてありました。

ソーニャは、一族の土地に設置された人生ではじめての自分の小さな家に、自分の手でペンキを塗りました。翌年には、この小さな家は、おとぎ話に出てくるような家へと変貌したんです。それはアイビーや山ぶどうが巻きつき、花でいっぱいの花壇に囲まれた小さな家でした」

＊＊＊

十年が経った。ソーニャは学校を卒業し、すでに一年間自分の一族の土地で暮らしていた。村では緑や花咲く園に、数々の立派なコテージができていたが、その中で最もよい、最も美しい一族の土地は、ソーニャの敷地だった。同級生たちが孤児院を出て自立するとき、寮があるという理由だけでどこかの寄宿制の技術学校へ入ろうとする子もいれば、何でもいいから仕事を探して、何とか自分が食べていける分だけでも稼いでいこうとする子もいる中で、ソーニャはすでに資産持ちとなっていた。村の人々は、余分にできた果物や野菜を仲介人に卸していた。そのような村で栽培されたものはずいぶんと高い値段で買い取られ、安全な自然食品を扱うヨーロッパ諸国の特定の店に向けて輸出されていた。ソーニャも自分の土地で育ったものを仲介人に売ってはいたが、大部分を、類まれな少女と彼女の奇跡のような土地のことを聞きつけて、彼女のもとを直接訪れる街の人たちに売っていた。

また、ソーニャは薬草を摘み、それを使って多くの人たちの病気の治癒を助けていた。

ある日エディックが、この頃すでにこの村に定住するようになっていた両親のもとへ帰ってきた。彼はアメリカの有名大学で三年間学んだところだったが、もうすぐ複雑な手術が控えていた。おそらくは外国の水と食事が、肝臓と腎臓に不具合をもたらしたのだろう。エディックは、手術の前に両親のもとで一週間を過ごそうと決めたのだった。母親のジナイーダがエディックに提案した。

「ねえ、私たちの村のヒーラーのところに行ってみない？　もしかしたら、何か助けになるかもしれないわ」

「何言ってるんだよ、母さん、いったいいつの時代に生きてるの？　西欧では医療は最高のレベルにあるんだ。必要に応じて切り取って、取り替えればいい。心配いらないよ。まじない治療師の婆さんたちのところになんか行かないよ。そんなのは、ふた昔も前の時代のものさ」

「お婆さんたちのところなんかじゃないわ。行きましょうよ、あなたも覚えてるでしょう、この村の端っこの土地の、孤児院からきた小さな女の子のことを。みんなの驚きをよそに、もらった一ヘクタールの土地を一人で整備してた子よ」

「ああ、あのチビのことかい？　少しだけ覚えてるよ」

「今はもうチビじゃないわ、エディック、とっても尊敬できる人よ。彼女の手で育てられたものには、仲介人が二倍の値段を払うこともいとわないの。彼女が摘んだ薬草を求めて、遠くから来る人もいるのよ。彼女は何の宣伝もしてないのに」

「チビはどこでそんな知識を学んだんだろう？」

「彼女は一年生のときから毎年夏になると自分の土地で過ごして、冬のあいだはずっと毎日、園芸や民間療法の本を読んでいたの。子どもの頭脳はよく切れるものだから、全部よく理解したのね。読んだ本から、彼女は多くのことを吸収したの。ただ、みんなが言うには、本よりも彼女が自分で理解したことの方が多いらしいわ。植物たちが彼女の言うことを理解している、と言う人だっているのよ。確かに彼女は植物たちと話をしているもの」

「へえ、あのチビがね！　治療にどれくらい金をとるんだい？」

「とることもあるけど、無料で治療することもあるわ。私、去年の秋に池の近くで彼女に会ったのよ。そしたら彼女が私の目を見て言うの、『ジーナおばさん、しろ目のようすがおかしいわ。この薬草をあげますから、煎じて飲んでください、そしたら治りますよ』って。それで治ったの。たしかに肝臓を悪くしていたから、目の白い部分がおかしくなっていたの。今はもう痛みもないわ。ねえ、行きましょうよ。ちょっと行ってみましょう。あなたの肝臓も治してくれるかもしれないじゃない」

「でも母さん、僕の場合は肝臓だけじゃない。もう診断が下されたんだよ、もうすぐ腎臓を取ってしまうんだ。それなのに煎じ薬なんて役に立たないよ。まあでも、行ってみよう。実はチビの一族の土地を見てみたいんだ。楽園みたいだって言われてるからね」


「本当だ！　見事につくりあげたもんだなあ」母親と一緒にソーニャの一族の土地に近づいたとき、エディックは感嘆の声を漏らした。「村のみんながコテージや石の塀の建設に全力を注いでいるあいだに、彼女は本当に楽園を創造したんだな。見てよ、母さん。緑を育てて立派な垣根をこしらえてある！」

「彼女の園を見たら、これしきで感嘆の声を上げていられないわよ。ただし、彼女はほんの一握りの人にしか園に入らせないのよ」ジナイーダは付け加えた。

園に続く木戸を少しだけ開けると、彼女は大きな声で呼んだ。

「ソーニャ、家にいるのなら、出てきてちょうだいな。ソーニャ、いるの？」

小さな家――昔の建設作業員用のプレハブ小屋のドアが大きく開き、ポーチに若い娘が出てきた。彼女は、きつく編んだ亜麻色のお下げを、滑らかな手つきで肩へと払った。息子とともにきたジナイーダを見ると、彼女の頬はぱっと赤くなった。若い美女はしなやかな胸のふくらみを包むカーディガンの上のボタンを留めると、柔らかく、軽やかな、しかし堂々とした足取りでポーチから降り、ジナイーダとエディックが立っている木戸へ続く小径《こみち》を歩いてきた。

「こんにちは、ジーナおばさん。お帰りなさい、エドゥアルド。ぜひ家へ、どうぞ園へお入りになって」

「お招きありがとう、喜んで入らせていただくわね」ジナイーダが答えた。

一方のエディックは、挨拶もせず黙ったままだった。

「あのね、ソーニャ」園への小径を歩きながら、ジナイーダは話しを続けた。「うちの息子がちょっと健康に問題を抱えていて、もうすぐ手術をするの。アメリカで手術をするのはいいのだけど、やっぱり母親の私はなんだか心配なの」

ソーニャは立ち止ると、振り返ってエディックにたずねた。

「エドゥアルド、いったいどこが痛むのですか？」

「心臓が……」エディックが呻《うめ》くように答えた。

「心臓ですって？」ジナイーダが驚きの声を上げた。「あなた肝臓と腎臓だって言ってたじゃない。さては嘘をついて、安心させようとしたのね？」

「いや、嘘はついてない。でも今は心臓が、母さん、激しく打つんだ。ほら、触ってみてよ、こんなふうに打ってるんだ」そして母親の手をとり、自分の胸に当てた。「聞こえるだろう、今に飛び出して破裂しちまうよ。母さんがこの美しい乙女に、今すぐ僕と結婚してくれるよう説得してくれなきゃ」

「あら、冗談なのね」ジナイーダは笑いだした。「母はびっくりして死ぬところでしたよ」

「いや、冗談なんかじゃないんだ、母さん」エディックは真剣に答えた。

「あら、冗談じゃないのなら」ジナイーダは陽気に続けた。「知っておくといいわ。ソーニャのところには、もう村の半分の家から、息子の嫁にと仲人がおしかけているのよ。でも全員ダメだったの。彼女は結婚したくないって。どうして結婚したくないのかは自分で聞きなさい。母をあいだに入れるもんじゃありませんよ」

エディックはソーニャに近寄り、静かにたずねた。

「ソーニャ、あなたはどうして誰とも結婚しなかったんですか?」

「それは、」ソーニャは静かに答えた。「あなたを待っていたからよ、エディック」

「ふたりとも冗談が過ぎるわ。母親をおちょくってるの?」

「僕たちを祝福してくれ、母さん、今すぐに。僕は冗談で言っているんじゃないんだ」エディックは毅然《きぜん》としてそう言うと、ソーニャの手をとった。

「私も、冗談で言っているのではありません、ジーナおばさん」ソーニャが真剣に言った。

「冗談ではないのね……つまりソーニャ、あなたも冗談で言っているのではないのね……じゃあ、冗談でないのなら、どうして私のことをおかあさんじゃなくて、おばさんと呼ぶの?」

「わかりました。おかあさんと呼びます」ソーニャは震える声で答え、ジナイーダの方へ一歩進み出ると、戸惑ったようすで立ち止った。

ジナイーダは起きていることをすぐに認識できずにいた……からかっているのか？　冗談なのか？　彼女は真剣な眼差しをソーニャの顔から息子の顔へ走らせた。そしてもう一度……そしてある瞬間に、彼女は若者たちの意向が真剣なものであると理解した。そしてソーニャに駆け寄ると、彼女を抱きしめて泣き出した。

「ソーニャ、ソーネチカ、私のかわいい娘、わかったわ。あなたたちは本気なのね」

ジナイーダに身体をあずけたソーニャの肩も震えだした。そしてソーニャも繰り返し答えた。

「ええ、おかあさん、本気です。ええ、とても真剣です」

それから若いふたりは手をとり合うと、ゆっくりと、そして周囲の誰をも気に留めることなく、エディックの家族の一族の土地へ続く道を歩きだした。その前をジナイーダが歩いていた。彼女は泣き笑いしながら、出会う人出会う人に駆け寄っては、絶えずしゃべり続けていた。

「息子と一緒にソーニャのところに行ったら……そしたらこのふたりがもう……いっぺんに恋に落ちちゃって……私はもう、いっぺんに祝福をしちゃって……私、はじめは冗談だと思ったんですのよ。そしたらこのふたりがもう、いっぺんに恋に落ちちゃったものだから……。私、今日は無理だって言ったんですのよ。でも、このふたりが『母さん、結婚式は今日だ』って言い張るんですの。善良な皆さん、こんなことがあっていいんでしょうか？　準備しなきゃならないってもんですよね、きちんと順序を踏まなきゃ。今日の今日で結婚式じゃあいけませんもの」

家から出てきた実業家であるエディックの父が、妻からほぼ同じ支離滅裂な話を聞くと、若いふたりを見てから言った。

「ジナイーダ、きみはいつもべらべらとおしゃべりして。きみが言うにはつまり、今日結婚式をすることは不可能だってことかい？　このふたりを見てごらん。結婚式をしなきゃならないのは今日じゃない、今すぐだよ」

　エディックは父親に駆け寄り、抱きしめた。

「ありがとう、父さん」

「何がありがとうだ。何を抱き合うことがある。今は『ゴーリカ』（＊ロシア語で「酒が苦いぞ！」という意味。ロシアの結婚の宴で酒のグラスを持った一人が「ゴーリカ」と発すると、参列者全員が一斉に連呼する。新郎新婦に対し、酒を「甘く」するためにキスをせよと促す祝宴恒例の掛け声）を叫ぶときじゃないか！」

「ゴーリカ！　ゴーリカ！」集まった人たちが叫びはじめた。

　村の住民たちの前で、エディックとソーニャははじめて口づけを交わした。そのとき村にいた全員が結婚式に集まった。みんなで一緒になって、急ごしらえの宴の席が新鮮な空気の中に用意された。その結婚式は、ロシアの酒の席でよくあるような騒音ではない、歓びの歌を深夜まで響かせ続けた。

　両親の説得にもかかわらず、新婚夫婦は宮殿のようなコテージではなく、ソーニャの小さな家で暮らしはじめた。

「父さん、わかってくれ」エディックが言った。「うちは一ヘクタールの半分くらいを使って、この宮殿といろんな離れなんかを建てた。でも、ソーニャの一族の土地みたいな美しさや空気はない。だから半分くらい取り壊した方がいいんだ」

　実業家はその後一週間、大酒をくらった。そして、みんなが驚いたことに、離れを取り壊しはじめたのだ。

「なんと愚かにもこんなものを建ててしまったんだ。孫たちがこんなカタコンベ（＊地下墓地のこと）みたいなところに泊まってくれるはずがないのに」と言いながら。

　そして、ソーニャとエディックは幸せに暮らした…


　ストップだ！　これは私が語りはじめた未来だ。そして、それは絶対に美しい未来だ。では現在はどうだ？　ハルキウ市には現に孤児院がある。そして少女のソーニャがそこにいる。ソーニャはすでに三年生になったが、自分の一ヘクタールの土地はない。ターニャやセリョージャやカーチャ、その他の孤児院にいる何十万人もの子どもたちにもない。孤児も含めた国民に、終身利用としての一族の土地を整備するための一ヘクタールを与える問題は、ウクライナの議会ではまだ議題にも上がっていない。ベラルーシの国会も、ロシアの国会も同じだ……。子どもたちは許してくれるだろうか？　そして今日の議員たちは、自分自身を許すことができるだろうか？

未来の刑務所

特別な規律のある矯正施設、俗にいう刑務所の所長であるニコライ・イワノヴィチは、もう五日連続で夕方になっても所長室から出ることができないでいた。終業後、彼は電話の接続を切り、考え事をしながら所長室の中で行ったり来たりしていた。時おり仕事机については、すでに何度も読み返している緑色のファイルを手に取っていた。

というのも、ロシア連邦刑法第九三一条の刑期を送っている二十六号室の受刑者たちのグループから、一見したところあり得ないような提案が彼に寄せられていたのである。

グループを代表し、ホダコフという姓の受刑者が、この施設のために一〇〇ヘクタールの空き地、または使われていない耕地を手に入れることを提案していた。まず、その土地を鉄条網で囲み、四隅に監視塔を建てる。これにより、逃走防止のための規定を満たすことができる。そうし

たら、囲まれたその一〇〇ヘクタールの中で、九十人の囚人たちが農業をして働けるというものだった。また、その案を希望する他の受刑者からの請願書もそのファイルには入っていた。

この受刑者たちは、その申し出の中で、彼らがそこで栽培し収穫した野菜の半分を施設に提供し、施設全体の食料を確保することを約束していた。そして、残り半分の収穫物については、彼らの家族に送ることができるよう希望していた。ここまでは、まだ何も不可能なことはなかった。そもそも、矯正施設では囚人たちに製造作業をさせているものだ。例えば、あまり複雑でない木工品をつくる作業をさせたり、縫製の仕事をさせて防寒ベストやショーツなどの簡単な製品をつくらせている。その労働に対して、囚人たちはわずかな賃金を受け取る。賃金が少ないのは、労働生産性の低さが理由のひとつだ。

このファイルには、その例のようなかたちで、農業をやりたいという囚人たちの提案が収められているのだ。なるほど、それはできなくはない。収穫の半分に対して賃金を支払う……これも可能だ。製品を売りに出して、それから何カ月も代金の振り込みを待つような販売実務の必要もなくなる。しかし、このあとに書かれていることは……

受刑者ホダコフと他の囚人たちは、一〇〇ヘクタールを一ヘクタールずつの区画に分割し、各区画を囚人が一人ずつ専属で担当できるよう願っていた。

それから、各囚人に割り当てられた区画に、独房を建てることも提案していた。

さらに刑期満了後には、自分の区画に残ることを希望する者にはそれを可能とすること、受刑中に徴収していた収穫分を刑務所がその者から買い取ること、およびその者が独房をより大きな家にする可能性を与えることを請願していた。

この緑色の提案というか請願のファイルがニコライ・イワノヴィチの手元に届いたのは、半年前のことだった。九十枚の請願書と提案文書の他に、ファイルには色鉛筆で美しく描かれた未来の区画の設計図も入っていた。その絵には、監視塔や鉄条網、そして検問所も描かれていた。

最初に読んだとき、ニコライ・イワノヴィチはファイルを机の下の引き出しへと放り込んだが、時々その内容が頭をよぎるのだった。ただ、囚人たちへは何の回答もしていなかった。

しかし、とある状況が生じたため、所長は毎日、それも五日連続で、囚人たちからのこの提案について、集中的に考えざるを得なくなった。

それは次のような状況だった。当局から、来年から施設の拡大工事に入るように、という命令が下ったのだ。囚人房を増やし、来年の終わりまでに、さらに百五十人の受刑者を受け入れ可能にせよとのことだった。命令と一緒に届いたのは、現在の建屋への増築計画書であり、建設費用の予算スケジュールについても書かれていた。また、建設には囚人の労働力を利用することが提案されていた。

ニコライ・イワノヴィチは思案していた。〝予算など、いつものように遅れるだろうし、安い資材の入手にも問題がでてくるだろう。建築資材は一定の値段で見積もられているが、実際に工事に入る頃には、すでに違う値段になるのは目に見えている。それに、囚人たちの労働力は生産性が低い。命令を予定内に遂行することができないのは明らかだ。しかし、私にやらないという選択肢はない。定年退職まであと五年なんだ。勤め上げれば大佐の称号だぞ。二十年間も施設の所長を務め、いかなる懲戒《ちょうかい》処分も受けていないというのに、ここへきて、こんな命令が下るとは〟

しかし、大佐となる彼が思案していた主たるものは、こういった状況のことではなかった。緑色のファイルだ！　囚人ホダコフは、短い書簡の中で、彼のプロジェクトに従って囚人を留置することにより、このような施設の最大の役割である、犯罪者の再教育を果たすことができると断言していた。

現代の矯正施設において、犯罪者たちは再教育されてはいない。それどころか、逆にもっと百《ひゃく》戦錬磨《せんれんま》の犯罪者にしてしまっていることを、ニコライ・イワノヴィチは身にしみて知っていた。そうでなければ、犯罪者たちが二回そして三回と繰り返し刑を受けることなどなかったはずだ。長い年月の労力と時間をこの仕事にささげてきたニコライ・イワノヴィチの心に重くのしかかっていたのは、まさにこの状況の方だった。

人生は過ぎていき、職務は終わりを告げようとしているが、自分は何をしただろうか？　このままでは犯罪者を鍛え上げただけということになってしまう。

緑色のファイル！　なんたる疫病神《やくびょうがみ》だろう。提案書に描かれていることは受け入れることはできない、と強く確信するのだが、何かがダメなのだ。内にある何かが、その提案を否定させないのだ。かといって、その提案に自信を持つこともできない。それはやはり普通でない、常識の枠から外れたものなのだ……

　次の日の朝一番に、大佐は二十六号房のホダコフに対し、所長室に出頭するよう命じた。「掛けなさい、ホダコフさん」ニコライ・イワノヴィチは刑務官に伴われて入ってきた囚人に椅子を示した。

「君のファイルに書かれていたことを読んでみたところ、具体的に質問したいことがでてきてね」

「お話をお伺いします、所長殿」囚人は椅子から跳ぶように立ち上がり、早口で話した。

「座れ！」刑務官が命令した。

「まあ座りなさい。跳び上ることなんかないだろう、裁判じゃあるまいし」所長は穏やかに囚人に話しかけると、刑務官につけ加えて言った。

「君はちょっと部屋の外で待っていてくれ」

「さて、ホダコフ・セルゲイ・ユリエヴィチ。この奇妙な提案を提出したのは君ですな？」

「一見しただけでは、奇妙なものに見えるでしょうが、実際には、この提案はとても合理的なものなのです」

「では、この場でありのまま包み隠さず教えてください、どんな企みを思いついたんですか？集団逃走のための環境をつくりたいとでも？　君に賛同する九十人の申請者たちの中には、それぞれ五年から九年の服役期間がある。つまり自由への近道ということですか？」

「所長殿、この提案に何らかの企みがあるとすれば、それは逃走とは関係ありません」囚人は再び立ち上がり興奮しはじめた。「所長殿は私を誤解していらっしゃいます……」

「まあ落ち着いて、座りなさい。それに『所長殿』はもうやめよう。私はニコライ・イワノヴィチだ。君の名前は職務上知っているよ、セルゲイ・ユリエヴィチ。君は、論文も試問をくぐった心理学者だったが、のちにビジネスに転向した。その後、巨額の横領の罪で刑を言い渡された。そうだね？」

「刑は言い渡されましたが……ニコライ・イワノヴィチ、ペレストロイカのはじめがどんなだったかご存知でしょう……法律が施行されたかと思えば、それを理解する間もなく違う法律が出てきて……」

「まあいい、今話しているのはそのことじゃない。君の思いつきについて説明してほしい。この『鉄条網に囲まれた農地』のことをね、他にどう呼べばいいのかわからないが」

「説明できるよう努力します、ニコライ・イワノヴィチ。ただ、それにはある状況を共有していないと難しいのです」

「どんな状況だね？」

「はい、僕たちは『アナスタシア』という本を読んだのです。それからその続編も。概して、その本に書かれている内容は、人間の使命についてです。そして、もしも地球に暮らす人間全員が一ヘクタールずつの土地を得て、そこに楽園の一角を創造するのなら、地球全体が楽園に変わるということについて言及されています。それもシンプルに、すべてに合点がいくように書かれているのです」

「そりゃあ、これほどシンプルなことはない。全員が土地を得てそんなふうに創造すれば、もちろん地球全体がそうなる……しかし、それと今の話がどう関係するんだ?」

「ですから言っているのです。その一連の本には、すべてが納得のいくように詳しく述べられているのです。ざっと読んだだけでは、もしかしたらすべてを理解できない人もいるかもしれません。でも僕たちには時間がありますから、読んで、意見を交わして、理解したのです」

「ふむ、それでどうなったんだね?」

「僕たちと同様に、一連の本を読んだ多くの人々が、自分の土地を手に入れて、その土地に楽園のオアシスを創造したいと思うようになりました。彼らは自由の身だから、僕たちと違って実現することができるでしょう。それでも、僕たちは決心したのです。鉄条網で囲まれていてもいいから、僕たちも一ヘクタールずつの土地を得て、そこで働いて、きちんと整備したいと……刑罰としては、収穫の半分あるいはもっと多くの割合を、この施設または社会の必要に応じて納めます。ですが、僕たちからのお願いは、刑期を終えてもそこに残りたい人からは、その土地を没収しないことです」

「それじゃあ、死ぬまで鉄条網の中で、見張りの銃口にさらされて暮らすということかね?」

「全員の刑期が終わったら、鉄条網を外して、監視塔と一緒に別の新しい場所へ移せばいいのです。その別の場所に、一族の土地を築きたいと希望する新しい囚人たちを住まわせるのです。そして僕たちをもといた場所に残せばいいのです」

「なるほど。刑期が終われば、鉄条網と監視塔をまた新しい場所に移して、君たちは自由となったその土地に残る。そういうことかね？」

「ええ、そうです」

「そりゃあ幻想みたいなものだ。つまり、刑務所の所長の私が、囚人たちのために楽園のオアシスをつくると？　君たちだって、こんなことが起こり得ると信じているのかね？」

「僕は、絶対に成功すると確信しています。心理学者として、確信しているのです。それに心からそう感じています。ニコライ・イワノヴィチ、考えてもみてください。ある人が九年間の刑期を終えて自由になる。友達はいない。彼の友達は刑務所、囚人房の中にいるんです。家族にも必要とされない。社会にだって。まともな仕事で、囚人だった者を雇いたがる人などいるでしょうか？　それでなくとも、あらゆる業種で仕事を求める人たちはあふれていて、立派な経歴の人だって職業安定所の行列に並んでいるんです……囚人であった者への仕事なんか、社会では想定されていません。昔やっていたことを、またはじめるしか道はないのです。そうして、再びあなたのところに行き着くのです」

「ああ、私はそういった状況であることは知っている……くどくど言われなくてもわかりきったことだ。心理学者として教えてほしい。どうして囚人たちは、その一連の本を読んだあとに突然人が変わり、鉄条網に囲まれていたとしても、その土地にしがみつきたいと思うようになったんだね？」

「それは、永遠への展望が開けたからですよ。囚人房の中であっても人間は生きているかのように考えられますが、実際はそうではありません。死んでいるのです。生きる展望がないからです」

「では永遠への展望ってのはどういう意味かね？」

「そのことについて、本になんと書いてあるかを簡潔に説明するのが難しいとお伝えしているのです」

「いいだろう、私もその本を読んで、いったい何が君たちをそのような一大叙事詩へと揺さぶるのかを理解してみよう。それからまた話をしよう。刑務官、彼を連れていってくれたまえ」

囚人ホダコフは立ち上がると、両手を背中へ回し、言った。

「もうひとつ、質問することを許可していただけますか？」

「言いたまえ」所長は承諾した。

「僕たちがこの刑務所のプロジェクトをつくった際、現行の囚人収監規則を考慮しました。このプロジェクトに規則違反となることは何もないはずです」

「なんと、規則を……考慮しているとは……違反がないとは……確かめておこう」

「連れていきなさい」ニコライ・イワノヴィチは刑務官に命令した。

それから法律顧問を呼ぶと、ファイルを渡してこう言った。

「これを受け取ってくれ。読んで、囚人収監規則に違反することがないか判定し、二日後に報告してほしい」

二日後、法律顧問は所長室にいた。彼は、法律家には珍しい回りくどい調子で報告をはじめた。

「ニコライ・イワノヴィチ、要は、いわゆる自由をはく奪する場所への市民の収監を規定する法律と規則の観点からすると、このプロジェクトを画一的に論じることはできないんだ」

「なにを私の前でのらりくらりとかわそうとしているんだワシーリー？　まるで裁判のときの弁護人じゃないか。君と私は十五年の間柄《あいだがら》だろう？」仕事机から立ち上がったニコライ・イワノヴィチは、なぜだか少し動揺していた。所長室を歩き回ると、もう一度座って言った。

「どこに法律や規則の違反があるのか、具体的に言ってくれ」

「具体的にね……まあ具体的に話すと、すべて順序立てて話さなきゃならない」

「じゃあ、順序立てて話をしてくれ」

「彼らが提案する刑務所を建てるとしよう。このプロジェクトでは、刑務所の領域を外の世界から隔絶することが規定されている。百ヘクタールの刑務所は二重の鉄条網で仕切られている。監視塔も同様に規定されている。概して、刑務所と外界を隔てるための設備については、完全に規則に適合している。次に、このプロジェクトでは刑務所の領域を一ヘクタールの大きさの区画に分割し、それぞれの区画に囚人を一人ずつ担当させるというものだ。ここで何を言うことがある？　次に、規則に従い、我われは善悪の区別がつかない市民に、労働も教え込まなければならない。そのためには、きわめて簡素な製品をつくるための作業場を建てなければならない。それに加え、農場で作物を育てさせ、収穫の一部を自己財源にあてなければならない。法律では、一定の条件において経営活動を行う矯正施設を創設することも許されているし、森林資産の多目的利用もできる。*このプロジェクトでは、我われの被後見人である受刑者たちが食べる野菜が確保され、ともすれば、それらを販売する可能性もある副業が想定されているということだ。ここまでは法律の枠内に収まっている」

「話を引き延ばさないでくれ。それでどこが枠からはみ出すんだ?」

「……続きには、このプロジェクトではそれぞれの区画に囚人が暮らし、職場である一ヘクタールの土地に固定される、独立した独房を建てることが規定されている」

「まさにそうだ。各自の区画に独立した房を建てることになる。普通のベッドを買う資金はない。しかし彼らはそれぞれの独房に、すべての生活設備と家具を欲しがっている。ユートピアだ」

「君はこのプロジェクトを注意深く読んでいないようだ、ニコライ」

「『注意深く読んでいない』とはどういう意味だ? 私は諳《そら》んじられるほど読み込んでいるぞ」

「よくわからない、よくはわからないが……これには図面とその独房の内装についての解説が添付されている。すべてがきっちりと規則に沿っている。ベッド、水洗トイレ、机、椅子、本棚、ベッドサイドの小さな戸棚。のぞき窓と外側からかんぬきが掛かる金属製の扉、窓の格子。でも、資金についてもはっきりと書いてあるぞ。『各囚人は自分の独房をつくる資金を自ら調達する』と」

「私が読んでいたときには、そんな記述はなかったぞ」

「よくはわからない……よくはわからないが……ほら見てみろ、書いてある。スケッチも、施工業者のための図面も、解説も」

「『書いてある』ってどういうことだ？　君に読んでもらうために渡したときは、こんなことは書いてなかった。それははっきり覚えている。私はこのファイルを隅から隅まで十回くらい読み込んだんだ。それじゃ、もしかして君が……この二日のあいだに……」

「そうだ、私だ。コーリャ（＊ニコライの愛称）、僕がやったんだ。でも、この二日間の話じゃない。彼らは僕に同じファイルを三カ月も前に送ってきていたんだ。最近になって、僕がそれに修正と加筆をして、彼らはそれらに同意した」

「なんで俺に何にも言わなかったんだ？」

「おや君だって、僕に意見を言うよう頼んできたのは、たった二日前じゃないか」

「まあいい、とにかく教えてくれ。君はこのプロジェクト全体についてどう思う？」

「思うに、ニコライ、このプロジェクトが実行されたら、この国の刑務所の数は減らせるし、犯罪だって少なくなるだろう。そして、ニコライ・イワノヴィチ、君は天才的改革者として世界の

＊原注：ロシア連邦法　一九九三年七月二一日付　二〇〇一年三月九日改訂「自由のはく奪のかたちで刑事罰を執行する施設および組織について」

歴史に名を残すことになる」

「そんな夢物語はやめてくれ。現実的な話をしよう。問題は合法かどうかだ」ニコライ・イワノヴィチは再び椅子から立ち上がると、所長室内を歩きはじめた。

思索しながら歩き回る刑務所長の方を向いて、法律家は言った。

「ニコライ、君はどうしてそんなに動揺しているんだい?」

「俺が動揺している? 何に動揺するっていうんだ? もっとも……ワシーリー、君の言うとおりだ。動揺しているよ。それに、どのようにこのプロジェクトをまとめ、どう上官に報告すればいいのかもわからないんだ」

「おや、そうなのか。上官に報告しようというのなら、やはりこのプロジェクトを進めることに決めたんだね?」

「報告しようと思ったさ。でも君がこのプロジェクトをこっぴどく批判して、私に上官への提案なんてやめるよう説得するだろうと見込んでいた。そうすれば、私の肩の荷も降りるとね。しかし、君はこのとおり、どうやらプロジェクトを支持しているようだね?」

「ああ、支持するよ」

「ということは、私は上官のところに行くことになるな」ニコライ・イワノヴィチは、なにやら嬉しそうに総括した。まるで、本心では彼の友が緑色のファイルに書かれていることを批判するのを恐れていたかのように。所長は本棚へ行くと、コニャック瓶とレモン、二つのショットグラスを取り出した。

「ワシーリー、成功を願って一杯やろうじゃないか。ところで、君がこの緑色のファイルに同情的に傾くようになったのはいつ頃なんだい？」

「すぐにではなかったよ」

「私も同じだ」

「うちの娘が法科大学で学んでいてね、今卒業論文を書いているんだ。そのテーマが『市民の自由はく奪施設への収監による犯罪撲滅への影響』というものでね。娘が私に読んでほしいと見せたんだ。読んだところ、こう書いてあった。

『刑期を終えて自由はく奪施設から出所した者の九〇パーセントが、再び犯罪を行っている。犯罪データに重くのしかかるその主な原因に、以下のものが挙げられる。
● 違法行為へと導くことになった生い立ち
● 自由はく奪施設から出所後の社会適応の困難さ
● 刑期中の環境下で形成される犯罪者特有の世界観』
娘が書いたことがわかるかい、ニコライ？　何ということだろう、君と僕は誠実に職務を遂行しながら、犯罪者の世界観を形成させているっていうのか⁉」

「俺たちは何も形成しちゃいない。俺たちは規則や法律、規定に沿って行動しているだけだ。まあ、俺にも何か満たされない思いはあるがね。でも、その思いをずっと頭から追い出そうとしてきた。それは俺の仕事じゃないと考えようとしてきたのさ。しかし、この緑色のファイルが現れたとき……俺は半年間考えることになったんだ。そして今やっと決めた……上官に話しにいくよ。ただ、報告書をより明解に書こうと何度か机に向かったんだが、どうも上手くいかないんだ」

「一緒にやってみようじゃないか。僕が思うに、ここで大事なのはこのプロジェクトの独創性、特異性で上官たちを驚かせないことだ。なんとか簡単明瞭なものにしなくちゃならない」

「賛成だ、より簡単明瞭にするべきだ。しかしどうやって？　囚人たちは、刑期を終えた者全員に、それまで任されていた一ヘクタールの土地を、自由になったあとも終身利用できるよう残すことを求めているんだぞ」

「ああ、この項目は今のところ実現できないだろう。現在、この国には終身利用としての土地を分配する法律がないからね。僕もこの項目については考えたよ。彼らには正直に言わなきゃならない。出所後もその土地にそのまま定住させることについては、刑期が終わる時点で有効な、土地に関する法律の枠の中で検討されるだろう、と。彼らは理解するだろう。法律を超える行為ができないことは、誰にだって明らかなことだ。法律をつくるのは我われじゃないんだ。でも、傾向については言っておかなければならない。現在、土地の所有を認める法律ができるような動きがあるとね」

「そうなればいいがね」ニコライ・イワノヴィチはショットグラスをコニャックで満たした。「もう一杯やろうじゃないか、幸運を祈って」

二人はグラスを鳴らした。すると突然、ニコライ・イワノヴィチは自分のグラスを机に置き、再び室内を歩きだした。

「どうしたんだい？　また動揺して」法律顧問が問いかけた。

「いいかい、ワシーリー」歩くのをやめないまま、ニコライ・イワノヴィチは不安げな声で言った。「俺たちはあれこれ夢をみてしまったんだ。少年みたいに、崇高なことについて……夢をみていて、これが犯罪者たちの話であることを忘れていた。もちろん、彼らの中には、一度足を踏み外しただけの者もいる。そういった者たちなら、法律の枠の中で人生をやり直したいと思うかもしれない。しかし、大多数の人員は……ならず者だ。俺たちとはまるで違うことを考えている奴らなんだ。そして、ここでもどんな悪知恵を働かせることになるか？」

「そのことは僕も考えたよ、ニコライ。確かめてみようじゃないか。それから上官に提案書を持っていくかどうかを決めればいい」

「どうやって確かめると言うんだ？」

「どうやってって……。教えてくれ、このファイルが君に渡されたのはいつだった？」

「半年くらい前だ」

「つまり、半年以上前に彼らはこのプロジェクトについて話し合い、スケッチしたり図面を描いたりした。それから、それら全部をきれいなファイルに収め、九十枚の請願書を添付した。じゃあこうしてみないか。この請願書を書いた連中を、なんの予告もなしに突然講堂に集めるんだ。

専門家、例えばそうだ、農学者や農業従事者を呼んで、彼らに試験させればいい。彼らに、いつ何を、どのように植えなければならないかという問題を出させる。そのときに、希望者たちがどのくらい答えられるのか見てみよう。いいかい、もし彼らが悪だくみなしにこの構想を真剣に考えているのなら、半年間もただ座って自分たちの提案への返事を待っているなんて、できるはずがない。絶対に農業技術の勉強をしているはずだ」

「ワシーリー、買いかぶり過ぎだ。ならず者どもが半年間も花やキュウリの植え方を勉強するなんて……信じ難いよ。田舎出の者なら質問に答えられるかもしれないがね。でも奴らが……」

「だから言ってるんじゃないか、上官のところに行くか行かないかを決める前に、確かめてみるんだよ」


講堂に座っていたのは、九十人ではなく二百人の囚人で、所長が招待した農業技術者は、農業専門学校の教師二人と、農業技術分野の中等専門学校の教師だった。そのころまでには、新しい刑務所で暮らしたいという囚人の数は、すでに二百人にまで膨れ上がっていたのだ。

囚人たちは講堂内に分散して座っており、これから試験が行われるとは予想もしていなかった。そして、壇上の席についている三人の人間が何者なのかも、まったく知らなかった。すると所長が壇上に出て伝えた。

「当所で副業的に農業をはじめる提案をするにあたり、農業に通じた人材が必要だ。ここにいらっしゃるのは専門教育機関の教師たちで、彼らが諸君に問題を出す。そのようすを見て、私たちは、誰にその区画を委ねることができるかを決定することにした」

ニコライ・イワノヴィチは教師たちを順に紹介し、彼らに、集まった囚人たちへ問題を出すよう促した。最初に問題を出したのは、右側に座っていた年輩の中等専門学校の教師だった。

「皆さん、こんにちは。では、皆さんの中で、トマトの苗をつくるためには種をどの時期に蒔かなければならないか、そしてその苗をどの時期に地植えするべきか、発表できる人はいますか？それに、もし移植という表現をご存じであれば、どのような兆候が現れたときにそれが必要か、答えてください」

〝なんと、いきなり難易度の高い問題だ〟ニコライ・イワノヴィチは思った。〝一度にいくつも問題が重なっている。おそらく熱狂的なダーチニクである私の妻でも、記憶だけでは答えられないだろう。何かを植えようとするときにはいつでも本を見ているからな。このとおり、みんな静まりかえってしまって、物音ひとつ立てやしない〟

講堂内の沈黙はニコライ・イワノヴィチを落胆させた。彼は緑色のファイルに書かれたプロジェクトの実現を、密かに望んでいたのだ。このプロジェクトに対し、彼があのように言いがかりをつけるように扱っていたのは、それを否定したかったからではない。早い段階ですべての欠点や不備を是正したかったからなのだ。講堂内の沈黙は、最も主動的にプロジェクトに参加した囚人たちが、プロジェクトに対し真剣に取り組んでいないことを物語っていた。それはすなわち、緑色のファイルに書かれたことを実現することは不可能だということになるのだ。

〝黙っているだなんて、ありえない。田舎出の奴が一人くらいいてもいいだろうに？　田舎でだって、畑をやっているのは女性たちだけかもしれないが……〟

長引く静止状態になんとか活気を与えようと、ニコライ・イワノヴィチは席から立ち上がり、厳しい調子で言った。

「諸君、答えがわからなかったのかね？」

「わかりました」一列目に座っていた若い囚人が答えた。

「わかったのなら、答えればいいじゃないか」

「誰が答えればいいんですか？　所長は誰にも黒板の前に出るように指示をなさいませんでした」

「『誰が』ってことがあるかね？　黒板なんて関係ないだろう？　答えを知っている者は手を挙げたらいいじゃないか」

一瞬のうちに、講堂に集まった二百人の囚人全員が高く手を挙げた。

そして、互いに話をしていた試験官たちは息をのんだ。様々な気持ちがニコライ・イワノヴィチにどっと押し寄せた。そこには自身の被後見人である受刑者たちへの誇りと、一度諦めかけたプロジェクトに、実現する希望が再び見えた喜び、それに、はたして手を挙げた者たちが、この問題に対して正確で十分な答えが出せるだろうかという不安が入り混じっていた。

「よし、君が答えなさい」所長は、一列目に座っていた饒舌《じょうぜつ》な若い囚人を指した。

若者は立ち上がった。入れ墨が入った手で坊主頭をなでると、言い淀むことなく早口で話した。

「苗を育てるためのトマトの種蒔きの時期は、毎年同じではありません。霜が降りなくなる、安定した天候がいつ頃になるかによります。つまり天候は毎年異なります。花が咲く前に苗を地植えする必要があることと、生長期を考慮することで、種を温室環境または室内の窓際で育てる場合の種蒔きの時期を割り出すことができます」

「十分です、お若い人」中等専門学校の教師は若い囚人の発表を遮った。「この続きを話せる人は手を挙げてください」

　再び講堂にいた二百人が手を挙げた。教師は、年輩で金歯を入れた、老練な風貌の囚人を指した。年輩の囚人は素早く立ち上がると、真面目に話しはじめた。

「苗のための土壌はお粗末なもんじゃなく、よいものでなきゃならねえ。ミミズたちがつくった腐葉土《ふようど》か泥炭《でいたん》を使わなきゃならねえんだ。ただし、泥炭だけの土壌に種を蒔いちゃいけねえ。種はすぐに泥炭に慣れちまって、そのあと畑に植え変えたとたん……まったく違う土に面食らってダメになっちまう。だから、ちょっぴりの泥炭に砂を混ぜて、そこにそれとおんなじ量かそれ以上の畑の土を混ぜなきゃならねえ。それにその土は、種をぶっ込む前に、だいたい二十五度くらいに温めておかなきゃならねえ……」

「もう十分です」教師は発表者を遮った。「あなたはおおむね正しく答えました。では、続きを次の人に話してもらいましょう」そして三列目の眼鏡をかけたインテリ風の囚人を指した。「さて、先ほどのあなたの同僚のお話は、トマトの種を蒔く前にしなければならないことまででしたが……次は何をしなければならないのですかな？」

席を立ち上った囚人は、眼鏡を直すと続きを答えた。

「用意した土に蒔く前には、種を口に含み、自分の唾液の中で、舌下に九分以上保持しておかなければなりません」

席についていた試験官と刑務所の所長は思いがけない答に固まり、眼鏡の囚人にじっと目を凝らした。農業専門学校の教師は、しばらくの間をおいて訊き返した。

「あなたが言いたかったのは、土に蒔く前に、種を水に浸けておかなければならないということではありませんか？」

「絶対に水に浸けてはいけません。特に塩素の含まれる水や一度沸かした水などの、必須バクテリアがすべて殺されてしまった水に浸けてはいけないのです。自分自身の唾液に種が浸るようにして、自分の情報を十分に与えなければなりません。人間の口の中、つまり唾液中の人体特有の温度である三十六度によって、種は九分後に休眠から目を覚まし、すべきことを理解します。誰のために実をつけるべきなのか。もしその人に何か腫物や具合の悪いところがあれば、種は正常に戻させるような実をならせようと頑張るのです」

テーブルについていた教師たちは騒々しく話し合い、その後ニコライ・イワノヴィチの方へ振り向いた。そして、中等専門学校の教師は所長にたずねた。

「あなたの被後見人の皆さんに授業したのはどなたです？　いったいどこの施設の教師をお呼びになったのですか？」

この質問に対してどうしてこのようなことを口走ってしまったのか、所長は数日たっても理解することができなかった。

「どこの施設からだったかは覚えていません。私が直接動いたわけではありませんからな。ですが、首都からきた人ですよ。たしか、名だたる教授でした」

講堂にいた囚人たちは、すぐに所長が嘘を言っていることに気づいた。彼らは、所長が自分たちを擁護《ようご》していることを理解した。発表者たちが笑いものにならないようにと。そしてみんな、感謝の気持ちを声には出さずに、彼を援護した。すると最初に答えた一列目の若い囚人がつけ加えた。

「あの人は教授ではなく、アカデミー会員だと思っていました。それに彼はシベリアのタイガや生命について、多くのことを知っていましたよ」

「そうです」隣の囚人がつけ加えた。「とても頭のいい男で、すごい学者でした」

講堂のあらゆるところから、誰ひとり見たこともない首都の教授に向けた称賛の声が上がった。

壇上のテーブルにつき、そのあいだずっと沈黙していた農業専門学校の教師が、急に賢げなようすで話しだした。

「そうですな、皆さん、私もほんのちらりとこの論理を目にしたことがあります。どんな情報源だったかは覚えていないのですがね。科学は今、この方向で研究を進めています。思うに、これには何か好奇心をそそるものがありますな。摂氏三十六度……人間の多種多様な生きたバクテリアにあふれた、生きている唾液……ここには何かがある……」

「そうです、そうです。思い出してきましたよ」思慮深く同じように賢げなようすで、それらしきことを聞いたことがあるかのように中等専門学校の教師が言った。「これは野菜栽培の新しい動向ですな。理論的には、もちろん、科学的な根拠はあります。しかし実践については、まだ観察が必要ですな……」

その後も、講堂にいた囚人たちは、農業技術に関する問題にすらすらと答えた。中には標準的でない答えもあった。しかし招かれた試験官たちは、もはやすぐに異議を唱えようとはせず、逆に興味深げに聴いていた。

刑務所の副所長が教師らを見送るために講堂を去ったあと、ニコライ・イワノヴィチは静まり返っている講堂の壇上に残っていた。彼は緑色のファイルをめくっており、講堂は水を打ったように静まり返っていた。その後、所長は顔を上げると講堂を見回して話しだした。

「みんなに言いたいことがある。私には君たちの考えが完全に明確ではない……完全じゃない……だが決心した。いずれにせよ、私にはこれからどうなるかはわからない。わからないが、このプロジェクトを上官に提案してみようと思う」

静まり返った講堂が突然、合図があったかのように立ち上がった一同の拍手に沸いた。そのような反応を予想もしていなかったニコライ・イワノヴィチも立ち上がった。彼はなんだか照れくさかったが、心地よく嬉しかった。しかし、厳く、厳格でさえある所長の姿を崩さないよう努力しながら言った。

「なんの騒ぎかね？　着席しなさい」彼は自分でもこの状況においては厳格すぎることを感じ、つけ加えた。「首都からの教授は、やはり呼ばなければならないな」


本局である矯正施設管理局のポソシコフ局長は、ニコライ・イワノヴィチの訪問を受け入れると、すぐに具体的な仕事の話をはじめた。

「君の所だけでなく、他でもこれから施設の拡大が控えている。五から十ブロックの増加で済むところもあれば、百五十ブロック増えるところもある。そして一年後には、さらに追加定員の受け入れができるよう準備してもらう。みんなが、ただでさえ刑務所がいっぱいで難しい、現実的でない、と報告してきているが、私にどうしろというんだ？　新たに六千人の囚人の受け入れを可能にしろと政府から指令が出ているんだ。しかし、ニコライ・イワノヴィチ、君の報告書は私を喜ばせてくれたよ。つまり、君はそれまでに確実に受け入れ準備ができると言うんだな？」

「はい、できます。ただし計画を変更する必要がありますので、提案書にまとめました」

「読んだ、読んだ。だが、君の提案にはわからないことがある。農業をはじめたいんだな。称賛に値する。分割されたそれぞれの区画を、囚人が一人ずつ担当する。これには何の障害もないし、私の許可なんぞなくともできる。しかし、君が望む、各区画に個別の房を建てるというのは、なんだか合理的じゃない。共用のバラックを一つか二つ建てて、朝、監視をつけて仕事に行かせるようにするんだ。そうすれば費用だって少なくて済む。個別の房のための追加予算は出ないぞ」

「ですが、私は追加予算をお願いしているのではありません」

「じゃあ何を?」

「各区画に独房を建てるという計画と、全体の配置図を承認していただきたいのです」

「その独房を建てる費用はどこで得るつもりだ?」

「スポンサーが援助してくれます」

「おかしなスポンサーがいるもんだな。まあいいだろう、私には深く首を突っ込む時間はない。君の提案書には『きちんと練り上げたあと、遂行』と書いておこう……まあ私から電話して、しかるべく準備をして完成させるように言っておこう。遅滞なく完成させるようにね。君からは以上かね?」

「もうひとつ問題があります」

「どんな問題だね?」

「副業をするための土地がありません」

「じゃあ、州知事のところに行って頼めばいい」

「副知事には会いました。検討中とのことですが、今のところ検討しているだけのようです」

「いいだろう、手助けしよう。電話しておく……それだけかね？」
「はい、これで全部です」
「じゃあ取り掛かってくれ。よろしく頼むよ」

＊＊＊

ニコライ・イワノヴィチの施設は、秋になる前までに二百ヘクタールの土地を得ることができた。そして秋の長雨で道がぬかるむ前に、なんとか一般居住地から遠く離れた分与地に、境界のための鉄条網と、五メートルの柱を運び込むことができた。ニコライ・イワノヴィチは、秋のうちに鉄条網の囲いを設置することができなければ、各区画で春の農作業に間に合わなくなることを理解していた。しかし一番近くまできている無舗装《むほそう》の田舎道でさえ、分与された土地の二キロメートル手前で終わってしまっている状況で、どうやって設置すればよいのだろうか。これでは柱を立てる穴を掘削《くっさく》するための重機も入れられず、分与された土地に労働力を送ることもできない。

所長が抱えている問題は、囚人たちの知るところとなった。そして彼らは所長に、自分たちが柱の穴を手作業で掘ると提案した。道のない二キロメートルの距離を、監視のもとで歩くと。

そして実際に囚人たちは、冷たい秋雨の中でさえ、ビニール袋を継ぎ合わせた自作の雨合羽を引っかけ、五十人の縦隊で毎日分与地へと突き進んだ。希望者はもっと多くいたのだが、刑務官の数が十分ではなかったため、毎日五十人ずつ連れて行くことにしたのだった。未来の農場主たちはすべてを投げ打って働いた。真冬になる前に、鉄条網が張りめぐらされたすべての柱と監視塔が完成した。領域内には木材が用意され、検問所も建てられた。

秋に発注された囚人たちの独房となる小屋ひとつあたりの建設費用は、三万ルーブルだった。そのための資金はもう残っていなかったが、囚人たちはそれぞれ自分にできる方法で、独房という名の我が家のための資金を集めていた。貯金があったり、親族からの援助を受けた者もいたが、どこからもそれだけのお金を用意できない者もいた。そういった囚人たちはテントで暮らす意思があることを所長に伝えた。しかし、これは規則違反となるため、却下された。

こうして、結果的に百八十の家が、橇道《そりみち》伝いに新しい刑務所へと運び込まれ、秋のうちに敷かれていた基礎の上に設置された。そして早春になると、百八十人の囚人たちが、格子窓のその簡素な家に住みついた。

春の陽気の日、監視塔に立った所長は異様ともいえる光景を目にしていた。鉄条網で囲まれた二百ヘクタールの敷地に、百八十の区画がくっきりと現れていたのだが、大半の区画が棒杭《ぼうぐい》や木の枝で仕切られており、ワイヤーだけで仕切られた区画はほんのわずかしか見えなかったのだ。

「あれは裕福な囚人たちのところだな」所長はそう判断した。「親戚たちが、独房だけでなく、境界のための資金も出したのだろう」

各区画のあいだには、小径のような通路があり、新しい刑務所の敷地中央には、誰にも帰属しない共用の集会広場があった。低地にはところどころ雪が残っていたが、小さい丘は、すでに芽を出した草で緑色に染まっていた。ほとんどの区画で、広い土地に黒い人影がひとつ、ぽつりと浮かんで見えた。

刑務所指定の防寒着に布製の耳あて帽、そして厚い布製のブーツを身につけた黒い人影はみんな、同じように特徴のない人間のように見えていた。

何もないこの土地で、この人影に何ができるというのだろう？　どうして独房で大人しく座っていられないのか？　所長は双眼鏡を目に当てると、それらの無個性な人影のひとつを見た。囚人ホダコフが、まだ少し凍った地面にスコップを突き刺し、穴を掘っていた。ニコライ・イワノヴィチは双眼鏡を動かし、凍った土壌にすでに十九もの穴が区画に沿って掘られているのを数えた。

他の区画でも、暗い色の防寒着を着た人影が同じことをしていた……。彼らも自分の区画に沿って穴を掘っていたのだ。

「なんのためにあんなに穴を掘っているんだ？」ニコライ・イワノヴィチは声に出していた。

「それぞれの区画で将来緑の生垣になる苗木や低木のためですよ」近くにいた見張りが説明した。

「なるほどな。しかしもう一、二週間も待てば、凍った地面が溶けて楽に掘ることができるものを」

「私も彼らにそう言いましたが、彼らは待てないのです。間に合わなかったら困ると。四百メートルもの緑の生垣を植えるとなると、なかなかの大仕事ですからね。それに、凍った地面が溶けたときには、畝づくりに取り掛からなきゃならないようです」

所長はさらに長い時間観察しながら、どのような熱望、いや熱狂で、囚人たちが働いているのかに考えを巡らせていた。

〝人間の心と大地の心には、何か宇宙的なつながりが存在することは明らかだ。このつながりがあれば、人は惑星と調和した状態になる。このつながりがなければ、調和することができない。ひずみが生まれ、最終的には犯罪が増加していくだろう。

もちろん、あの『アナスタシア』という本は何か普通でない本だ。囚人たちがそれを読んだら、彼らの心の中で何か説明のつかないものが燃え上がってしまった。私だってそうだ。あの本を読んで、今までとは違ったふうに人生を見るようになった。もちろんあの本が影響したのだ。今ではそこらじゅうの刑務所であの本が読まれている。しかし、あの本の力は、まさに人間と大地のつながりを指摘しているところにあるのではないか。つまり重要なのは、このつながりを引き離してはいけないということだ。そして、あらゆる高いモラルや精神性の話などは、この謎めいた、まだ解明されつくされていないつながりなくしては、ただの空虚な無駄話に過ぎなくなるのだ〟

＊＊＊

次の秋になると、囚人たちも「新しい刑務所」と呼ぶすべての区画が、まだ大きくないリンゴや梨、ナナカマドや白樺、その他のありとあらゆる木々の苗木で縁どられ、それぞれの木が秋の彩りとなって、目に心地よい景色をつくり出していた。各区画のおよそ十五から二十アールの面積には、森となる苗木が植わっていた。新しい刑務所になってはじめての秋ではあるものの、監視塔から目にする二百ヘクタールの眺めは、荒野が黒い大地だった頃の春の景色と比べ、見違えるほど様変わりしていた。素晴らしい緑のオアシスが、鉄条網を境に姿を現しているのが、はっきりと見えていた。

夏のあいだには、刑務所の食堂で新鮮なハーブやキュウリ、トマト、ビーツが提供された。秋には、囚人たち全員が、自分の区画に課されている五袋のジャガイモ、数十の塩漬けキュウリやトマトの瓶を納めた。刑務所の食堂には、冬のあいだ用のビーツやニンジン、カブが確保されている。

また、新しい刑務所の検問所では、異様な光景が見られた。この検問所は、外部から囚人へと届け物が受けつけられる世界中の他の刑務所施設と違い、刑務所内から外部へと届け物の受け渡しが行われていたのだ。

訪れた囚人の親族たちには、検問所の兵士たちによって野菜の保存食の瓶が渡されていた。多くの人々が車で訪れては、豊かな実りを持ち帰っていった。

近郊に親族のいない囚人たちは、兵士を通じて自分の収穫分を仲介人に売り、なかなかの収入を得ていた。

囚人ホダコフには親族がおらず、誰も訪ねてくることはなかった。彼は孤児院の出であったので、自分の収穫を一番近くの孤児院に届けるよう依頼していた。

ニコライ・イワノヴィチは、命令を無事遂行したことで本局から感謝状を受けた。唯一彼だけが、以前からの収監者たちへの条件を悪化させることなく、百八十人の追加定員を受け入れることができたのだった。

二十年間の職務のうちで、この一年はニコライ・イワノヴィチにとって最も厄介な年だった。これまでの通常業務に加えて、新しい刑務所のために、やれ果樹の苗木だ、種だといったものを「確保」しなければならなかったからだ。しかし実のところ、小さな苗木が山積みされた刑務所の古いトラックが入ってくるたび、彼は歓んでいた。

＊＊＊

さらに五年が過ぎた。七月のある晴れた日、新しい刑務所の上空にヘリコプターが現れ、旋回しはじめた。ニコライ・イワノヴィチは検問所の前でそのようすを見ていた。彼はそのヘリコプターに、上官であるポソシコフ局長と司法省の委員が乗っていることを予見した。彼らが現れたのは、刑務所の所長についての苦情を申し立てた人がいたからなのかもしれないし、単に世間で一風変わった犯罪者の収監方法のことが噂になったからなのかもしれない。

上級官僚からなる委員会のメンバーたちが、検問所の広場に降り立ったヘリコプターから出てきた。ニコライ・イワノヴィチは依然としてその場に立ったまま、刑務所の鉄条網のことばかりを考えていた。

〝そうだ、きっと明確な違反だととがめられ、私は罪に問われるだろう。しかし、私としたことが、なんだって刑務所の鉄条網に多年性ツル植物の花を植えるのを許してしまったんだ？　ツルが鉄条網の上の方まで三メートルも伸びて、緑の垣根をつくってしまった。それにいろんな花々で、もう鉄条網も見えなくなってしまった。

囚人たちにとって、鉄条網は美しくない景色を生み出していた。そのため、彼らは監視塔の周りにもツル性の花を植えてしまったのだ。今や見張り台の高さまでツルが延びてしまっている。もはやここは刑務所というより、雑草が生い茂る草原の中にいきなり広がる、楽園のオアシスのようになってしまった〟

「ほらこのとおり、目の前に最初の違反があるではないか。この鉄条網はどういうことかね？　こんなツルが這う囲いでは、誰でもよじ登ることができてしまうではないか」将軍でもある司法省高官はポソシコフ局長の方を向いて言った。そして今度は、「兵士なら誰でも同じことを言うはずだ。私は間違っているかね？」と、検問所の入り口に立っている任務中の中尉に向かって言った。

「将軍殿、お答えしてもよろしいでしょうか？」任務中の中尉は直立不動の姿勢をとり、言った。

「私が訊いているのだから答えなさい。これは規則違反ではないのかね？」

「違反はまったくありません、将軍殿。今、将軍殿がご覧になっているのは、犯罪者が収容される刑務所において、戦略的に改良された囲いであります」

「なに、なんだって？」一人の委員が驚いて言った。「いったいどんな戦略的改良があると言うのだ？　何を馬鹿げたことを……」

委員たち全員が、直立不動で立っている中尉の前で動きを止めた。

〝このおどけ者め〟怒り心頭に達したニコライ・イワノヴィチは思った。〝このプロホロフ中尉ときたら、いつでもおどけて冗談ばかり言いおって。委員の前でぐらい、言葉をつつしめってもんだ。ああ、もはや絶対に、上司である私が委員たちを愚弄《ぐろう》しているのだと言われ、許されないだろう。なのにこいつめは、厚かましくも顔を赤らめもしないで直立不動で立っていやがる〟

当番中尉は一語一語はっきりと放つように言った。

「改良についての質問にお答えしてもよろしいでしょうか？」

「答えられるのなら言いたまえ」司法省の高官が命令した。「戦略的な改良とは、この花のことを言っているのかね？」

「そのとおりであります、将軍殿。逃走をしようとして、この花のツルが巻きついている鉄条網の囲いをよじ登ろうとする者は、よじ登ることはできても、遠くへ逃げることはできません」

「それはいったいどうしてかね？」高官は驚いた。

「匂いの強い花が巻きついたこの囲いを乗り越えようとしているあいだに、匂いが体中に染みつきます。そうすれば、たとえ訓練の浅い犬であっても簡単にその匂いで見つけ出し、連れ戻すことができるからです」

「匂いが染みつくとは……」高官は声を上げて笑い、委員たち全員も一緒になって笑い出した。

「犬が、その花の匂いでとは……でかした答えだ、機知にとんだ中尉よ。では、君たちの犬はそうやって何人くらいの逃走者を連れ戻したんだね？」笑いながら高官がたずねた。

「一人も連れ戻していません」中尉は答えると、とても真剣な顔で続けた。「犯罪者たちは、囲いを乗り越えることが絶望的だと理解し、この五年間、一人も逃走を試みることがありませんでした」

中尉の真面目な姿に、委員たちはさらに楽し気に声を上げた。

「つまり、五年間に一度も、この刑務所から逃走しようという試みがなかったということかね？」委員長は、局長にたずねた。

「はい、一度もありませんでした」ポソシコフ局長が答えた。

委員たちは中尉の巧みな答えを明らかに気に入ったようで、彼に次のような質問を投げた。

「中尉殿、教えていただけるかな。犯罪者たちがこの刑務所から逃走を図ろうとしないのならば、いったいどうして武装した兵士がいる監視塔が建っているんです？」

「外界から刑務所を警護するためであります」中尉が答えた。

「外界から警護するとはどういう意味ですか？　この刑務所へ侵入しようとする者がいるとでも？」

「そのとおりであります」中尉が伝えた。「多くの囚人たちの妻が、夫と一緒に房で暮らしたいという願いを表明しています。何人かの妻は、夏のあいだ、子どもたちと一緒に房で過ごしたいと願い出ています。しかし、我われの厳格な所長により、囚人収監規則は厳密に遵守されており、そのような無秩序は許されません。そうしたところ、一部の分別のない妻たちが、子どもを連れて緑の生垣を超えようとしたり、坑道《こうどう》を掘ろうとしました。しかし、当所の勇猛果敢な刑務官たちが、そのような野蛮で大胆な試みを見逃しはしませんでした」

　囚人の妻子が侵入しようとしたという中尉の話が冗談なのか真面目なのかわからず、委員長はニコライ・イワノヴィチにたずねた。

「そのようなことが実際にあったのかね？」

「はい」ニコライ・イワノヴィチは答えた。「二回の試みを阻止しました。私のところには、子どもと一緒に夫がいる区画内で夏を過ごしたいという、囚人の妻たちから九十六通もの請願書が届きました。しかし私たちは、規定にある面会以外を許すことはできません」

「しかしいったい何が、彼女たちをそこまで刑務所に惹きつけるのだ？　ましてや子どもと一緒に、とは」委員長はそうたずねると、つけ加えて言った。「いずれにせよ、みんなで中を歩いて見てみようではないか」

「門を開けなさい」ニコライ・イワノヴィチは中尉に指示した。

彫刻が施された木の門が素早く開き、委員たちは刑務所内に入った。ほんの数歩歩いたところで、彼らは言葉を失って立ち止った。

新しい刑務所は、上空のヘリコプターの丸窓からも美しい緑のオアシスに見えてはいたが、実際に足を踏み入れた委員たちに衝撃を与えたのは、単に草が刈られた美しい小径や、色とりどりの緑の生垣だけにとどまらなかった。夏の花々や植物たちの微かな芳香が、オフィスや首都の街路の臭いに慣れきった人たちを、その豊かな恩恵で包み込んでいた。静寂を破っていたのは、鳥の歌声と虫の羽音だけだった。そしてそれらの音は、彼らを刺激するのではなく、聴覚を愉しませていた。

「区画内にも入ってみなければなりませんな」委員長は、なぜか小さな声で、まるで誰かの平静を乱すのを恐れるかのように言った。

官僚たちは、小径沿いに歩き、最初の区画の独房小屋へ行った。小さな木の家には鉄格子が取りつけてあった。しかし、ごく近くまで行かなければ、そうとは気がつかないほどだ。遠くから見た小屋は、緑色の丘のようだった。あらゆる植物が巻きつき、花壇に囲まれたその小屋は、周囲の空間と調和し、溶け込んでいた。

小屋の入り口の前に、来訪者の一団を背にして白いTシャツを着た男性が立っていた。囚人が金属のかんぬきに油を差していて、力強く左右に引っぱっていた。かんぬきはやっと動きかけたようすで、その作業に没頭していた男性は、近づいてくる一団にすぐには気がつかなかった。

「こんにちは、ハルラムィチ」ニコライ・イワノヴィチが彼に向かって叫んだ。「客人を受け入れてほしい。自己紹介をしておくれ」

男性は素早く振り返ると、来訪者たちを見て軽く動揺した。しかし、すぐに状況を理解して自己紹介をした。

「囚人ハルラムィチ、ロシア連邦刑法第百二条にて十二年の受刑中、刑期のうち通常の独房で六年が経過。新しい刑務所では五年が経過しました」

「今、扉に向かって何をしていたのかね？」委員長が囚人にたずねた。

「外側のかんぬきに油を差していました、上長殿。動きがとても悪くなってたんです。まったく、ろくでもない金属をつくるようになったもんですよ。すぐに錆びてしまう」

委員長は独房の入り口の扉に近づくと、扉を閉めてかんぬきを差そうとした。一度では上手くいかなかったが、なんとか差すことができた。すると彼は振り返り、意味深長にポソシコフ局長を見つめて言った。

「おや、君たちはすべての囚人収監規則を遵守していると断言したはずだ。すなわち、刑務作業が終わると、全員が独房の中に閉じ込められるはずではないのかね？」

局長は黙っていた。みんながはっきりとわかっていた……金属のかんぬきが錆びつき、なかなか差せなかったということは、他でもない、久しく使われていなかったということを意味する。

囚人ハルラムィチは、自分の上司を陥れてしまったことを理解した。そして、彼の頭の中でこのような思いが駆け巡った。

〝ずっと前に、この忌まわしいかんぬきを直しておけばよかったんだ。こんなかんぬきなんかまったく必要ないってことを、どうやってこの人たちに説明すればいいんだ？　この刑務所を脱走してやろうなんて誰も考えやしないんだ。なんのために出て行くっていうんだ？　どこに行くっていうんだ？　ここが俺の、ハルラムィチの心の居場所、俺の祖国なんだ。ここでは、毎朝、鳥の声が出迎えてくれて、自分で植えた木々の枝が手を振って挨拶してくれる。それにヤギのニキータだっているし、卵を産む十羽の雌鶏《めんどり》だっている。ミツバチの巣箱だって二つもあるんだ。他の奴らだって、自分なりに少しずつ違うようにつくっていて、自分の愛おしい農場、自分の一族の土地を持っているんだ。それなのに俺としたことが、この忌まわしいかんぬきで上司を陥れちまうなんて〟

ハルラムィチは本当に動揺し、不安に駆られて早口で話し出した。

「上長殿、このかんぬきのことは俺が悪いんです。俺こそ、なんともひどい、ろくでなし野郎ですよ。俺がこんな話をしたばっかりに同志に災いを招いてしまって、お詫びの言葉もありませんです。ただわかってください、最後にひとつだけ言わせてください。言わせていただきます……。

人生がまったく変わったんです……いや、変わったんじゃない。人生は、ここではじまったばかりなんです。ここでは、俺の心は自由なんです。でもあっち側、門の向こうこそ……拘束された、耐えがたい苦しみの地獄なんです。あの監視塔に兵士たちが立っていますが、彼らは俺たちにとって、天使のような存在なんです。俺たちは、天使たちがこの中にあらゆる汚れたものを入れないでいてくれるよう、祈っているんです……」

動揺から途切れがちになった囚人ハルラムィチの声と彼の言葉は、彼の前に立っていた人たちに、ある種の独特な作用をおよぼした。すると急に、国会議員であり、国家委員会の委員でもある女性が、同じく少し動揺したようすでまくし立てた。

「もう何をあなた方はこのつまらないかんぬきにしつこく絡んでいるんですの？　昨夜、雨が降ったのがわかりませんの？　このかんぬきは雨で油が取れて、乾燥してしまったんですのよ」

委員長はかんぬきとその女性に目をやると、笑い出した。

「乾燥？　私としたことがそんなことに気がつかなかったとは。そうだ、雨が降ったじゃないか、だから乾燥して錆が出たのだな……では、監視塔に立っているのは天使なのだね？」委員長は囚人ハルラムィチの方を振り返ると、訊き返した。

「天使です」ハルラムィチは答えた。

「君の刑期はいつまでだね？」

「あと十一カ月と七日です」

「その後はどう生きていくつもりかね？」

「刑期を延ばしてもらうよう、申請書を書きました」

「なんと？　延ばす？　なぜ？」

「あちら側には自由がありません。あると言われている自由には、秩序がない。そもそも土地がなければ、自由はありません」

「釈放されたあと、土地を得て自由の中でこのような農場をつくればいい。そして家族を持てばいいではないか。誰が邪魔すると言うのだね」

「ああ、上長殿、それこそがまったくわからないことなんです。ロシアで国民の一人ひとりに一ヘクタールずつ土地を与えるのを邪魔しているのは、いったい誰なんです？　まったく理解できませんよ。ロシアの土地は、国民のものなのか、それとも国民のものじゃないのか？」

「今は、国会で議決された法律に従って、誰でも土地を買うことができますのよ」国会議員の女性が伝えた。

「じゃあ、もし俺にたった一ヘクタールの土地すら買う金がなければ、それはつまり、俺には母国がないということになるんですか？　そうなってしまいますよね。金がなければ、母国もない。そもそもなぜ俺が母国を誰かから買わなきゃならないんでしょうか？　なんというか、誰かが、俺のための祖国の一ヘクタールも残さずに、全部占拠してしまって、今になって、ロシア国民みんなに、それを買い戻せと要求しているなんて、なんだか悪党のすることじゃありませんか。

こんなことは法律にも適っちゃいないし、普通に考えても理解できるものじゃありませんよ。ほら上長殿は……」ハルラムィチは委員長に向かって言った。「そのズボンの飾りからして将軍様でいらっしゃいますよね。じゃあ、俺たちの母国を勝手に占拠しておきながら、俺たちにそれを買い戻すことを要求している奴らから、母国を解放してくださいよ。もしくはあなたも自分の母国の一角を、金を払って買い戻すおつもりですか？」

「囚人ハルラムィチ、話をやめなさい」ニコライ・イワノヴィチが割って入った。

かつて軍を率いた将軍である委員長の頬の傷が深紅に染まり、両手の拳が締まるのを目にしたからだ。将軍が囚人の方へ一歩近づくと、二人は立ったまま互いにまっすぐ目を合わせた。二人は正視し合ったまましばらく黙っていたが、その後、将軍が静かに言った。

「農場を見せてくれ、ロシアの人よ」そして、とても静かに、独り言のようにつけ加えた。「鉄条網の中にある、君の母国の一角を」

ハルラムィチは、委員たちに果実が実っている若い果樹園を見せ、フサスグリやラズベリーを振舞った。トマトの畑や二アール以上におよぶキュウリの畑、スコップで掘ってつくった池も見せた。池のそばには、きれいに樽《たる》が積まれていた。

「これもハルラムィチの大変重要なノウハウですよ」ニコライ・イワノヴィチが樽を指して委員たちに説明した。「彼は毎年、一樽あたり百五十リットルものキュウリ漬けを何樽も漬けています。実に素晴らしい漬物ができ、彼の右に出る者はいません。彼は保存方法も独自に考え出しました。

キュウリと漬け汁を詰めた樽を密封して、池の中に沈めておくのです。漬物は水の中で、こうして春まで保存されます。モスクワからレストランの買いつけ人たちが来ると、ハルラムィチは氷を割って樽を検問所まで引っ張ってきて、それを私たちが一樽あたり五百ルーブルで売っているのです。二百五十ルーブルはハルラムィチの手元にいき、残りは刑務所で徴収し、経費にあてがわれます」

「それでは、あなた方の施設では、農場ひとつあたりからどれくらいの収益を得ているのですか？」委員の一人がたずねた。

「平均的には、年間だいたい十万ルーブルです」ニコライ・イワノヴィチが答えた。「ですが、その半分は契約上、その区画で働いた者に支払われます」

「十万？」その委員は驚いた。「こちらには全部で百八十ヘクタールの土地がありますが、つまり、単純に計算しても、毎年九百万ルーブルの収益をそこから得ているということですか？」

「はい、そうです」

「つまり囚人たちも、年間五万ルーブルずつ受け取っているということですね？」

「ええ、そうなります」

「わが国では、百万人以上の市民が自由はく奪の施設に収監されています。その全員に、それだけの賃金が与えられる制度を適用すると考えてみましょう。そうなれば国にとってはかなりの歳入となりますし、それに犯罪者の数だって、どう考えても大幅に減るはずです」

「適用する……全員に?」他の委員が会話に割って入ってきた。「本題は、この刑務所自体が閉鎖になるかもしれないということですよ。我われがここに来たのはなんのためですか? きちんと調査しなければ。この施設は何かおかしなことになっています。囚人たちが、自由な人々よりもよい条件の中で暮らしている。ですが囚人というのはどうあっても、犯罪者です。それにニコライ・イワノヴィチ、ここの囚人たちが釈放される期限がきたら、あなたはどうされるおつもりなのですか?」

所長は考え込むことなく答えた。

「私の自由にできるのなら、私は釈放後も一人ひとりに農場を持たせたままにしたいと考えてます。鉄条網を外してそれを新しい場所に移設し、新たな刑務所を整備するのです」

後日、司法省での報告会では、囚人の収監規則違反にあたるものはないことが、委員会から伝えられた。

「では、犯罪者たちが多くの自由な市民よりもよい暮らしをしているという報告は、どういうことなのですか?」大臣がたずねた。

「自由な市民の生活を、よりよくしなければならないのです」委員長が指摘した。「人々に土地を与えなければなりません。言葉だけではなく、実際に」

「おや、それは我われの管轄外です」大臣は追い払うように手を振った。「現実的な話をしようではありませんか」

「現実的な話としてはこういうことです。この施設での試みを、私たちに委ねられている他のすべての施設にも導入するのです」委員長は毅然と提言した。

「私も賛成ですわ」女性の国会議員が委員長を支持し、加えて言った。「それに私は堅く決心しましたの。一ヘクタールの土地を整備することを希望するロシアの家族に対し、終身利用できる土地を分与する法案を、国会審議に提出いたしますわ」

＊＊＊

国会は法案を可決した。何百万のロシアの家庭がひとつの高まりを胸に、自分たちの一族の土地に木々を植え、園や森をつくりはじめた。そしてロシアは繁栄した……

これは何年に起こったことだろう？　なに？　まだ起こっていない？　なぜだ？　邪魔をしているのは誰だ？　ロシアを繁栄させないのは、誰なんだ？

国民によって選ばれた国会議員のための法律

私には、アナスタシアの祖父が、未曽有の精神の分析能力だけでなく、様々な国家の社会構造についての具体的な情報を有していることがわかっていた。しかし、国家の制度について、彼はどれだけ具体的に知ることができるのだろうか？　彼はタイガで暮らしていて、ラジオも電話もテレビもないのだ。だとすれば、たとえばわが国の国家組織などの情報は、いったいどこから得ているのだろう？　どこからも得られないはずだ。つまり、彼は具体的な情報を有していないということになる。それでも気になり、私はやはり彼に訊いてみることにした。

「私たちの国であるロシアに、国会という組織があることをご存知ですか？」

「知っているよ」答えが返ってきた。

「では、誰がどのようにそこで働いているのかも、ご存知なのですか？」

「ああ、知っている」

「議員全員のことも？」

「全員のことも」

「それでは、議員たちがどのような法律を制定しているかもご存知なのですか？」

「今どんな法律をつくっているかだけじゃなく、これからどんな法律を制定するのかも、あらかじめわかるよ。おや、ウラジーミル、まだそんなことに驚いているのかね？　これは神官にとっては簡単すぎることで、興味すら呼び起こさないものだ」

「驚きますよ、だってあなたがどうやって議員全員のことや、近い未来にどんな法律が制定されるかを、知ることができると言うんですか？　これはなにか不可思議な〝神秘〟です」

「ここにはなんの〝神秘〟もないし、この上なく原始的なことだよ」

「ではこの現象を、つまり、あなたがこれほど豊富に情報を持っていることについて、説明できますか？」

「もちろん、説明しよう。すべてがきわめて単純なことなのだよ。いいかい。

五千年前、ファラオたちには会議があった。ローマ帝国には元老院があったし、帝政時代には貴族会議があった。これ以上言うことがあるかね？　そして、会議の名前は異なっていても、実態はいつでも同じなのだ。そこでつくられる法律とは、会議の名称によってではなく、議員がどのような影響を受けているのかに左右されるものだからね。つまり日々、議員がどのような生活条件にとらわれているか、そしてどのような運命が待ち受けているように議員自身に見えているのか、ということによって左右されるのだ。しかも、これらすべての条件は、議員たちのためにずっと前からプログラミングされている。そのプログラムを知っているから、これから起きることも簡単にわかるのだよ。そして、彼らがどういった決定事項にたどり着くのかもね」

「法律と議員たちの生活が、この話とどう関係があるんですか？　それが世界規模のプログラムとどう結びついているんです？　それに現代の議員の日常生活について、どうしてわかるんですか？」

「それはとても簡単なことだよ。もちろん、私は一人ひとりの議員がどのように眠って、何を食べて、何を着るのかというようなことを言っているんじゃない。そんな情報は私には必要ないし、興味もない。だから意味あるものについてだけ話そう。

昔と変わらず今でもそうだと確信しているが、議員とは、少なからずの陰謀をくぐり抜けた人たちがなるものだ。これがまずひとつ。だから、政権を目指す議員になった頃には、彼らの多くが、金銭面で実権を握る人たちの従属に堕ちてしまっている。そして、それまでの幾多の苦い経験を経て、議員たちは押さえつけられて身動きがとれなくなっている。プログラムが彼らを本来の重要な情報から切り離そうとしていて、まさにそのとおり切り離されてしまうんだ。

では、議員が受け取っているものは何か？　私が思う、いや確信しているのは、昔と変わらず、自分の執務室や新しい住居、そして今なら車だろう。それに二、三人の、議員によってはもっと多くの、秘書がいるだろう」

「ええ、ほぼそのようなものです。では、こういったことはすべて、何千年も前につくられたプログラムどおりということですか?」

「もちろん、そうだ。しかし、ちょっと待ってほしい。続きを話させておくれ。現代の実状について、私の認識が間違っていないか教えてくれ。続きはこうだ。私が思うに、大部分の人が毎日働いているように、議員も働かなければならない。議会に出席して、法律を制定する」

「ええ、そうです」

「そして、議員には任期が決められている。四年とか五年というように……」

「今は四年です」

「では四年としよう。その期間が終わると、議員は再び選挙に出馬しなければならない。だから議員たちは次の選挙の時期がくる前に、すでに選挙のことを考えている」

「ええ、考えています」

「待ちなさい、待ちなさい。君にどうしてわかるのかね? 私がどのような法律がつくられるのかわかると言ったときに、君は驚いていたじゃないか。でも今、議員たちが自分の未来について考えていることを、知っているかのような口ぶりだ。君は千里眼になったのかい? それとも老練な予言者に?」

「いいえ、何者にもなっていませんよ。どんな馬鹿にだってわかるでしょう。選挙が近づけば、再選されたい者は誰だって次の選挙のことを考えるだろうし、そのための行動をとるでしょう」

「急ぎ過ぎないでおくれ。君は『選挙のことを考えるだろう』と言ったね」

「ええ、言いました」

「しかし、そもそも議員というのは新しい法律のことを考えるべきじゃないのかね」

「まあそうですね。同時に法律のことも考えるんですよ」

「いつ？　一日のどの時間に考えるんだい？　そもそも、プログラムは彼らに考える時間を残したりはしないんだよ。君もよく知っているように、ずっと昔から、民は議員を選んだら、あとは賢明な議員たちが法律をつくってくれるものだと思っている。そしてずっと昔から、民は、大昔に練り上げられたプログラムが議員たちに考えさせないようにしている、ということを理解できないでいるんだ。

いつかこのことを、じっくり考えてみるといい」

＊＊＊

あとになって、私は何度もこの状況について考えてみた。すると実際に、現在まかりとおっている選挙や議員の義務についての法律が、意味不明な呪文のように見えだした。

現実を分析してみようではないか。比較的頭のよい人がいたとする。それは、周りの人たちよりちょっとだけ頭がいいくらいの人なのだが、その人が、国会議員に立候補して、人々の暮らしをよりよくするための賢明な法律の策定に加わろうと決心した。

彼は選挙活動の渦中にいるあいだに、多かれ少なかれ、資金力に依存するようになっていく。もちろん、これは決して、すべての議員候補者が、将来口を利いてやる代わりに各界の金持ちたちから資金援助を受ける、ということではない。この事実は、お金によって、様々な〝装置のレバー〟がどう動かされていくのかを見ればわかることだ。私たちは、いわゆる手汚いやり方を、報道で目にし、耳にする。私たちはこういったことを部外者として傍観しているだけだが、選挙活動をしている当人は部外者ではいられない。立候補者は、自身に向けられた悪意ある情報の攻撃をその身に受けることとなるのだ。この状況下にいる人なら誰だって、おのずと、自身への批判的な情報に対抗できるのは、お金という武器だけなのだということを、容易に想像できるだろう。こうして、自然な防御反応が生まれる。なにはともあれ、後方の守備が必要となるのだ。後方の守備とは、巨額の資本である。つまり、なにかしらの財政の岸辺、言い換えれば、今で言うところの新興財閥という寄辺《よるべ》にしがみつくしかなくなるのだ。

もしくは、はじめからなにかしらの政党に所属するという道もある。どの政党でも同じことだが、そのあとは、その政党のために働いて借りを返さねばならない。

では、賢明な法律はどうなる？　つまり、こういうことだ。賢明な法律を制定するための条件が、そもそも整っていないのだ。

もちろん、議員たちにも一連の特権はある。例えば、国会議員は、法執行機関の捜査に対して不可侵権すら持っている。しかし、問題は残る。天秤の片方に議員たちに提供されている特権を載せ、もう一方に職務にまつわる過度な緊張状態、陰謀、膨大な仕事量を載せたとすると、どちらが重くなるだろうか。

もうひとつ逆説的な状況がある。人類の歴史において、毎時、毎日、賢明な決断のみを下し続けた個人、スーパー賢人と言える個人は、一人たりとも知られていないのだ。傑出《けっしゅつ》した統治者や司令官たちでさえ、間違いを犯してきたことは周知の事実だ。

国会議員は、毎日議会に出るように職務が定められている。それも、毎日何時間もだ。その毎回の会議で、社会生活のあらゆる分野におよぶ何件もの法案を採択するのだ。

だが、論理的にも、実質的にも、このような決まりの中で賢明な法律を採択するのは不可能であることを、歴史が示している。それは、議員たちにじっくりと考える時間がないからなのだ。それればかりか、このような立法機関の不条理は、地球のあらゆる大陸の国家に存在しているのだ。こんなことを誰が定めたのだろう？　多くの人が、それは自然とそうなったのだと考えるだろう。だが、そうではないのだ。相当よく練り上げられ、明確な目的を持ってつくり上げられたのだ。さらには、我われ国民がこのことを真剣に取り上げようとしないのだ。

これらがいかに有害なものかについては、いくらでも検証することができる。心理分析学者たちの力を借りて、学術的に示すこともできる。これはもちろん、大切なことだ。しかし、もっとも重要なことではない。重要なのは、他にどのような方法があるのかを理解することだ。だが、代案は頭に浮かんでこない。それに、ほとんどすべての国で、まるで決まりでもあるかのように、同じ慣習が出来上がってしまっているのであれば、いったい誰の頭に代案が浮かぶのだろうか。

それでも、この問題の本質をつき、何千年ものあいだ続いている現代の立法議会の営みを知るアナスタシアの祖父なら、代案を出せるかもしれないと思い、たずねてみることにした。

「選挙の方法と、それに続く立法機関の職務について、あなたが理想とする案を教えてもらえませんか？」

彼は答えて言った。

「国会議員の職務と日常生活が変わらないうちは、選挙自体のことを話しても無意味だ」

「では、あなたの意見では、彼らの職務と日常生活はどうあるべきなのですか？」

「何よりもまず、国会議員たちを、たとえ一時《いっとき》でもいいから、人工的な情報フィールドから連れ出さなければならない。脳が完全な能力で働けるよう、助けとなる栄養を補給させなければならない。そして議員一人ひとりが、社会から尊敬される自分のイメージをつくり、それをまとうんだ」

「イメージをつくる、とはどういう意味ですか？」

「君が話した議員たちの外見上の特徴や行動から判断するに、国民が、役人、特に議員たちについて否定的なイメージを持っていることが見てとれる」

「ええ、概して国民は否定的なイメージを持っているものです」

「それはとても悪い状況だ。人々は議員という者に対し、否定的な意識を強化してしまう。それによって、実際に彼らを否定すべき存在にしてしまうんだ。こういったイメージというのは、この上なく強力な、多くの人々の凝縮した意識のエネルギーだからね」

「でも、国民の生活がよくならないのに、議員たちのことをどうやって肯定的に考えろというのですか？」

「ほらごらん、出口のないループだ。君たちは毎回、候補者の中で一番いいと思う人を選ぶ。しかし、彼らが当選したとたんに、君たちは、彼らに一番悪い人たちだという烙印《らくいん》を押す」

「では、具体的にどうすれば、この悪循環から脱することができるのですか？」

「過去五千年のあいだに、アナスタシアの提案よりも優れた方法はなかったし、近い将来も出てこないだろう」

「何のことをおっしゃっているのですか？」

「土地のことだよ」

「でも、彼女が話したのは、希望する家族に一ヘクタール以上の土地を与えなければならないということだけです。一族の土地を整備するための土地を、終身利用ができる前提で与えるということであって、国会議員のことは何も話していませんよ」

「そうだ、希望するすべての家族に、と彼女は言ったのだ。では、国会議員には家族がいないのかい？」

「いますね」

「じゃあ、彼らからはじめるっていうのはどうだね？」

「国民が、『あまりに図々しい、今の特権でもまだ足りないのか』と言うでしょう」

「国民に、誰のために行うことなのかを説明しなければならない。国民が待ち望む法律は、どのような状況下で生まれ得るのかということを、国民に説明しなければならないんだよ」

「では、どのような方法で土地を与えればいいと思いますか。みんなに共通な条件でしょうか、それとも議員特権を与えるのですか？」

「みんなに共通の条件だが、完全にそうではない。議員一人ずつが、少なくとも百五十ヘクタールの土地を受け取るんだ。そしてそこは、アナスタシアが話した原則にもとづいた、新しいタイプの入植地がつくられる場所だ。議員が大家族でなく、家族が増えていく予定もないのなら、百五十ヘクタールのうち一ヘクタールだけを自分の終身利用とする。もし議員自身に、すでに家庭を持つ子どもたちがおり、所帯持ちの彼らも自分の土地を整備したいと希望するのであれば、彼らにも一ヘクタールずつ分与しなければならない。こうして議員は、一ヘクタールか、彼の家族の大きさによって、三ヘクタールとか五ヘクタールを所有することになる」

「では、残りの土地はどうするんですか？　百五十ヘクタールもあるのに」

「三十パーセントは、希望する人たちに分け与えるんだ。残りの土地には社会のあらゆる層の人々、例えば軍人、学者、芸術家、実業家たちが入植できるよう提供する。そして各入植地で、一ヘクタールまたは二ヘクタールを孤児や難民に提供するんだ。しかし、ひとつの入植地に二人以上の国会議員を入植させるべきではない」

「それでどうなるんですか？　本当に、議員全員に自分の一族の土地があれば、すぐに法律が改善されるんですか？」

「もちろん改善される。そしてこの国に最も賢明な法律が現れる」

「どうしてですか？」

「今、国会議員たちは、大部分の時間を自分の執務室か議場で過ごし、国民から引き離されている。よい法律をつくったと国民から感謝されることも、悪い法律のことで非難されることもない。そして、今の議員たちは、自然な欲求に従い、自分の家族の物質的豊かさを確保することに懸命になっている。彼らは、議員の任期が終わった際には、なじられたり、社会規範に反することをしないかと見張られないように、居住地を他の都市または他の国に移してしまおうとさえ考えている。住む場所や国を変えることは、彼らの物質的安定には影響を与えない。お金があれば、どこにいようとも、家や食品、衣服を手に入れることができるからね。でも、一族の土地、祖国は、お金で手に入れることができないんだ。今は祖国という言葉の理解が歪められてしまった。誰かによって引かれた国境線で決まった領域のことを、祖国と呼んでいる。しかし、祖国とは必ず各家庭の一族の土地からはじまり、同等の心持ちを持つ人々の数だけ拡大していくものなんだ。自分の土地を整備しはじめた人だけが、祖国と永遠を得る。一族の土地を失うことは、祖国と永遠を失うことだ。これは、一族にとって最大の悲劇だ。議員たちに間違った判断をさせないものは、法律でも道徳でもなく、一族の土地なのだよ。そしてお金も、祖国を持つ人にとっては最重要なものではなくなる。一族の土地においてのみ、人間は脳の働きを含めて、身体に必要不可欠な栄養分を摂ることができる。特に、たくさんのことを考える仕事が控えている人にとって、このことはとても大切だ。国会は、最大でも週に三日までに控えるべきなんだ。その他の時間は自分の一族の土地で過ごす。このように、一族の土地で議員たちが深く考えを巡らせることによってはじめて、法律をつくる主要なプロセスが進むんだ。議員の妻たちは、夫の議員活動に関係のない仕事に就くべきではない。一族の土地は、たとえそれが一時的であったとしても、人工的な世界からの情報、つまり人工的な情報の作用から、議員を守り、思考するプロセスを助ける。偉大な哲学者の頭脳に偉大な考えが生まれたのは、人から離れていたときであり、公共の場に出ていたときではないのだよ」

「じゃあ、もし議員の中に、土地を得て一族の土地を整備することを望まない人がいたらどうすればいいんですか?」

「ほら、今やっと、国民に選ばれる議員の選挙の話にたどり着けたね。議員の中に一族の土地をつくるのを望まない者がいれば、国民はその人を次の選挙で選ぶべきではない。その人は、選挙に出る国の国籍は持っていたとしても、実際は、外国人だ。彼はこの祖国を必要としていない。

そして、社会でその人がどれほどよい言葉で語られようと、実際には、彼の議員としての行為が国民のためになることはない」

「しかし、当選するための優先事項が自分の一族の土地を有していることだとしたら、土地を手に入れてそこに宮殿みたいな家やテニスコートを建て、煉瓦の塀で囲み、アナスタシアが話したような雑木林も果樹園も、生きた塀もつくらない議員も出てくるかもしれません。そのような場合はどうしますか？」

「それが彼らが本性を見せたときだ。その場合でも、人々は正しい選択をすることができる。ルーシで、どうして一人ひとりに父称《ふしょう》（＊父親の名前の語尾を活用させたもので、主に相手の名前を呼ぶときに使われる。ロシア人のフルネームの構成は、名・父称・姓）をつけて呼ぶようになったのか、知っているかね？　昔、ルーシでは、自分を名乗るときに『私はニキータの土地のイワンである』と、一族の土地の創設者である父親や祖父の名前と、自分の名前を合わせて名乗っていたんだ。これはつまり、各一族の土地が称賛されるものだったということなんだ。その名を名乗ることで、人は自分の性質や能力について、完全に説明ができるようになっていた。誇りをもって自分の一族の土地のことを名乗れない人は、きちんとした一族がいない人だと考えられていたんだよ」

　アナスタシアの祖父が一族の土地について語れば語るほど、私の意識の中で歓びあふれる未来の国の風景がより強く描かれていった。ほら、皆さんも想像してみてほしい。想像しよう！　祖国をつくりたいと願う国会議員が三百六十人いて、その一人ひとりが、百五十ヘクタールの土地を受け取り、三百六十の、美しく、新しいかたちの入植地をつくっていく。その土地で、国会議員一人ひとりが、言葉ではなく実際に、自分に何ができるのかを人々に見せていくのだ。

そうしてロシアにはじめて、人々が人間的な条件の中で暮らすことのできる、三百六十のオアシスが現れるのだ。そのあとで、その議員たちが法律を制定する。すると当然ながら、自然環境に有害となるいかなる法律も国会を通過することはなくなるのだ。

そこで暮らす議員たちは、もちろん国民一人ひとりに小さな祖国の一画を受けとる権利を保証する法律をつくるだろう。自分の祖国を持つ議員たちだからこそ、その権利を守る者となるのだ。

『ロシアの響きわたる杉』シリーズの読者の皆さんに向けて

尊敬する読者の皆さん！

皆さんのご理解と、私への精神的な支えに、深く感謝していることをお伝えしたい。インターネット上の交流や雑誌の誌面などにおいて、率直にご自身の想いを表明してくださる皆さん、そして誌面を通じて『ロシアの響きわたる杉』シリーズの本に述べられているアイディアの検討会を開催しようと計画してくださっている皆さん、ありがとうございます。

ロシアの学者の皆さんにも、感謝を伝えたい。まず、アナスタシアの構想を学術的な観点からきちんと評価し、それをポドモスコヴィエ文化会館の壇上にて発表してくださった、ボリス・ミニン教授。

そして読者集会にも参加してくださった、ロシア功労芸術家であり素晴らしい俳優でもあるアレクサンドル・ミハイロフ氏。

経済学博士であり、本に書かれたアイディアの研究について、すでに複数の論述を書き、それを出版したビクトル・メディコフ教授。皆さん、本当にありがとう！

また、教育学アカデミーの会員であるアナトリー・エリョメンコ氏。彼は、次のような美しい詩を書いてくださいました。

神なるものへ

寄る年波　重い体　怠け心に抗《あらが》って
きみにひざまずく
生命《いのち》の勝利の歓びを　きみにみたからだ
きみは、神なるもの
この世の「闇」なる向こう側から押し寄せる
キメラのような奇獣たちを
きみはひと息で吹き散らし
悲しみを忘れる助けをくれた
来たる明日への碑《いしぶみ》を刻みながら

きみに**人間**をみた
ひょっとすると、次なる時代のしっぽの先を
我が孫たちが女神に囲まれ
きみを体現する時代の
しっぽの先を

でも心の中でそれとなく
きみへの不平を言わせてほしい
「私は存在する！」ときみは言う
そして私は　きみが現れることを人びとの前で話し　想いを馳《は》せる
それはいけないことなのかい

ハートからの光の矢を
私の生きた夢、きみへとまっすぐ放つのに
応えるものは
夢かうつつか
タイガに浮かぶ　きみの影のみ

ロシアの長老たちへ

叡智豊かなロシアの長老たちよ
憐れな者たちに伝えることはないのか？
彼女の目は碧《あお》く美しく
飽くことなく世界を照らしているのだから

彼女はその大きな波のような人間の力で
分別なくした時代の子らを
飽くことなく揺り起こしているのだから

彼女はたとえ伝わる言葉なくとも
杉のかけらをこしらえ
天から降るマナ（＊神から与えられた食べ物の意。「天からのパン」とも呼ばれる）のように
そっと　永遠へと向かう人々に授ける
その不思議なマナで

われらみなを未来へと呼び招く
われらがすくっと立ちあがり
われらが背筋をピンと伸ばし
明日ではなく、今この時に
不安や怠慢と決別するようにと

とぎれがちに響く
いにしえからの囁きが
われらに聞こえるようにと

「一《いっ》なる自然のこどもたちよ
死や追悼が終わりではない
住家が崩壊すれども終わりではない
泥濘《ぬかるみ》であろうとも行き止まりではない
生きた神なる教えを受け入れるならば
自然とのつながりに助けを得る

天と地の神々の力が
天の波動となって湧き上がり
肉体ならぬ手を差し伸べ
われらのハートに愛を目覚めさせる

われらがひとつの兄弟となり
真心の弦を弓に張り
すべてのものへ抱擁の手を広げ
光の矢を放つとき

地上に春が訪れ
サクランボの花が一斉に白く咲き誇る
そのとき　新しい世代に
もはや不幸を残すことはない」……

叡智《えいち》豊かなロシアの長老たちよ

一言でもいい、急ぎ伝えてくれないか
歓びあふれるアナスタシアの朗《ほが》らかさが
天空の青に輝かんことを

続いて、ハリコフ市教育局のガルカヴェツ・ビクトル・パヴロヴィチ局長、教師の皆さん、読者たちとの素晴らしい交流会が開催された、ハリコフ市のトラクター工場の従業員の皆さん。他の都市での読者集会を主催してくださった皆さん。

ドイツやカナダのロシア人移民の皆さん。本当にありがとう！

そして、これまでに五百以上もの歌を書いてくださったバルドや、絵画を送ってくださった芸術家の皆さん。皆さんの歌や絵画はウェブサイト www.Anastasia.ru に掲載されており、優れた作品は『ロシアの響きわたる杉』シリーズの作品集でも公表されている。それらのうちのひとつが、この本の表紙に載っているものだ（＊作品は、ロシア語原書の表紙にのみ掲載）。

最後に、素晴らしい、心からの手紙の中に、私の本への感想を書いてくださった何万人もの読者の皆さん。

皆さんの公然たるご支援がなければ、私にとって本を書くことはいっそう困難なものになっていたでしょう。本当にありがとう！

その一方で、皆さんと、特にこれからアナスタシアの構想への支持者となろうとしている人々と、次のような考えを共有したいと思う。

皆さんには、アナスタシアの構想へ対立する勢力があることを理解していただきたい。その敵対行為は計画的であり、組織的である。また、具体的に、誰がどんな推進力を使って嘘の噂を広めているのかは、完全には解明できていない。

このことは、皆さんが、本に書いてあることが公然と支持するに値するかどうかを判断するために知っておくべきことだ。

私自身は、誹謗や挑発行為を受けることがどれほど不愉快なものかよく知っているが、私にとって何倍も堪えがたいのは、それらが私の読者の皆さんへ向けられることだ。もっと堪えがたいのは、たとえばシチェチニン氏の学校の生徒や教師たちに対する誹謗や挑発のように、具体的な個人へ、集中的な攻撃が向けられることである。

私は、他の皆さんには、このような攻撃にさらされて欲しくない。

私はただ確信しているだけでなく、今や絶対的な正確さで、アナスタシアが述べた構想の持つ力は、その構想自体がケチのつけようのないものだということを知っている。もちろん、具現化するのが一時的に停滞することはあるだろうが、いずれにせよ、人々の内で、そのたびに新しい力をつけながら何度も生まれるのだ。

私の視点では、今日、最も重要で不可欠なことは、次の二つだ。

一つ目。スクールや研修、セミナーを各地で開催すること。一族の土地と入植地の大まかな設計を、個別具体的な各地域の実情に合わせて調整する必要がある。

それぞれの地域で自生している草や植物の持つ薬効を研究しなければならない。その地域の気候に適した、自然な環境下で育つ野菜や果物はどれか、という知識は不可欠である。

そして、細部まで具体的に検討がなされた各一族の土地と、入植地の作業計画を準備しなければならない。

二つ目。一族の土地をつくることの本質を理解している学者が、ロシアの国家発展計画の作成に取り掛かる必要がある。これは、一族の土地の整備という構想によって、孤児や難民、貧困家庭の問題が解決され、そして各家庭が豊かになることをとおして、国家全体に豊かさが生まれる、という包括的な計画でなければならない。

夢は、詳細に、具体的に思い描かなければならない。そうすれば、夢は必ず実現する。

このように、一人ひとりが、自分の能力の限り、できることすべてをやればいいのだ。

何十、何百もの一族の土地と、入植地のプロジェクトが生まれるはずだ。それは、各地域そして国家全体の、経済的、自然環境的および精神的な発展プロジェクトになるのだ。

私がはじめてアナスタシアに会ったとき、彼女はシベリアのオビ河の岸辺に立っていた。着古した長いスカートとキルトの上着を身につけ、頭にスカーフを巻き、素足に長靴を履いていたタイガの女世捨て人は、もの静かで、孤独に映っていた。

しかし、今や私には、シベリアの奥地で素足に長靴を履いて立っていたのは、私たちの国ロシアだったのだと思えてきた。私たちの未来の夢が、たった一人で、人のいないシベリアの河の岸辺に立っていたのだ。そして今や、その夢は私たちとともにある！

そして美しい舞踏会のドレスをまとい、自由にそして奔放に、ロシア全土を、それにロシアだけでなくあらゆる国を、私たちの夢が闊歩する日が必ず訪れる。

この夢を突き動かす、最も偉大なエネルギーとは……**生命のエネルギーなのだ！**

続く……

ウラジーミル・メグレから読者のみなさまへ

現在インターネット社会において『アナスタシア　ロシアの響きわたる杉』シリーズのヒロイン、アナスタシアのアイディアや記述に類似したテーマのホームページがあらゆる言語で多数存在しています。

多くのサイトが「ウラジーミル・メグレ」という私の名前を使い、公式サイトであると見せかけ、私の名前で読者からの手紙に返事まで書いています。

この事態を受け、私は尊敬する読者のみなさまに、国際的な公式サイト立ち上げの決意をお知らせする必要があると感じました。これを世界中の読者のみなさまへの、唯一の公式情報源といたします。

公式サイト：www.vmegre.com

このサイトにご登録いただき、ニュース配信にお申込みいただくことで、読者集会、その他の日時や場所等、多くの情報を受け取ることができます。

親愛なる読者のみなさま、みなさまとの情報チャンネルであるこのホームページで、『アナスタシア　ロシアの響きわたる杉』の世界に広がる活動を発信していくことを、ここにお知らせいたします。

尊敬を込めて

ウラジーミル・メグレ

◆ウラジーミル・メグレから読者の皆様へのご案内◆

●無料メールマガジン(英語)のご案内:

- 読者集会の案内
- よくある質問への回答
- 独占インタビュー
- 他の国の読者からのニュース
- 読者の皆さんからの作品

登録方法:
下記のいずれかの方法でご登録ください。
1. ウェブサイト hello.vmegre.com へアクセスし、案内文に従う。
2. メールアドレス hello@megre.ru に "HI" という件名の空メールを送る。

●「アナスタシア ロシアの響きわたる杉」シリーズ
ロシア　第1巻 初版 1996年

著者公式サイト:http://www.vmegre.com/

●リンギングシダーズLLCは、人々の新しい気づきの一助となるよう、タイガの自社工場で生産されたシベリア杉製品および一族の土地のコミュニティで生産された製品の取り扱いや、エコツーリズムなどを行っております。
http://www.megrellc.com/

●多言語公式サイト『リンギングシダーズ』
http://www.anastasia.ru/

●第三国での翻訳者や出版者のご協力を募っています。
ご意見、ご質問は以下の連絡先までお寄せください。

P.O.Box 44, 630121 Novosibirsk, Russia
E メール:ringingcedars@megre.ru
電話:+7 (913) 383 0575

◆◆◆

*お申込み・お問合せは、上記の各連絡先へ直接ご連絡ください。

『アナスタシア ロシアの響きわたる杉』シリーズ

当シリーズは十巻を数え、ウラジーミル・メグレは続巻ならびに脚本の執筆も計画している。また、ロシアの国内外で、読者集会や記者会見が催されている。

また、『アナスタシア ロシアの響きわたる杉』シリーズの活発な読者たちによって、一族の土地の創設を主な目的に掲げた民間団体が創設された。

著者は、一九九六年から二〇一〇年の間に、『アナスタシア ロシアの響きわたる杉』シリーズの十冊の本：『アナスタシア』、『響きわたるシベリア杉』、『愛の空間』、『共同の創造』、『私たちは何者なのか』、『一族の書』、『生命のエネルギー』、『新しい文明（上）*』、『新しい文明（下）－愛の儀式*』、『アナスタ*』を執筆し、総発行部数は十七カ国語で二千五百万部にまで達している。

また、ウラジーミル市非営利型文化と創造支援アナスタシア財団（一九九九年創設）およびウェブサイト www.Anastasia.ru も創設している。

著者　ウラジーミル・メグレ ／ 原書言語　ロシア語

第一巻『アナスタシア』
第二巻『響きわたるシベリア杉』
第三巻『愛の空間』
第四巻『共同の創造』
第五巻『私たちは何者なのか』
第六巻『一族の書』
第七巻『生命のエネルギー』
第八巻『新しい文明（上）*』
『新しい文明（下）— 愛の儀式*』
第十巻『アナスタ*』

第九巻は、著者の長年の願いにより、読者自身が著者となって綴る「一族の書、一族の年表」という位置づけとなっている。

＊第八巻以降は未発行のため、日本語タイトルは仮称。

アナスタシア　ロシアの響きわたる杉　第七巻

生命のエネルギー

●

2018年10月11日　初版発行
2024年4月5日　第八版発行

著者／ウラジーミル・メグレ
訳者／にしやまやすよ
監修者／岩砂晶子
装丁／山下リサ（niwa no niwa）
装画／伊藤美穂
編集協力／GALLAP

発行／株式会社直日
〒500-8211　岐阜市日野東8丁目1-5（1F）
TEL　058-227-6798

印刷所／モリモト印刷株式会社

ISBN 978-49908678-3-6　C0011

株式会社直日《なおひ》　アナスタシア・ジャパンの想い

アナスタシアが伝えています『創造のはじまり』と『真理』に触れたとき、琴線に触れたとき、誰しもがそうであるように、私たちも行動の一歩を踏み出しました。株式会社直日を二〇一二年春に設立し、アナスタシアのメッセージをお伝えすべく、私たちは表現を開始しました。

「ひとりでも多くの日本のみなさまに、アナスタシアのメッセージ、そして彼女の美しき未来の提案をお伝えしたい!!!」、「この構想が、今地球上に山積しているすべての問題を一気に解決する一番の方法である」と。

ロシアで既にはじまっている美しきオアシス『一族の土地』創りを、日本の地で実現できますよう、お手伝いをさせていただいています。

また、アナスタシア・ジャパンは、アナスタシアより伝えられたシベリア杉（学名 シベリアマツ）製品を、生産元のリンギング・シダーズ社より輸入・販売し、みなさまの心身の健やかさのお手伝いをさせていただいています。さらに、『一族の土地』で暮らす人々が手間暇かけ心をこめて手作りした品を、日本にご紹介、販売させていただいています。このことが、先ずはロシア連邦での立法の後押しとなり、やがて日本でも形創られていく運びになると思っています。そして、その一助となればどんなに嬉しいことでしょう。

私たちは、これからもみなさまとご一緒に共同の創造を行うことを心より願い、希求して参ります。

ＨＰ：www.anastasiajapan.com　リンギング・シダーズ社日本正規代理店
ＴＥＬ：〇五八－二一二七－六七九八
（平日 十時から十七時　＊オンラインショップのため、実店舗はございません）